Situations

TEXTES DIVERS DU MONDE FRANCOPHONE

Situations

TEXTES DIVERS DU MONDE FRANCOPHONE

Patricia De Méo

Dalhousie University

Addison-Wesley Publishers

Don Mills, Ontario • Reading, Massachusetts • Menlo Park, California
Wokingham, England • Amsterdam • Sydney • Singapore • Tokyo
Madrid • Bogotá • Santiago • San Juan

Acquisitions Editor: Caroline Shields
Copy Editing: Cap et bc inc.
Design: Many Pens Design Ltd.

Canadian Cataloguing in Publication Data

Main entry under title: Situations

For English-speaking students at the intermediate level.
ISBN 0-201-18588-1

1. French literature—20th century. I. De Méo, Patricia.

PQ1141.S57 1986   840'.8'0091   C86-093686-4

Printed and bound in Canada by John Deyell Company

C   D   E—DEY—90   89   88

For my parents, Mary and Sydney Finegold

Table des matières

Provenance des textes

France

Belgique

Canada

Tableau des genres

Sketches / Théâtre

Lettres

Journal intime / Autobiographie

Sondage

Journalisme

Essais

PREFACE

Goals

Situations was designed for the intermediate-level French student, with several goals in mind:

1) *Reading.* In the belief that extensive as well as intensive reading helps foster language acquisition as well as providing food for thought, *Situations* has as one important goal that of promoting effective, fluent reading. The book provides texts with a variety of styles and registers, as well as exercises aiming to develop skills of prediction, inference, reading for global understanding, scanning, interpretation, recognition and use of devices of textual cohesion and coherence.

2) *Developing "communicative competence".* Although a particular goal of *Situations* is that of enhancing reading skills, it is not the exclusive aspect of language emphasized in the book. Indeed, rather than assuming a traditional view of four discrete "skills" (reading, writing, oral comprehension, speaking), *Situations* is deliberately integrative in its approach. Each text is preceded and followed by exercises—some written, some oral—which will help develop general language proficiency. These exercises, described below in detail, include the following types, among others: small-group activities of various kinds (discussions, problem-solving, role-playing, editing); class discussions, debates, presentations; written projects of different sorts (summaries, letter-writing, essay-writing, creative writing); language exercises *per se* (concentrating on inference of meaning and paraphrase), which might be done in writing or orally in groups.

3) *Fostering understanding of other people and cultures.* An important goal of all second or foreign language classes today is that of developing cross-cultural understanding, an empathetic understanding of others. In the belief that this must be fostered by relations between classmates and with the instructor, the exercises in *Situations* consistently encourage students to compare their perceptions, to try to understand their classmates' reactions, interpretations or answers. At times students are asked whether they can reach an agreement on a certain question. More often, they are encouraged to respect and understand their classmates' answers.

    On an inter-cultural level, students are given the opportunity to read and reflect on writings from North America, Europe, North Africa, Western Africa and the Caribbean. The texts are sometimes funny, often controversial, and (it is hoped) always thought-provoking. The exercises aim to help students ask questions about their own and other cultures, and to encourage understanding and respect of differences.

Flexibility

With 44 texts, each accompanied by a set of exercises, it is understood—and, indeed, intended—that instructors and students will select those texts and exercises that meet their needs. This is as it should be, for no textbook author can adequately define the level, interests and objectives of the great diversity of "intermediate French" students in various parts of Canada and the United States.

The Texts

Situations aims at a balanced selection of texts on two levels: representation of the francophone world, and representation of diverse types of writing, both fiction and non-fiction.

Les Francophonies

While many intermediate "readers" draw their material almost exclusively from writers of France, *Situations* provides selections from three major French-speaking areas: North America (Quebec, Maritime provinces of Canada, Louisiana), Europe (France and Belgium), and Africa and the Caribbean. An important place has been accorded to texts from North America. Indeed, nearly half of the selections come from our own continent. North America has quite a number of lively and important francophone cultures, too often not given the emphasis they deserve in French textbooks. France itself is also a source in this book for a substantial number of texts: over one-third. Finally, "le Maghreb" (North Africa), and "la francophonie noire" (Western Africa and the Caribbean) provide nearly 20% of the readings. Students thus have the opportunity to read texts from a variety of socio-cultural "situations".

Criteria for text selection

This book is not a survey of the most important writers, or intellectual currents, of the francophone world. Such an enterprise would have been doomed to failure through superficiality, short of producing a book of several thousand pages. Rather, texts have been chosen because they reflect significant areas of interest: in some cases preoccupations of the Western world in general (e.g. pornography, euthanasia), in other cases preoccupations of a particular francophone culture (e.g. the nationalist movements in Quebec and in Africa). Still other texts were chosen simply for the pleasure they might provide. In addition, diversity of genres was sought.

The length of the texts varies considerably. Some are as short as one or two paragraphs, while others, such as the short stories, are fairly long. This diversity corresponds to reading "situations" we normally find.

Genres, level of language

Again in contrast to many "readers", *Situations* does not limit itself to either fiction or non-fiction; on the contrary, the texts in this book are roughly evenly divided between fiction and non-fiction. In addition, within each of these two broad categories, a number of genres are to be found. For example, fictional texts include poetry, songs, short stories, excerpts from novels, a one-act play, skits, a legend, and a letter. The non-fiction category includes articles and editorials from newspapers and magazines, a report of an opinion poll, essays, letters, and diary entries. These different "situations" of writing provide students with a variety of levels of language, from informal to formal. Exercises exploit these socio-linguistic differences. Students are at times asked to reflect on certain uses of language, to paraphrase while assuming a different social setting, or to compose a text with a similar or different communicative intent (i.e. persuade, inform).

Organization of texts

Early versions of *Situations* used by students at Dalhousie University provided feedback regarding the level of difficulty of the various texts. In preparing this final version, the texts considered most accessible were placed at the beginning of the book. Not surprisingly, these were the texts dealing with problems familiar to North Americans, grouped under the heading *Questions d'actualité*. Other thematic clusters were prepared, with texts becoming generally more difficult as the book progresses.

The differences in difficulty level between texts at the beginning and the end of the book is not, however, of such a magnitude that one should feel obligated to follow the exact order of presentation. Depending on the preparation and interests of students, it would be feasible to choose an entirely different itinerary through the book.

Editing

No editing of the texts has been done with a view toward simplifying them. It has been shown that editing in order to "simplify" may in fact increase the level of difficulty of reading materials. The other reason for not simplifying the texts is that intermediate-level students *can* read authentic, unedited material. As they do so, their confidence and reading skills progress together.

Although no simplifying was attempted, a minimum of editing has been done. Obvious typographical errors or other mistakes have been corrected, so as to avoid the distraction of recurring "[*sic*]". On the other hand, dialectical usage has been respected and is not considered as a "mistake". The two texts from Louisiana are written in Acadian French, for example. In these cases, the exercises ask students to consider *differences* between Acadian and standard French. I believe that this attitude is a crucial part of respect for another culture in general.

Most of the texts are uncut and in their integral form. Some texts, however, were too lengthy to be used in their entirety, but they were of sufficient interest to be included in the book. In these cases, with only one exception, the passage selected was taken as a block from the surrounding text. This was done to preserve the natural features of language at the discourse level, features lost in cases of cutting and piecing together.

Glossary

A minimum of glossing has been done on the pages of the texts themselves. Items glossed are primarily socio-cultural references (for example: H.L.M., O.T.A.N., Caisse d'Épargne). These glosses are done in French at the bottom of the page of text on which they appear.

A French-English "lexique" appears at the end of the book. Not included in this lexique are expressions which, in my judgement, students "ought to" know (for example, obvious cognates and very basic vocabulary). On the other hand, irregular verb forms are included with references to their infinitive form; this was done particularly for literary tenses.

The Exercises

Each text is accompanied by six types of exercises, the features and *raison d'être* for which are described below.

Anticipation

As the title implies, these exercises precede each text, and help students orient themselves to the reading. At times, these exercises invite students to reflect on and discuss the general theme (or a related theme) of the text, sometimes done through association activities. In other cases, students are asked to work consciously on their skills of prediction and inference. In studying the title or first line of the text to come, for example, students are asked to infer the type of text, the theme, or the orientation. Later exercises then refer students back to their predictions in order to evaluate them.

These activities are intended, generally, to be oral and lend themselves well to small group work.

Premières impressions

These exercises, immediately following each text, aim at global understanding, and contain very few items. Reading for global meaning requires processing language at the discourse level, and integrative use of language abilities. It needs to be actively fostered in the case of second or foreign language learners, who tend to read in a more linear or word-by-word fashion. (Whether this is because of difficulties inherent in reading of a second language, or because most beginning textbooks foster this type of reading through "comprehension" questions emphasizing line-by-line recall, is not clear, and merits study. The fact remains that reading for global meaning is something which intermediate students need to practice extensively.)

Questions included in this section vary somewhat, asking students their perception of the principal theme or themes, the purpose of the text (e.g. persuade, inform, entertain), the general tone of the text, the main characters (first impressions). At times, students are simply asked their initial reaction to the text.

It should be noted that most often there is not one answer considered "correct". Students are encouraged to discuss their answers with each other, to explain their perception and to understand those of their classmates. These exercises as well, then, lend themselves quite well to small-group discussions, followed by whole-class discussions. (Note that if the class as a whole discusses the questions first, this may lead less confident students to dismiss their own perfectly valid response.)

Approfondissement

These exercises provide the opportunity for students to *return* to the text in order to study it from different aspects. Questions usually emphasize inference rather than recall, and require understanding beyond the sentence level. In addition, questions are formulated in such a way that students must understand the question and the text, rather than simply locate a key word from the question in the text. Among the aspects dealt with in these questions are the main ideas of the text, interpretation of the text, and textual cohesion (organization of ideas, transitions, links). In addition, significant socio-cultural aspects are highlighted. The format varies, including open-ended, true-false, multiple-choice questions.

Instructors may wish at times to *begin* study of a text with these questions, in order to help students develop their ability to *scan* a text in search of specific information. These questions are probably best prepared as homework, then discussed in class—in groups and/or as a whole-class activity.

Questions de langue

Various aspects of language usage receive attention in these exercises, although particular emphasis is given to practice in inferring meaning of unknown words. Exercises with early texts give students examples of the use that may be made of contextual clues in guessing the meanings of words. This ability is crucial in developing fluent reading, and this type of exercise could most helpfully be done as a whole-class activity in which the instructor can offer help as required. As the text progresses, there are more and more paraphrase activities. These assume, of course, a certain level of skill at inferring meaning, as well as calling on other knowledge for selecting or creating paraphrases. The instructions encourage students to compare their proposed formulations, in order to help them see the various expressive possibilities of the language, rather than look for "the correct" answer. This is true as well for the several "cloze" exercises.

Other exercises focus on language function, asking students to determine what communicative function a given expression performs. Still others highlight socio-linguistic aspects of language use. Students are asked to re-phrase portions of text assuming a different social setting.

Questions de discussion

These questions invite students to talk about various issues raised in the readings, in the context of the reading itself as well as related to the students' own experience and milieu. They often include questions probing cross-cultural customs, values and attitudes. These questions might be discussed in small groups, as a whole class, or might be the basis for short written or oral presentations.

Projets

A wide variety of projects may be found, both oral and written. For example, as oral projects, students are invited to create dialogues alluded to in the text, to do other role-playing, to prepare expressive readings of poems and theatre, to interview someone in their community and report the result. Written projects include a substantial number of suggested creative writing activities, as well as various other types of writing, including summaries, persuasive or informative essays, letters, and responses to letters. Students are sometimes asked to work together as an editorial team.

As a final word, I would like to invite students and instructors using *Situations* to share their reactions to the book, and to offer suggestions for improvement in the event of a future edition.

ACKNOWLEDGEMENTS

I would like to take this opportunity to offer my thanks to those who have helped me during the several years involved in the preparation of this book.

First, thanks are due to my colleagues and the first-year French students at Dalhousie University, who used *Situations* in manuscript form for two years, and who offered many useful suggestions for revision. In addition, many valuable comments were received from John Greene, University of Victoria, Alain Thomas, University of Guelph, Georgette Bolger, Peel Board of Education, Jean-Pierre Berwald, University of Massachusetts and Rosemarie Giroux Collins, formerly of the Wellington County Board of Education.

I also thank the following people who led me to certain texts which are included in the book. My colleague Michael Bishop showed me Benoîte Groult's article. Hédi Bouraoui of York University read *Invitation au Maghreb* as part of a conference paper, and later sent me a copy. My husband, Michael Cross, suggested Pierre Vallières. Anne-Marie Picard and Andrea Bryson introduced me to *L'Échange* in their dynamic student production of it. Finally, my friend Annette Thibodeau gave moral support and passed along the *Journal de Cécile Murat* as well as the letters of Louis Hémon.

I especially thank Caroline Shields, Acquisitions Editor at Addison-Wesley for her helpful advice and enthusiasm. I give special thanks also to Sylvie Lanes, for her help in many aspects of the development of the book. She carefully read early versions and made thoughtful comments. She also suggested Raymond Devos as a source of texts, and gave on-going enthusiastic support of the idea. And, not least, I thank my husband, Michael Cross, for his consistent support.

Finally, I would like to salute my early mentors, Oreste Pucciani and Jacqueline Hamel of U.C.L.A., who fostered my love of teaching by their example.

Patricia De Méo

Un peu de tout

Deux poèmes de Jacques Prévert

Jacques Prévert (1900-1977) est un poète français de très grande popularité. En effet, ses recueils de poésie (surtout *Paroles*, 1946) ont toujours été des best-sellers. En plus de faire de la poésie, Prévert a collaboré à plusieurs films, dont *Les enfants du paradis*, considéré comme un classique du cinéma français.

Le Message

Jacques Prévert

Anticipation

    Avant de commencer la lecture de ce premier poème, réfléchissez aux questions qui suivent. (Encerclez *toutes* les lettres qui correspondent à vos stratégies.)

1. Qu'est-ce que vous faites d'habitude quand vous lisez un poème pour la *première* fois?

    a) Je lis d'abord le poème en silence.

    b) Je lis d'abord le poème à haute voix.

    c) Je fais mentalement un arrêt après chaque vers.

    d) Je fais un arrêt quand je semble arriver à la fin d'une idée.

    e) Je cherche dans le dictionnaire le sens de tous les mots que je ne connais pas.

    f) Je saute tous les mots que je ne connais pas.

    g) En général, je saute les mots que je ne connais pas, mais si le mot me bloque complètement, je le cherche dans le dictionnaire.

    h) En général, j'essaie de deviner le sens des mots que je ne connais pas.

    i) Autre chose. (Précisez.)

2. En général, relisez-vous un poème une deuxième fois? Si oui, le lisez-vous exactement de la même façon que la première fois? Expliquez.

3. Discutez en groupes, puis avec toute la classe, de vos stratégies. Croyez-vous qu'elles sont satisfaisantes? Avez-vous l'impression qu'elles pourraient être améliorées?

4. Décidez de vos stratégies pour la lecture du premier poème, *Le Message*.

Le Message

La porte que quelqu'un a ouverte
La porte que quelqu'un a refermée
La chaise où quelqu'un s'est assis
Le chat que quelqu'un a caressé
5   Le fruit que quelqu'un a mordu
La lettre que quelqu'un a lue
La chaise que quelqu'un a renversée
La porte que quelqu'un a ouverte
La route où quelqu'un court encore
10   Le bois que quelqu'un traverse
La rivière où quelqu'un se jette   *dans*
L'hôpital où quelqu'un est mort.   *a l'hopical*

Premières impressions

A. Le titre du poème pourrait indiquer plusieurs choses, entre autres:
a) que le poème parle d'un message;
b) que le poème communique un message.
Laquelle de ces interprétations vous semble la plus juste? Expliquez votre choix.

B. Quel adjectif décrirait le mieux, à votre avis, ce poème?
a) tragique;
b) gai;
c) sérieux;
d) triste;
e) ambigu;
f) autre chose. (Précisez.)
Comparez votre perception à celles des autres étudiants.

Approfondissement

A. Si vous dites que le poème parle d'un message, répondez aux questions qui suivent.
1. Qui donne le message?
2. Qui reçoit le message?
3. Qu'est-ce qu'il y a dans la lettre?
4. Qui est mort? Pourquoi?
5. Est-ce que «quelqu'un» désigne toujours la même personne dans le poème?

3

B. Si vous dites que le poème communique un message, dressez une liste des indices contenus dans le poème, et formulez ce message.

C. Si vous pensez que le poème a un autre thème central, développez vos arguments.

D. Êtes-vous toujours d'accord avec votre choix d'adjectif pour décrire le poème? Expliquez.

Discutez en classe des différentes interprétations proposées en A, B et C.

Questions de langue

A. *Travail d'inférence*

Certains mots du poème peuvent vous être inconnus, ou vous sembler ambigus. En analysant les indices grammaticaux et sémantiques (reliés au sens), il est toutefois possible d'en deviner la signification.

Exemple: *a refermée* (vers 2)

Indices grammaticaux:
- il s'agit d'un *verbe*, au passé composé;
- le verbe contient le préfixe «re-».

Indices sémantiques:
- il s'agit d'une action faite à une porte;
- dans le premier vers, on a ouvert la porte (donc, la porte avait été fermée au départ).

Hypothèse: a refermée veut dire «a fermé de nouveau».

Essayez à votre tour de faire cette analyse.

1. *a mordu* (vers 5).
2. *a renversée* (vers 7).
3. *encore* (vers 9).
4. *traverse* (vers 10).
5. *se jette* (vers 11).

B. *Ordre des éléments d'un énoncé*

Dans tous les vers du poème, le mot «quelqu'un» est le sujet du verbe. Il n'apparaît toutefois pas en début de phrase. Reformulez les vers en respectant l'ordre habituel des éléments: sujet/verbe/complément.

Exemple: Quelqu'un a ouvert la porte (etc.)

Vous remarquerez que plusieurs éléments de la phrase doivent changer.

1. Par exemple, en reformulant le premier vers, on doit remplacer «ouverte» par «ouvert».
   a) Pourquoi?
   b) Dans quels autres vers est-ce que cela se produit?
   c) Dans le texte original, quel est le mot qui apparaît dans chacun de ces vers? Pouvez-vous expliquer ce phénomène?

2. Dans votre version, vous avez dû ajouter un mot à certains vers.
  a) De quels vers s'agit-il?
  b) Quels mots avez-vous ajoutés?
  c) Ces mots sont-ils tous de la même catégorie grammaticale?
  d) Quel est le mot qui se retrouve dans chacun de ces vers du texte original?
  e) Comment expliquez-vous ce fait?
3. Substituez des noms propres de votre choix à l'expression «quelqu'un».
Discutez du «message» qui en résulte.

Projet

Vous êtes journaliste. Écrivez un court article qui explique «ce qui s'est passé». (Inventez les détails nécessaires.) Comparez ensuite vos versions.

Pour faire le portrait d'un oiseau

~

Jacques Prévert

Anticipation

En réfléchissant au titre du poème (*Pour faire le portrait d'un oiseau*), qu'est-ce que vous prévoyez comme thème général?

    a) L'importance de la conservation des espèces animales;

    b) Des instructions données à un artiste;

    c) Une réflexion sur les traits de caractère des oiseaux;

    d) Autre chose. (Précisez.)

Discutez de vos prédictions, et développez-les; quels éléments particuliers pensez-vous trouver?

Pour faire le portrait d'un oiseau

Peindre d'abord une cage
avec une porte ouverte
peindre ensuite
quelque chose de joli
5   quelque chose de simple
quelque chose de beau
quelque chose d'utile
pour l'oiseau
placer ensuite la toile contre un arbre
10   dans un jardin
dans un bois
ou dans une forêt
se cacher derrière l'arbre
sans rien dire
15   sans bouger...
Parfois l'oiseau arrive vite
mais il peut aussi bien mettre de longues années
avant de se décider
Ne pas se décourager
20   attendre
attendre s'il le faut pendant des années
la vitesse ou la lenteur de l'arrivée de l'oiseau
n'ayant aucun rapport
avec la réussite du tableau
25   Quand l'oiseau arrive
s'il arrive
observer le plus profond silence
attendre que l'oiseau entre dans la cage
et quand il est entré
30   fermer doucement la porte avec le pinceau
puis
effacer un à un tous les barreaux
en ayant soin de ne toucher aucune des plumes de l'oiseau
Faire ensuite le portrait de l'arbre
35   en choisissant la plus belle de ses branches
pour l'oiseau
peindre aussi le vert feuillage et la fraîcheur du vent
la poussière du soleil
et le bruit des bêtes de l'herbe dans la chaleur de l'été
40   et puis attendre que l'oiseau se décide à chanter
Si l'oiseau ne chante pas

c'est mauvais signe
signe que le tableau est mauvais
mais s'il chante c'est bon signe
45   signe que vous pouvez signer
Alors vous arrachez tout doucement
une des plumes de l'oiseau
et vous écrivez votre nom dans un coin du tableau.

"Le Message" and "Pour faire le portrait d'un oiseau", by Jacques Prévert, from *Paroles*, reproduced courtesy of Éditions Gallimard (Paris).

Premières impressions

A. Pensez-vous que votre prédiction sur le thème général du poème était juste?

B. Formulez, en une phrase ou deux, ce que vous comprenez du poème après une première lecture. Discutez-en avec un ou deux autres étudiants; qu'est-ce qu'il y a de commun et de différent dans vos formulations?

Approfondissement

A. *L'organisation du poème*
   1. Combien de strophes y a-t-il dans le poème?
   2. Quels signes de ponctuation y a-t-il dans le poème? À votre avis, ces signes correspondent-ils à une division des idées du poème?
   3. Pensez-vous que les réponses aux questions 1 et 2 donnent suffisamment de renseignements sur l'organisation des idées du poème? Sinon, relisez le poème et indiquez les divisions qui vous semblent logiques.
      a) Résumez brièvement l'idée centrale de chaque partie que vous avez définie.
      b) Y a-t-il des mots qui signalent ces divisions?

B. *Les idées*
Le poème donne une séquence d'actions que l'artiste doit faire pour exécuter un portrait. Y a-t-il des *principes*, des *attitudes* qui sont implicites dans ces actions? Expliquez, et essayez de comprendre l'interprétation des autres étudiants.

Questions de langue

A. *Travail d'inférence*

Trouvez la signification des mots ou expressions du texte qui ne vous semblent pas clairs, en étudiant les indices contextuels (la grammaire, le sens).

Exemple: peindre (vers 1)

Indices grammaticaux: il s'agit d'un verbe à l'infinitif; employé en début de phrase, l'infinitif indique une directive, une suggestion.

Indices sémantiques: le titre peut suggérer que le poème va nous donner les instructions «pour faire le portrait d'un oiseau».

Hypothèse: peindre, c'est l'action de représenter quelque chose.

B. *Emploi de l'infinitif*

Vous avez sûrement noté que beaucoup de verbes dans ce poème sont à l'infinitif. La forme infinitive sert souvent à donner un ordre. (On l'utilise surtout dans les recettes de cuisine, le mode d'emploi d'appareils, etc.)

1. Est-ce que tous les verbes à l'infinitif dans le poème ont cette fonction? Expliquez.

2. Pourquoi, à votre avis, l'auteur utilise-t-il le présent au lieu de l'infinitif dans les vers 46 et 48?

Projets

1. Écrivez un poème semblable à celui de Prévert. Vous pouvez, si vous le désirez, choisir un des titres suivants:
- Pour être un bon ami ou une bonne amie
- Pour être un bon professeur
- Pour faire une bonne omelette
- Pour réussir dans la vie

2. Préparez une lecture orale du poème en prenant soin d'exprimer votre interprétation par l'intonation, les pauses, etc. Comparez les différentes interprétations proposées par les étudiants. Qu'est-ce qu'il y a de commun? de différent?

Conversation

~

Jacques Languirand

Anticipation

Jacques Languirand (né en 1931) est un professionnel du théâtre québécois. Il a été comédien, metteur en scène, scénariste et directeur de troupes théâtrales (entre autres, le Théâtre du Nouveau Monde). Depuis 1972, il est professeur de communication à l'Université McGill à Montréal.

Le texte suivant, *Conversation*, est tiré de son *Dictionnaire insolite**, publié en 1962.

1. Formulez une définition «usuelle» du mot *conversation*. Comparez votre définition à celle des autres.

2. Proposez une définition «insolite» du mot *conversation*. Encore une fois, comparez votre définition aux autres.

Conversation

— Pardon…
— Je vous en prie.
— Tiens! Je ne t'avais pas reconnu… Bonjour!
— Bonjour…
5 — Tu ne me reconnais pas? Alphonse… Ça te revient?
— Lentement…
— Sacré toi!
— Hé oui!
— Et la santé?
10 — Ça va.
— Pas de petits ennuis?
— Non.
— Et la famille?
— Je ne suis pas marié.
15 — Je sais… je pensais à tes parents…

---

* Le terme «insolite» veut dire «contraire à l'usage».

— Ils sont morts.

— Les pauvres! Depuis quand?

— Une vingtaine d'années.

— Le temps passe vite. Et… les affaires?

20 — Ça va.

— Tant mieux…

— Dites-moi…

— On se tutoyait…

— C'est vrai.

25 — Sacré toi!

— Hé oui!

— Toujours le même…

— Il le faut bien!

— Je n'en reviens pas!

30 — D'où?

— Pardon?

— Tu n'en reviens pas… d'où?

— Sacré toi!

— Hé oui!

35 — Et puis?

— Et puis quoi?

— À part ça?

— À part quoi?

— Le reste?

40 — Ah! ça va!

— Hé bien, bravo.

— Hé oui, bravo.

— Tu te souviens…

— Pas très bien.

45 — … le jour où elle a…

— Avec le grand?

— Non. Avec l'autre!

— Ah! oui…

— Et toi, tu…

50 — Oui, bien sûr, mais depuis le temps…

— La vie étant ce qu'elle est!

— Très juste!

— Comment faire autrement?

— C'est difficile.

55 — Et puis, il y a la guerre!

— Laquelle?

— Toutes. Et les entre-guerres…

— Dis-moi…

— Oui.

60	— Tu es bien sûr d'être Ernest?
	— Ah! je ne suis plus sûr de rien.
	— Comment t'appelles-tu?
	— Albert. Mais je ne le jurerais pas.
	— Alors, ce n'est pas toi!
65	— C'est affreux!
	— Excusez-moi. Je vous ai pris pour un autre.
	— Hep!…
	— Quoi?
	— Si ce n'est pas moi…
70	— Oui?
	— Qui suis-je?

Premières impressions

Y a-t-il quelque chose de commun entre votre définition insolite du mot *conversation* et celle de Jacques Languirand?

Approfondissement

Pensez-vous que les déclarations suivantes sont *vraies* ou *fausses*? Dans chaque cas, justifiez votre réponse, et indiquez une ou plusieurs lignes du texte en référence.
1. Les deux personnages se rencontrent par hasard.
2. Un des personnages reconnaît l'autre.
3. L'autre personnage se souvient tout de suite du premier.
4. Les deux personnages sont un homme et une femme.
5. Les deux sont, à la fin, très heureux de s'être retrouvés.
6. C'est un texte humoristique.

Questions de langue

A. *L'échange—«Pardon…»—«Je vous en prie» (lignes 1 et 2)*
   1. Quelles fonctions est-ce que l'expression «Pardon» peut remplir?
      a) Essayer d'initier une conversation avec quelqu'un;
      b) S'excuser auprès de quelqu'un;
      c) Excuser quelqu'un;
      d) Autre chose? (Précisez.)
   2. Dans quelles sortes de situations dirait-on «Pardon» pour chaque fonction indiquée dans la question 1? Quelle réplique attend-on?
   3. D'après vos réponses aux questions 1 et 2, quelle vous semble être la fonction de l'échange «—Pardon… —Je vous en prie»? Où imaginez-vous la scène?

B. Est-ce que la fonction de «Pardon» à la ligne 31 est la même que celles discutées plus haut? Sinon, quelle en est la fonction? Dans quelles situations le dirait-on?

C. *L'échange—«Je n'en reviens pas!»—«D'où?» (lignes 29 et 30)*
Cet échange est un jeu de mots. Pouvez-vous l'expliquer?

D. *L'expression «Une vingtaine d'années.» (ligne 18)*
    1. L'expression «une vingtaine» signifie *approximativement vingt, environ vingt, à peu près vingt.*
Notez que si le nombre était exact, ou précédé des expressions synonymes ci-dessus, on utiliserait le mot *ans* et non *années.* Toutefois, on emploie générale-ment *années* après les expressions du type quelques, plusieurs, pas mal de, beau-coup de, etc.
Pouvez-vous expliquer ce phénomène?
    2. Exprimez les idées suivantes de façon différente:
        a) C'est un homme d'environ 40 ans.
        b) J'y suis allé environ 10 fois.
        c) Le repas coûtera approximativement 15 dollars.
        d) Il y a à peu près 100 chanteurs dans ce chœur.

E. *«... le jour où elle a... » (ligne 45)*
    1. Expliquez l'utilisation du mot «où» dans les expressions suivantes:
        a) ... l'année où elle a reçu sa promotion...
        b) ... au moment où il a ouvert la lettre...
        c) ... le mois où il a neigé tous les jours...
    2. Employez votre imagination pour terminer ce fragment de phrase: «Le jour où elle a... ». Comparez ensuite votre phrase à celles des autres étudiants.

Questions de discussion

1. Vous est-il déjà arrivé que quelqu'un se souvienne de vous, mais que vous ne vous souveniez pas de lui?
    a) Comment vous êtes-vous senti?
    b) Qu'est-ce que vous avez fait ou dit?
    c) Qu'est-ce que vous auriez aimé avoir fait ou dit?
2. Vous est-il déjà arrivé de prendre une personne pour quelqu'un d'autre?
    a) Comment vous êtes-vous senti?
    b) Qu'est-ce que vous avez fait ou dit?
    c) Qu'est-ce que vous auriez aimé avoir fait ou dit?
3. Quel était, à votre avis, l'objectif de l'auteur de *Conversation*? (amuser? instruire? autre chose?)

Projets

A. Inventez un dialogue pour un ou plusieurs des scénarios suivants (ou inventez un autre scénario):

1. Deux amis d'enfance, qui ne se sont pas vus depuis 10 ans, se retrouvent dans une classe à l'université.

2. Deux personnes se rencontrent. L'une croit reconnaître l'autre, et essaie de lui rappeler leurs souvenirs communs. L'autre maintient qu'elles ne se connaissent pas.

3. Deux personnes se rencontrent. L'une croit reconnaître l'autre, et essaie de lui rappeler leurs souvenirs communs. L'autre ne se souvient de rien, mais fait semblant de reconnaître la première.

4. Un homme aborde une femme dans un bar en disant: «Il me semble qu'on s'est déjà rencontrés quelque part, non?». La femme lui indique qu'elle ne s'intéresse pas du tout à cette conversation.

B. Inventez une définition insolite d'un autre terme courant (par exemple, «professeur», «voiture», «amour», etc.). Votre définition peut prendre la forme d'une description, ou bien d'un texte contenant des exemples (comme celui de *Conversation*). Présentez vos définitions aux autres étudiants pour en discuter.

TOUT AUGMENTE :
essence + 10 % ; timbres + 20 % ;
EDF + 11 % ; SNCF + 15 à 25 %.

ENCORE PLUS DE CHÔMAGE

**SALAIRES BLOQUÉS
POUR LES TRAVAILLEURS**

**LIBERTÉ DES PRIX
POUR LES PATRONS**

**ils ne
vous avaient pas
dit ça!**

**COMBATTEZ CETTE POLITIQUE
avec le
PARTI SOCIALISTE**

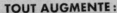

7 bis pl... ...nlais-Bourbon
...PARIS

**BREST
SAMEDI 23 SEPTEMBRE 15H
MANIFESTATION
ANTINUCLEAIRE**

RASSEMBLEMENT : PLACE de la LIBERTE

*EN SOIRÉE CABARET
AU BLOCK'HAUS
Roscoff
Dimanche 6 AOÛT
21 H 30*

**AU CIRQUE,
ON N'AIME PAS
LES ANIMAUX,
ON LES EXPLOITE**

**ADHEREZ A LA SOCIETE NATIONALE
POUR LA DEFENSE DES ANIMAUX**
QUI LUTTE CONTRE LA SOUFFRANCE

Questions d'actualité

Quels sont les problèmes politiques et sociaux les plus graves selon les jeunes Québécois? Les jeunes ont-ils une voix assez importante dans la société? Qu'est-ce que la pornographie? Devrait-on la censurer? L'euthanasie devrait-elle être légalisée? Les femmes devraient-elles avoir la préférence parmi les candidats à un poste vacant? La violence sociale est-elle un grand problème de nos jours? Les peines de prison sont-elles justes? Les athlètes devraient-ils avoir le droit de prendre des drogues qui les rendent plus rapides ou forts? Quels sont les droits des fumeurs et des non-fumeurs dans les lieux publics? En quoi la langue française reflète-t-elle le sexisme de la société?

Voici certaines des questions abordées dans les textes regroupés sous cette rubrique. Ces articles proviennnent de revues et de journaux français et québécois.

Sommet québécois de la jeunesse

Anticipation

Les jeunes de moins de 30 ans constituent aujourd'hui, en Amérique du Nord, environ 50% de la population. Pensez-vous que les jeunes exercent une influence importante dans la société? Devant les problèmes sociaux, économiques et politiques, est-ce que les gouvernements cherchent à connaître l'opinion des jeunes? Les écoutent-ils sérieusement? Pensez-vous que les jeunes devraient avoir plus de pouvoir? Si oui, comment est-ce que cela pourrait se faire?

L'article qui suit décrit une expérience québécoise reliée à ce problème.

Sommet québécois de la jeunesse

Quelque 1200 jeunes Québécois se réuniront à Québec, en août 1983, pour discuter de leur situation face aux conjonctures économiques et sociales de l'heure et tenter de trouver des solutions à leurs problèmes communs. Ce Sommet québécois de la jeunesse sera précédé de 16 rencontres régionales qui se tiendront, dès le printemps pro-
5 chain, à travers tout le Québec. «On veut des participants de tous les milieux, de tous les groupes sociaux et de toutes les allégeances politiques, en autant qu'ils soient âgés de 15 à 29 ans et qu'ils aient quelque chose à dire» a expliqué le président du conseil d'administration de la Corporation du sommet, M. Normand Lapointe, précisant que cette manifestation visait avant tout à permettre aux jeunes de s'exprimer sur des
10 sujets qui les touchent.

Cet événement permettra de faire le point sur plusieurs thèmes jugés vitaux par les jeunes, tels le milieu de vie (famille, communauté sociale, groupes d'appartenance), l'éducation, la crise économique, le chômage, l'impact des technologies nouvelles, les loisirs, le pouvoir et les institutions politiques, les rapports humains et les valeurs de
15 la société. Les organisateurs ont également l'intention d'établir des liens avec la jeunesse des pays étrangers et de jeter ainsi les bases de l'Année internationale de la jeunesse, décrétée pour 1985 par les Nations Unies.

Projet (en groupes de 2 ou 3)

Identifiez un aspect de la vie qui vous semble critique aujourd'hui. Comme si vous alliez assister à un sommet de la jeunesse, préparez une proposition de changement que vous voudriez voir s'effectuer; préparez également des arguments pour convaincre les autres étudiants d'appuyer votre proposition.

Chaque groupe présentera sa proposition à la classe, qui en discutera et votera.

Le Sommet québécois de la jeunesse: un franc succès

Malgré les dénonciations et le boycottage de certaines associations, le Sommet québécois de la jeunesse, tenu à l'Université Laval du 19 au 22 août dernier, a connu un

20 franc succès, aux dires des organisateurs.

Pour le président Pierre Noreau «l'essentiel, c'est que l'on a créé un mouvement de mobilisation au Québec. Les jeunes ont réclamé du pouvoir, ont demandé des moyens, des outils pour agir enfin».

Les 1100 délégués au Sommet ont adopté une foule de résolutions sur les plans

25 politique, social et économique.

Parmi celles-ci, les délégués ont appuyé une proposition réclamant l'institution d'un Parti écologique au Québec, qui pourrait bien présenter des candidats dès la prochaine élection.

Après s'être prononcés samedi par une forte majorité en faveur de l'indépendance

30 du Québec, les délégués ont finalement rejeté la motion par un faible 56,9%.

Par ailleurs, les délégués se sont montrés intransigeants sur la question du désarmement: retrait du Canada de l'OTAN[1] et de NORAD[2], interdiction des missiles Cruise, transformation du Québec et du Canada en zone libre d'armement nucléaire et prôné le militantisme dans les mouvements pacifistes.

35 Le Sommet a permis aux délégués d'élire deux représentants par région au Comité provisoire de l'éventuelle Confédération nationale, assurant ainsi le suivi du Sommet. Cette Confédération chapeautera les 16 associations régionales nées des Sommets régionaux tenus au printemps. head

Premières impressions

Avez-vous l'impression que les délégués étaient plutôt conservateurs ou libéraux, à en juger par les propositions adoptées?

---

1.   Organisation du traité de l'Atlantique Nord.
2.   Northern Operational Radar Air Defense.

Approfondissement

Indiquez si les phrases suivantes sont *vraies* ou *fausses*. Si elles sont fausses, refor-
mulez-les pour qu'elles reflètent les idées du texte.
1.   Une certaine controverse a précédé le Sommet.   T
2.   Les délégués ont eu du mal à s'accorder sur les résolutions.   F
3.   La protection de l'environnement était une des préoccupations des délégués.   T
4.   Les délégués ont approuvé la motion en faveur de l'indépendance du Québec.   F
5.   Les délégués approuvaient la politique nucléaire des États-Unis.   F

Questions de discussion

1.   Quelles différences y avait-il entre les préoccupations de votre classe et celles des
délégués québécois, à en juger par les résolutions? Comment expliquez-vous ces
différences?
2.   Y a-t-il un parti écologique chez vous? (Il y en a un en France.) Sinon, devrait-il y
en avoir un?
3.   Y a-t-il un mouvement pacifiste dans votre région? Si oui, est-ce que beaucoup de
jeunes en font partie? Que réclament ses membres?
4.   Les délégués québécois ont fait appel au «militantisme» dans les mouvements
«pacifistes». Est-ce une contradiction, à votre avis? Expliquez.

Projet

Écrivez un rapport du mini-sommet de votre classe.

Questions de langue

A. Dans le tableau qui suit, vous trouverez des verbes ou des noms tirés des deux textes sur le Sommet québécois de la jeunesse. Remplissez le tableau en vous servant de votre logique et, au besoin, de votre dictionnaire:

Verbe	Personne faisant cette action		Nom dérivé de ce verbe
	(masculin)	(féminin)	
se réunir	X	X	une réunion
discuter	X	X	une discussion
participer	participant	participante	une participation
présider	président	présidente	une présidence
administrer	administrateur	administratrice	une administration
permettre	X	X	un permissionnaire
exprimer	X	X	une expression
éduquer	éducateur	éducatrice	une éducation
organiser	organisateur	organisatrice	un organisation
dénoncer	X	X	une dénonciation
associer	X	X	une association
créer	créateur	créatrice	un création
réclamer	X	X	une réclamation
agir	acteur	actrice	une action
adopter	X	X	une adoption
présenter	présentateur	présentatrice	une présentation

B. Trouvez dans le texte un synonyme des mots ou expressions qui suivent:

Première partie
a) essayer; tenter
b) avoir lieu; se tenir
c) avoir comme objectif, ou comme but; viser
d) approximativement. quelque

Deuxième partie
a) en dépit de; malgré
b) selon; aux dires de
c) beaucoup de. une foule

Où mène la porno?

~

Pierre Racine

Anticipation

Le texte que vous allez lire est extrait d'un article qui a paru dans *L'Actualité*, magazine mensuel de nouvelles publié au Québec.

Dans l'extrait que vous allez lire, on aborde trois questions ayant trait à la pornographie:

1. Qu'est-ce que la pornographie?
2. Y a-t-il un rapport entre les lois sur la pornographie et les «crimes sexuels»?
3. Devrait-on censurer la pornographie?

Au début du texte, plusieurs définitions de la pornographie sont proposées. Avant de les lire, il serait intéressant que vous proposiez vous-mêmes des définitions, pour pouvoir les comparer à celles du texte.

Alors, qu'est-ce que la pornographie?

Où mène la porno?

[...] Mais quand on parle de pornographie, on parle de quoi? C'est justement la notion subjective de la pornographie qui entretient le débat. Personne ne s'entend sur sa définition. Au Canada, comme, du reste, aux États-Unis, le code pénal parle d'obscénité. Aux termes de l'article 159, la vente de matériel obscène est interdite et l'obscénité

5 n'existe que lorsqu'il y a «exploitation indue» du sexe ou que le sexe est associé à la violence, au crime et à la cruauté. Les tribunaux ont reconnu, au cours des années, que la définition de l'obscénité devait tenir compte des mœurs de la société, qui évoluent constamment à ce chapitre. Les Ballets africains ont déjà été interdits à Montréal à cause des seins nus des danseuses. Vingt ans plus tard, on trouve naturel que les

10 serveuses soient complètement nues dans certains bars...

Des films sont censurés en Ontario mais pas au Québec. Ce qui est jugé anodin ici est considéré scandaleux là-bas.

Ce fut un choc dans certains milieux, en 1962, lorsque la Cour suprême déclara non obscène le roman de D.H. Lawrence, *L'Amant de Lady Chatterley*, œuvre parfai-

15   tement inoffensive selon les critères d'aujourd'hui. On peut dire qu'au Canada, l'illégalité dans ce domaine n'existe à la rigueur que s'il y a de la bestialité, une violence extrême et criminelle, ou encore l'exploitation «indue» des enfants. Or ces questions sont de compétence fédérale. C'est pourquoi la Cour suprême de l'Ontario vient d'invalider une loi ontarienne autorisant les municipalités à réglementer le commerce de
20   publications érotiques.

     Aux États-Unis, le magazine *Screw* a fait l'objet d'un procès au Kansas en 1977. Le jury a acquitté l'éditeur, Al Goldstein. «Si *Screw* n'est pas pornographique ou obscène, dit Michael J. Goldstein[1], alors rien de ce qui existe sur le marché actuellement n'est pornographique.»

25   Chacun des intervenants que j'ai interviewés avait «sa» définition de la pornographie! Pour André Guérin[2], l'affaire est réglée, «ça n'existe pas». Pour Martin Dufresne[3], c'est «toute l'industrie du sexe». Pour Richard Poulin[4], c'est «la domination sexuelle d'une personne sur une autre». Pour Claude Crépeault[5], c'est «le théâtre de nos fantasmes».

30   On retrouve en littérature le même kaléidoscope étourdissant. André Breton[6] dit: «La pornographie, c'est l'érotisme des autres.» Dans son livre *L'Orgasme au féminin*, publié aux éditions du Jour, Christine L'Heureux s'en prend à la littérature romanesque «dont se gavent les femmes»: elle la trouve pornographique! Pourquoi? «Parce qu'elle utilise l'homme pour le seul plaisir de la femme.» Tiens, une autre définition!
35   La pornographie est une pâte à modeler: chacun la façonne à sa manière.

     On fait aussi dire aux chiffres ce que l'on veut. «Au Danemark, m'a dit André Guérin, il y a eu une baisse de 32% des crimes sexuels un an après la levée des restrictions sur la pornographie dans les années 60.» Cette donnée n'est pas fausse, elle est inutilisable… La raison est simple: lorsque le Danemark est entré dans son orbite porno, les
40   fonctionnaires ont rayé des statistiques certains crimes comme la prostitution homosexuelle et le voyeurisme. Ce qui fausse toutes comparaisons entre la période *soft* des années 50 et la vague *hard core* ultérieure.

     Faut-il censurer la pornographie? «Oui», répond sans hésiter Susan Brownmiller, fondatrice du mouvement WAP (Women Against Pornography) aux États-Unis. «Il
45   faut l'interdire de la même façon qu'on interdit les écrits racistes et haineux. Elle montre des êtres humains, des femmes surtout, comme objets de ridicule et d'humiliation, de sorte que les agressions contre ces personnes paraissent moins graves. La pornographie encourage l'hostilité à l'égard des femmes.»

     «Non à la censure», dit Erica Jong, auteur notamment de *Fanny* et *Fear of*
50   *Flying*, romans jugés pour le moins offensants par certains. «En tant que mère d'une fillette de six ans, je suis écœurée par la pornographie qui met en cause des enfants. Mais je m'oppose à la censure. La pornographie est triste, sans humour, dégradante et parfois violente: elle n'est que le reflet de notre société.»

---

1.   Sociologue américain.
2.   Président du Bureau de surveillance du Québec.
3.   Membre du Collectif masculin contre le sexisme à Montréal.
4.   Professeur de sociologie à l'Université d'Ottawa.
5.   Professeur de sexologie à l'Université du Québec à Montréal.
6.   Auteur surréaliste français.

Aryeh Neier, ancien directeur de l'Union américaine des droits civils, croit qu'en
55 l'absence de critères précis, que seule une définition concrète de la pornographie per-
mettrait d'établir, la censure doit être évitée. «Elle conduit directement à l'interdiction
ou l'abolition de tout ce qui peut être jugé offensant. Elle serait une restriction à la
liberté d'expression. On ne légifère pas sur les attitudes et les mœurs des gens. Rien
n'est plus facile que de voir partout de l'incitation à la violence. En somme, on ne peut
60 pas interdire quelque chose qu'on ne peut pas définir.»

Comment se faire une idée dans ce capharnaüm d'études contradictoires, de propos émotifs, de statistiques piégées? Le champ pornographique est une culture de
pelures de banane à grande échelle: on y glisse sans fin, ballotté entre mille visions. Le
virage pornographique, malgré le millier d'études entreprises dans la dernière décen-
65 nie, n'a pas eu lieu.

Premières impressions

Quel est le but de l'auteur de cet article, d'après votre première lecture?
a) Persuader le lecteur que la pornographie est un danger social.
b) Persuader le lecteur que la pornographie n'est pas un danger social.
c) Informer le lecteur de nouvelles études sur la pornographie.
d) Soulever plusieurs questions relatives à la pornographie sans offrir de
réponse définitive.

Approfondissement

A. En vous référant à l'article, jugez si les phrases suivantes sont *vraies* ou *fausses*.
Si la phrase est fausse, reformulez-la pour qu'elle traduise le sens du texte. Indiquez
dans chaque cas les lignes du texte où vous avez trouvé les indications nécessaires.
1. Au Canada et aux États-Unis, la loi parle d'obscénité, non de pornographie.
2. Au Canada, l'obscénité est permise sous certaines conditions.
3. Le sens donné au terme «obscénité» a beaucoup évolué.
4. Les critères de la censure ne sont pas uniformes au Canada.
5. Chaque province canadienne peut contrôler à sa façon la vente de
publications érotiques.
6. Un jury américain a trouvé que le magazine *Screw* était obscène.
7. Il n'y a pas de définition généralement acceptée de la pornographie.
8. L'exemple du Danemark prouve que la pornographie est liée aux «crimes
sexuels».
9. Susan Brownmiller pense que la pornographie est aussi dangereuse que les
écrits racistes, et pour des raisons semblables.
10. Erica Jong est contre la censure parce qu'elle croit que la pornographie est
inoffensive.
11. Aryeh Neier est contre la censure parce qu'il n'y a pas de définition exacte de
la pornographie.

B. L'auteur mentionne plusieurs exemples dans son article. À quoi servent ces exemples? Pourquoi l'auteur les cite-t-il?

    a) Les Ballets africains;

    b) *L'Amant de Lady Chatterley*;

    c) Le procès contre le magazine *Screw*;

    d) Les statistiques du Danemark.

Questions de langue

Le passage suivant est tiré d'une autre partie de cet article. Comme vous le voyez, il manque certains mots. Après avoir cherché des indications sur le sens et sur la construction grammaticale, proposez un mot pour chaque lacune. Discutez ensuite des mots proposés—il y a sûrement plusieurs réponses possibles.

En Amérique du Nord, _____'industrie pornographique a _____ chiffre d'affaires annuel _____ sept milliards de dollars, _____-on, sans avoir entièrement _____ ce qu'on y _____. Au Canada, on estime _____ ces revenus s'élèvent _____ 63 millions de dollars, _____ 100 fois moins, chiffre _____-être plus près de _____ réalité. Thomas Welsh, chef _____ police d'Ottawa, évalue _____ 20,4 millions de dollars _____ seul matériel saisi à _____'intérieur de nos frontières. _____ chiffres n'ont rien _____'étonnant si on se _____ à une étude commandée _____ le ministère fédéral de _____ Justice: des 117 Torontois _____ y ont participé, plus _____ la moitié ont admis _____ au moins un film _____ «sexuellement explicite» par mois...

Richard Poulin, _____ de sociologie à l'Université d'Ottawa _____ membre du Groupe autonome _____ recherche sur l'industrie _____ le commerce de la _____, s'en inquiète. «Dans _____ plupart des films policiers, _____ violents, c'est le _____ qui finit par gagner. _____ la pornographie, la morale _____ inverse: c'est toujours _____ méchant —le mâle agresseur—_____ sort vainqueur. C'est _____ parce que la pornographie _____ le seul outil d'_____ sexuelle dans notre société.»

Questions de discussion

1.   Comparez les définitions de la pornographie proposées en classe à celles citées dans l'article et essayez de vous mettre d'accord sur une définition.

2.   Le texte cite six définitions de la pornographie, dont une seule donnée par une femme. Celle-ci s'inquiète surtout de l'exploitation des hommes.

    a) À votre avis, est-ce que l'opinion des femmes à ce sujet est différente de celle des hommes?

    b) Est-elle négligée dans ce texte?

3. Trois opinions sur la censure sont citées: deux contre, et une pour.
   a) Résumez les arguments en faveur de la censure et les arguments contre.
   b) Y a-t-il d'autres raisons pour lesquelles on pourrait être pour ou contre la censure? Expliquez.
4. Quelle est votre opinion sur la question de la censure de la pornographie?
5. Y a-t-il, à votre avis, d'autres choses qui devraient être censurées? (Par exemple, la violence, le racisme, etc.) Si vous dites oui, expliquez pourquoi.
6. Quelle réponse proposez-vous à la question du titre?
7. Voyez-vous un lien entre la pornographie et la prostitution? Expliquez.

Projets

1. Décrivez votre réaction à cet article. Si vous croyez que la pornographie est dangereuse, essayez de convaincre le lecteur de votre point de vue. Si vous êtes contre la censure, essayez de persuader le lecteur que vous avez raison. Si votre opinion n'est pas faite, donnez les raisons de votre indécision.
2. Écrivez votre réponse à l'une des *Questions de discussion*.

La controverse sur l'euthanasie
Temps de vivre
et temps de mourir

~

Robert Solé

Anticipation

L'euthanasie est une question de plus en plus discutée de nos jours. Le cas célèbre de Karen Ann Quinlan a soulevé l'opinion publique en Amérique du Nord. Cette jeune femme américaine, dans le coma à la suite d'un accident, était maintenue en vie, croyait-on, grâce à une batterie d'instruments. Les parents de la jeune femme ont finalement obtenu le droit de faire débrancher les appareils, pour la laisser mourir. À la grande surprise de tout le monde, la malade a continué à vivre sans l'aide des machines. (Elle est morte plusieurs années après, en 1985.)

Dans un autre cas rendu public récemment en Europe, une jeune femme de 15 ans, souffrant d'un cancer incurable, a demandé à son frère de l'aider à mourir parce qu'elle ne supportait plus les douleurs de sa maladie. Elle a bu de l'alcool et pris des barbituriques. Elle avait demandé à son frère de la tuer si elle ne mourait pas assez vite. Il l'a fait, puis s'est rendu à la police. Il a été condamné à quatre mois de prison avec sursis (c'est-à-dire qu'il a été dispensé de prison).

1. S'agit-il d'euthanasie dans les deux cas?
2. Quelles différences y a-t-il entre les deux cas?
3. Connaissez-vous d'autres exemples?

Le texte suivant est tiré du journal français *Le Monde*.

La controverse sur l'euthanasie
Temps de vivre
et temps de mourir

La mort, jadis familière, est devenue insupportable. Nos sociétés modernes d'Occident ne cessent de la camoufler, comme pour mieux l'oublier. Certains s'efforcent pourtant d'en faire un débat public, au risque de provoquer un grand malaise. C'est le cas des Associations pour le droit de mourir dans la dignité, qui réunissent un congrès inter-
5 national à Nice, du 20 au 23 septembre, avec la participation du professeur Christian Barnard, pionnier des greffes du cœur. C'est aussi le cas du manifeste de médecins français en faveur de l'assistance aux mourants, publié mercredi à Paris (*Le Monde* du 20 septembre) et qui a pu être interprété comme une défense de l'euthanasie.

Ces dernières années, le débat moral sur la vie humaine tournait autour de l'avor-
10 tement. Il se déplace peu à peu aux nouvelles frontières de la médecine: bébés éprou-vette, embryons congelés, ventres d'emprunt… Et, parallèlement, émerge un autre débat, plus feutré, sur la mort celui-là.

On s'interroge sur la liberté d'interrompre la vie. Sa propre vie, ou—dans le cas du médecin—celle d'un autre. Choisir sa mort apparaît à certains comme un droit, et
15 donner la mort comme un acte responsable. Après avoir «régulé» les naissances, par la contraception ou l'avortement, l'homme moderne est tenté, en quelque sorte, de «réguler» les décès. L'IVV (interruption volontaire de vieillesse) est revendiquée au même titre que l'IVG (interruption volontaire de grossesse) par des personnes qui signent un «testament biologique», demandant de subir une euthanasie en cas de mala-
20 die incurable ou de perte de leurs facultés mentales. Ce sont les apôtres de la «mort douce».

Quelques formules choc de Mme Odette Thibault, l'une des dirigeantes de l'Asso-ciation française pour le droit de mourir dans la dignité, illustrent cette nouvelle revendication. Défendant la «qualité de la mort», elle affirmait en mars dernier: «*Savoir*
25 *mourir fait partie du savoir-vivre.*» Ou encore: «*Le suicide est la seule façon de mou-rir vivant.*» et, à propos de l'euthanasie: «*On a supprimé la peine de mort, mais que dire de la peine de vie qu'on inflige lorsque celle-ci est devenue insupportable?*» Nouvelle revendication, nouveau langage: la mort est parée des attributs de la vie, et vice versa.

30 Le mot euthanasie ne plaît à personne—et pas seulement parce qu'il rime avec nazi. C'est un mot piège dont le sens a évolué au cours de l'histoire. Au début du dix-septième siècle, il signifiait «mort douce et paisible». Trois cents ans plus tard, il dési-gnait l'ensemble des moyens entrepris pour lutter contre la douleur chez les grands malades. Aujourd'hui, c'est l'acte de donner ou de se faire donner la mort.

35 Mais ce mot piège recouvre des choses assez différentes. L'euthanasie dite passive consiste à soulager la souffrance du malade, en lui administrant par exemple de fortes doses de morphine qui peuvent hâter son décès; en mettant fin aux procédés de réani-mation circulatoire, rénale ou respiratoire qui le maintenaient en vie, ou simplement

29

en ne lui dispensant pas de soins (dans le cas d'un nouveau-né malformé). Alors que
40 l'euthanasie active suppose une intervention spécifique dans le but de mettre fin aux
jours de quelqu'un: soit en laissant à sa portée des pilules mortelles; soit en lui administrant une piqûre de sel de potassium ou un «cocktail lytique» (mélange de drogues
perfusées à fortes doses). La frontière entre euthanasie passive et active n'est d'ailleurs pas aussi claire, puisque l'arrêt d'une réanimation peut provoquer une agonie
45 intolérable qu'une piqûre viendra alors conclure.

Élargir le débat

Atténuer les souffrances d'un malade est une obligation que tous les médecins recon-
naissent. L'euthanasie active elle-même est parfois pratiquée, mais les médecins ne se
vantent guère de ce genre d'actes, officiellement condamnés par leur ordre, qui, pourtant, s'oppose à toute réglementation en la matière.
50   La question est de savoir si la situation actuelle doit être maintenue ou si un débat
public s'impose. Beaucoup de médecins veulent rester seuls devant leur conscience et
dénoncent toute forme de «médecine spectacle». D'autres, au contraire, estiment
insupportables de telles questions si elles ne sont pas diffusées et partagées. Les cinq
signataires de l'appel du 19 septembre pensent, quant à eux, que tous les médecins
55 devraient être sensibilisés au drame des mourants et que tous les malades devraient
être persuadés que leur médecin les «aidera à mourir».
        Cet accompagnement ne se réduit pas à des actes médicaux. Il exige du temps,
beaucoup de sensibilité et une formation que les intéressés n'ont pas reçue. C'est vrai
aussi des infirmiers, dont le rôle est capital au moment de la mort.
60   Un jésuite, le Père Patrick Verspieren, avait jeté un pavé dans la mare au début de
cette année. «Notre société se trouve entraînée sur la pente de l'euthanasie», écrivait-il dans la revue Études, en dénonçant la banalisation des cocktails lytiques. Et il
contestait aux médecins le droit de définir eux-mêmes l'éthique médicale. On assista
alors à une passe d'armes entre ce religieux et d'éminents «patrons». Passe d'armes
65 momentanée et d'ailleurs limitée: les moralistes ne semblent plus exister, les philosophes s'occupent d'autre chose et les pouvoirs publics sont au balcon.
        Faut-il circonscrire le débat sur l'euthanasie aux médecins et aux théologiens? Ou
au contraire le diffuser en l'élargissant? La mort n'est-elle pas une «question de
société»—et quelle question!—qui intéresse tout le monde? Il ne s'agit pas seulement
70 de philosophie ou de morale: si l'acharnement thérapeutique par exemple est contesté,
c'est aussi parce qu'il coûte extrêmement cher. Le citoyen a le droit d'être informé sur
ce qui se passe réellement dans les hôpitaux, ne serait-ce que pour dissiper sa crainte
d'être «supprimé» en cas de maladie incurable.
        Un manifeste ambigu, signé par cinq médecins, n'était sans doute pas le meilleur
75 moyen de lancer le débat public. Mais l'écho qu'il a obtenu témoigne d'un intérêt et
d'une inquiétude. Le congrès international de Nice contribuera aussi à sortir de
l'ombre le sujet tabou de la mort, à condition de ne pas se limiter à des simplifications.

Premières impressions

À votre avis, quel est l'objectif de l'auteur de l'article?
   a) Persuader le public que l'euthanasie est nécessaire.
   b) Persuader le public que l'euthanasie est dangereuse.
   c) Persuader les médecins que l'euthanasie est nécessaire.
   d) Persuader les médecins que l'euthanasie est dangereuse.
   e) Amener le public à réfléchir sur la question de l'euthanasie.

Approfondissement

Quelle vous semble être l'*idée centrale* de chaque paragraphe? Choisissez parmi les différentes possibilités, et discutez-en en classe.

Paragraphe 1
   a) On n'aime pas parler de la mort aujourd'hui.
   b) Deux groupes ont, en même temps, attiré l'attention du public sur la mort.
   c) Christian Barnard participe à un congrès à Nice.
   d) Des médecins français se sont prononcés en faveur de l'euthanasie.

Paragraphe 2
   a) L'avortement n'est plus une question controversée en France.
   b) On s'intéresse beaucoup en ce moment aux nouvelles méthodes de conception.
   c) La question de l'euthanasie fait partie d'un débat plus large.

Paragraphe 3
   a) Certaines personnes pensent que l'euthanasie devrait être légalisée, tout comme l'avortement.
   b) Les médecins devraient avoir le droit d'aider les malades à mourir.
   c) Les gens ont le droit de choisir l'euthanasie.

Paragraphe 4
   a) On critique les arguments de Mme Thibault.
   b) On présente les arguments de Mme Thibault.
   c) On appuie les arguments de Mme Thibault.

Paragraphe 5
   a) On n'aime pas le mot «euthanasie».
   b) Le mot «euthanasie» ne veut plus rien dire.
   c) On présente les différents sens historiques du mot «euthanasie».

Paragraphe 6
   a) On définit l'euthanasie «active».
   b) On définit l'euthanasie «passive».
   c) On explique la distinction entre l'euthanasie «passive» et «active».

31

Paragraphe 7

a) Les médecins se trouvent dans une situation ambiguë quant à l'euthanasie.

b) L'ordre des médecins condamne l'euthanasie active.

c) Les médecins doivent alléger les souffrances des malades.

d) L'ordre des médecins ne veut pas de réglementation sur l'euthanasie.

Paragraphe 8

a) Certains médecins ne veulent pas de réglementation sur l'euthanasie.

b) Certains médecins voudraient un débat public sur l'euthanasie.

c) Différentes opinions sont présentées quant à la question de savoir si le grand public devrait être invité au débat sur l'euthanasie.

Paragraphe 9

a) Les infirmiers ont un rôle à jouer en ce qui concerne l'euthanasie.

b) L'éducation des médecins et des infirmiers ne les prépare pas à résoudre le dilemme de l'euthanasie.

c) Il faudra beaucoup de temps pour résoudre cette question.

Paragraphe 10

a) Un prêtre a essayé de lancer un débat sur la question, mais on s'intéressait peu au débat.

b) Un prêtre a déclaré que les décisions sur l'euthanasie ne devraient pas être laissées aux médecins.

c) Les philosophes s'intéressent à d'autres questions en ce moment.

Paragraphe 11

a) Devrait-on limiter le débat aux médecins et aux théologiens?

b) Le public devrait être pleinement informé.

c) Les théologiens devraient participer au débat.

Paragraphe 12

a) Le manifeste des médecins était ambigu.

b) La réaction au manifeste indique que le public s'intéresse à la question.

c) Le manifeste des médecins et le congrès à Nice aideront le public à faire face au sujet difficile de la mort.

Questions de discussion

1. Pensez-vous que l'euthanasie est une question morale importante qui devrait être discutée publiquement?

2. Pensez-vous que l'euthanasie active devrait être permise? Expliquez votre réponse.

a) Devrait-il y avoir des restrictions? Si oui, lesquelles?

b) Qui devrait avoir le droit de décider?

3. Pensez-vous que l'euthanasie passive devrait être permise? Expliquez votre réponse.
   a) Devrait-il y avoir des restrictions? Si oui, lesquelles?
   b) Qui devrait avoir le droit de décider?
4. Pensez-vous qu'il est vrai que la mort était familière autrefois, mais que c'est un tabou aujourd'hui? Si oui, pourquoi est-ce le cas, à votre avis?
5. Quels autres dilemmes éthiques voyez-vous dans la médecine actuelle? (Par exemple, les organes artificiels, les greffes d'organes, les bébés éprouvette.)

Question de langue

Dans le tableau qui suit, vous trouverez des mots tirés du texte sur l'euthanasie. Remplissez le tableau en vous servant de votre logique et, au besoin, de votre dictionnaire:

Nom	Verbe	Adjectif
X	supportif	insupportable
revendication	revendiquer	revendicatif
suppression	suprimer	supprimé
soulagement	soulager	soulagé
l'hâte	hâter	hâtif
asensibilite	sensibiliser	sensibilisé
formation	former	formé
crainte	craindre	craintif

Projet

Interviewez quelqu'un à propos de l'euthanasie, et rédigez un compte rendu de cette interview. (La personne interviewée peut être un médecin, un prêtre, un pasteur, un rabbin, une «personne ordinaire», etc.)

À compétence égale, priorité aux femmes

Anticipation

Les programmes dits «d'action positive» existent à beaucoup d'endroits en Amérique du Nord. Dans le cadre de ces programmes, on donne la préférence aux membres de certains groupes désavantagés pour ce qui est de l'accès aux études ou au travail. (Ces groupes comprennent certaines minorités ethniques, les femmes, les personnes handicapées, etc.) Dans certains cas, on établit un système de quotas (il doit y avoir X% de femmes, de Noirs, etc.); dans d'autres cas, on déclare que si une personne de l'un des groupes définis possède les qualifications minimales, on doit l'engager; d'autres fois encore, on déclare que si plusieurs candidats ont des qualifications égales, on donnera la priorité à la personne du groupe minoritaire. Comme vous le voyez, il y a bien des différences entre les types de programmes d'action positive.

1. Existe-t-il des programmes d'action positive à l'une des universités de votre région pour ce qui est de l'inscription des étudiants? Si oui,
   a) quels sont les groupes identifiés qui en bénéficient?
   b) quel est le type de préférence donné (quota / compétence minimale / compétence égale) ?
2. Connaissez-vous des compagnies privées, ou des agences du gouvernement, qui ont adopté un programme d'action positive? Si oui,
   a) quels sont les groupes identifiés qui en bénéficient?
   b) quel est le type de préférence donné (quota / compétence minimale / compétence égale) ?
3. Quelles raisons donne-t-on pour justifier l'existence de ces programmes?
4. Quels sont les arguments de ceux qui s'y opposent?

À compétence égale, priorité aux femmes

Les femmes, les Québécois non francophones et les personnes handicapées auraient bientôt priorité sur les autres candidats, également qualifiés, à des postes dans la fonction publique québécoise. Un projet de règlement à cet effet sera publié «dans les prochaines semaines» dans la Gazette officielle du Québec, a annoncé le 8 mars dernier,

5 Mme Denise Leblanc-Bantey, ministre de la Fonction publique, à l'occasion de la Journée internationale des femmes. Le règlement, qui doit encore franchir l'étape du Conseil des ministres et du Conseil du Trésor, prévoit que les 10 premiers candidats retenus pour un poste vacant par l'Office du recrutement et de la sélection du personnel seront considérés comme égaux. Si une femme se retrouve parmi les 10, elle obtiendra

10 le poste, même si elle n'est pas au premier rang. La même règle vaudra pour les Québécois non francophones et les personnes handicapées.

Premières impressions

Quel vous semble être le but de cet article?

a)   Discuter du pour et du contre des programmes d'action positive en général.

b)   Persuader le lecteur de la nécessité de mettre sur pied des programmes d'action positive.

c)   Persuader le lecteur du danger que constituent les programmes d'action positive.

d)   Décrire un projet de loi d'action positive au Québec.

Approfondissement

1.   S'agit-il d'un programme proposé ou d'un programme déjà en vigueur?

2.   Ce programme doit-il s'appliquer à tous les postes vacants au Québec?

3.   Pourquoi, à votre avis, a-t-on choisi de favoriser les groupes suivants par ce programme?

a) les femmes;

b) les Québécois non francophones;

c) les personnes handicapées.

4.   Y a-t-il, à votre avis, d'autres groupes qui auraient dû être compris dans le programme? Pourquoi?

5.   De quelle sorte de préférence s'agit-il (quota / compétence minimale / compétence égale)?

6.   Pensez-vous que le titre est bien choisi? Si oui, donnez une justification. Sinon, inventez un autre titre et expliquez pourquoi vous le trouvez plus approprié.

Questions de langue

1. Expliquez l'emploi du conditionnel (*auraient*) dans la première phrase du texte.
2. Analysez les différentes composantes de la seconde phrase du texte (lignes 3 à 6), ainsi que l'ordre de leur présentation. Essayez ensuite de réorganiser la phrase de façons différentes, et discutez de l'effet que cela produit.
3. La phrase suivante (lignes 6 à 9) du texte est assez complexe: divisez les idées et faites-en deux phrases séparées. Préférez-vous le texte original ou votre version? Pourquoi?

Projet

Décrivez la réaction que pourrait avoir l'une des personnes suivantes à ce projet de loi au Québec, en adoptant une perspective «engagée»:
- un militant noir
- une militante noire
- un féministe
- une féministe
- un opposant aux programmes d'action positive
- autre (Précisez)

Les Français et la violence

Anticipation

Les pages suivantes présentent les résultats d'un sondage de l'opinion française sur les crimes violents, les peines de prison, et la sécurité en général.

Une série de meurtres, que les auteurs appellent le «drame d'Avignon», a eu lieu pendant la réalisation de ce sondage. Il s'agissait d'une tentative de vol, qui a tourné au meurtre multiple, dans la région d'Avignon. Deux des hommes inculpés étaient d'anciens prisonniers, libérés de prison. Comme les auteurs le soulignent, ce drame a dû avoir un effet sur l'opinion publique en ce qui concerne l'attitude face à la violence!

1.   Est-ce que les questions soulevées (crimes violents, peines de prison, sécurité en général) troublent les gens de votre région ou pays? Quels aspects de ces questions semblent préoccuper le plus le public?
2.   Si vous prépariez un sondage sur ces sujets, quelles sortes de questions poseriez-vous? (Pensez à des thèmes plutôt qu'à des questions précises.)

Les Français et la violence

La sécurité est devenue la préoccupation principale des Français. Le drame d'Avignon, survenu au cours du présent sondage Paris Match-Ifres, a exacerbé le malaise. C'est peut-être ce qui explique le jugement sévère des Français sur le principe des permissions accordées aux détenus. La libération anticipée est encore plus mal reçue. Plus significative, une très large majorité des Français de toutes opinions politiques (69%), se montre favorable à l'idée de se défendre soi-même.

1

Un projet de loi du gouvernement prévoit qu'après 14 ans de détention (au lieu de 18), un condamné «à perpétuité» pourra obtenir une liberté conditionnelle. Approuvez-vous ou désapprouvez-vous ce projet?

approuvent	30
désapprouvent	**61**
ne se prononcent pas	9

2

Les détenus condamnés à plus de 5 ans de prison peuvent bénéficier de 10 jours de permission par an, à partir du moment où ils ont effectué la moitié de leur peine. Pensez-vous que cette mesure est plutôt:

un danger pour la société	**40**
un progrès pour la société	23
ni l'un ni l'autre	30
ne se prononcent pas	7

3

Selon la qualité de son comportement en prison, un détenu peut bénéficier d'une permission. À votre avis, doit-on accepter ou refuser une permission à un détenu pour les motifs suivants:

	Accepté	Refusé	n.s.p.p.
crime de sang	15	75	10
attaque à main armée	22	64	14
prise d'otages	18	73	9
torture	9	**82**	9
trafic de drogue	36	50	14
récidive	22	62	16

60%
contre les libérations anticipées

4

Croyez-vous que le comportement en prison—jugé exemplaire—et la volonté de reclassement d'un détenu soient suffisants pour entériner une libération anticipée?

oui	31
non	**60**
ne se prononcent pas	9

5

Depuis la suppression de la peine de mort, il n'y a pas de peine de substitution. Pensez-vous que le système judiciaire français est plutôt:

dissuasif	10
moderne et bien adapté	11
trop clément	**56**
ne se prononcent pas	23

30%
ont déjà été cambriolés

6

Avez-vous déjà été cambriolé?	
oui	30
non	**70**

7

Ou victime d'une agression?	
oui	20
non	**80**

8

Ou l'un des vôtres?	
oui	28
non	**71**
ne se prononcent pas	1

9

Estimez-vous qu'aujourd'hui, on est suffisamment ou insuffisamment protégé par la police?

suffisamment	32
insuffisamment	**60**
ne se prononcent pas	8

80%
ressentent une montée de la violence

10

Ressentez-vous une montée de la violence?

	Global	Majorité	Opposition	Hommes	Femmes
oui	**80**	72	85	75	**86**
non	19	27	13	23	13
ne se prononcent pas	14	1	2	2	1

11

Estimez-vous qu'aujourd'hui, on est suffisamment ou insuffisamment protégé par la justice?

suffisamment	24
insuffisamment	**65**
ne se prononcent pas	11

12

Avez-vous peur de sortir seul(e) la nuit dans les rues de votre ville?

	Global	Hommes	Femmes
oui	42	21	64
non	**54**	**75**	33
ne se prononcent pas	4	4	3

13

Avez-vous peur d'être cambriolé?

	Global	Hommes	Femmes
oui	**62**	57	**68**
non	36	42	30
ne se prononcent pas	2	1	2

14

Estimez-vous qu'on a le droit de se défendre soi-même?

	Global	Majorité	Opposition
oui	**69**	65	**73**
non	22	27	17
ne se prononcent pas	9	8	10

15

Possédez-vous un revolver ou une autre arme à feu chez vous?

	Global	Hommes	Femmes
oui	27	37	16
non	**72**	61	**83**
ne se prononcent pas	1	2	1

16

Sinon, avez-vous l'intention d'acheter une telle arme?

oui	9
non	**85**
ne se prononcent pas	6

17

Avec quoi votre arme est-elle chargée?

balles	**40**
plombs	31
gros sel	8
autres	13
ne se prononcent pas	8

18

Avez-vous l'intention de déclarer les armes désormais soumises à autorisation?

	Global	Majorité	Opposition
oui	**59**	**64**	56
non	31	23	37
ne se prononcent pas	10	13	7

Enquête réalisée par l'Ifres les 6, 7 et 8 août auprès d'un échantillon national représentatif de 780 personnes (350 enquêtes directes et 430 entretiens téléphoniques) sélectionné selon la méthode des quotas (sexe, âge, C.s.p., région géographique et tendance politique).

19

Tireriez-vous sur un intrus qui est entré chez vous par effraction?

	Global	Hommes	Femmes
oui	36	44	28
non	**46**	40	**51**
ne se prononcent pas	18	16	21

20

Tireriez-vous en l'air avant?

oui	**46**
non	33
ne se prononcent pas	21

21

Avez-vous un chien de défense?

	Global	Hommes	Femmes
oui	20	29	12
non	**79**	70	**88**
ne se prononcent pas	1	1	—

22

Envisagez-vous d'en avoir un?

oui	5
non	**69**
ne se prononcent pas	26

23

Vous porteriez-vous au secours de quelqu'un qui est agressé devant vous?

	Global	Hommes	Femmes
oui	**72**	**84**	60
non	13	6	19
ne se prononcent pas	15	10	21

24

Et vous, croyez-vous que dans ce cas on vous porterait secours?

	Global	Hommes	Femmes
oui	31	34	27
non	**45**	39	**51**
ne se prononcent pas	24	27	22

Estimez-vous que les commerçants qui récemment ont été arrêtés pour avoir tiré sur des cambrioleurs:

doivent être libérés immédiatement	**61**
méritent une peine de prison	10
méritent une amende	20
autres	4
ne se prononcent pas	5

Question posée uniquement aux femmes. Avez-vous dans votre sac un moyen d'autodéfense?

oui	16
non	**82**
ne se prononcent pas	2

Question posée uniquement aux femmes. Si oui, lequel?

bombe lacrymogène	8
bombe paralysante	4
pistolet d'alarme	1
autres	3
ne se prononcent pas	**84**

Premières impressions

Les auteurs déclarent que «la sécurité est devenue la préoccupation principale des Français». Avez-vous l'impression que c'est vrai?

Approfondissement

A. Afin de comprendre quels aspects du thème général de la «violence» sont traités dans ce sondage, essayez de grouper les questions par catégorie. Nous suggérons ci-après un certain nombre de catégories: si vous ne trouvez pas cette liste suffisante, faites vos propres catégories.
- Les peines de prison: questions…
- Les perceptions personnelles de la violence: questions…
- L'impact de la violence sur la vie personnelle du répondant: questions…
- L'auto-défense: questions…
- Le secours porté à autrui: questions…

B. Après avoir établi les sujets traités, poussez votre analyse plus loin, en posant les questions suivantes (et d'autres qui pourront vous venir à l'esprit):

    1. Est-il possible de formuler une généralisation des réponses données dans les différentes catégories?

    2. Y a-t-il une ou plusieurs catégories de questions qui semblent être la principale préoccupation des auteurs?

    3. Est-ce que les questions ressemblent à celles auxquelles votre classe avait pensé avant de lire le sondage?

C. *La formulation de certaines questions*

Étudiez la question n° 2 du sondage.

    1. Est-ce que les réponses proposées ont pu influencer l'opinion (la façon dont les réponses sont formulées est-elle «neutre» ou «orientée» vers une certaine réponse)?

    2. Imaginez d'autres façons de formuler les réponses et formez une hypothèse sur les résultats avec ces nouveaux choix.

    3. Y a-t-il d'autres questions dont la formulation ne vous semble pas tout à fait neutre ou objective?

    4. Analysez une ou deux questions qui vous intéressent particulièrement, et discutez-en en classe.

D. *La présentation des réponses à certaines questions*

Vous aurez noté que, pour certaines questions on indique seulement une réponse globale, alors que pour d'autres les réponses sont données pour certains groupes de la société. Par exemple, on divise parfois les réponses des hommes et des femmes. Ailleurs, on fait une distinction entre «majorité» et «opposition» (il s'agit de partis politiques, la majorité étant le parti politique au pouvoir —au moment du sondage, il s'agissait du Parti Socialiste de François Mitterand).

    1. Quelles questions sont analysées selon la réponse des hommes / femmes? de la majorité / l'opposition?

    2. Pourquoi, à votre avis, est-ce que ces questions ont été les seules à être présentées de cette façon?

    3. Y a-t-il d'autres groupes dans la société dont il serait intéressant de connaître les réponses?

        a) À quels groupes sociaux pensez-vous?

        b) Pour quelles questions en particulier aimeriez-vous avoir les résultats selon ces groupes?

Questions de langue

Étudiez le contexte des expressions suivantes, et choisissez la définition qui vous semble la plus logique.

1.   *peine* (questions 2 et 5)

    a) souffrance;   b) punition;   c) travail;   d) jugement.

2. *projet de loi* (question 1)
   a) loi proposée officiellement;
   b) loi qui vient d'être votée;
   c) possibilité de loi à laquelle quelqu'un réfléchit.
3. *libération anticipée* (question 4)
   a) liberté à laquelle un prisonnier rêve;
   b) date de libération à laquelle le juge pense;
   c) libération avant la date prévue à l'origine.
4. *permission* (questions 2 et 3)
   a) sortie temporaire de prison;
   b) période pendant laquelle le prisonnier a quelques privilèges supplémentaires en prison;
   c) autorisation de se promener librement dans la prison.
5. *reclassement* (question 4)
   a) permission;
   b) réforme d'un criminel;
   c) libération de prison.
6. *un détenu* (questions 2, 3 et 4)
   a) prisonnier;
   b) gardien;
   c) temps passé en prison.
7. *cambrioler* (questions 6 et 13)
   a) attaquer;
   b) commettre un crime;
   c) entrer par effraction pour voler quelque chose.
8. *récidive* (question 3)
   a) action de faire de nouveau un crime;
   b) meurtre;
   c) crime mineur.
9. *tirer sur quelqu'un* (questions 19, 20 et 25)
   a) se défendre contre quelqu'un;
   b) employer une arme à feu contre quelqu'un;
   c) attaquer quelqu'un.
10. *porter secours à quelqu'un* (questions 23 et 24)
   a) appeler à l'aide de quelqu'un;
   b) aller chercher de l'aide pour quelqu'un;
   c) venir en aide à quelqu'un.

Questions de discussion

1. Les femmes semblent avoir plus peur de la violence que les hommes, mais seule une minorité d'entre elles possède une arme à feu, un chien de défense ou un moyen d'autodéfense. Discutez.

2. Pensez-vous que les femmes ont peur de sortir seules le soir chez vous? Si oui, leur donne-t-on des conseils spéciaux dans le but de minimiser les dangers? Comparez les attitudes des hommes et des femmes à ce sujet.

3. Est-ce que la peine de mort (la peine capitale) existe chez vous? Si oui, y a-t-il un mouvement en vue de l'abolir? Sinon, y a-t-il un mouvement en vue de la rétablir? Quels sont les arguments des deux parties?

4. Quel devrait être l'objectif des emprisonnements, à votre avis? (punir le criminel? produire un changement profond dans l'esprit du criminel? protéger la société? autre?)

Projets

1. Interviewez un membre de votre communauté sur un aspect de la violence qui vous intéresse particulièrement. Écrivez ensuite un compte rendu de cette interview.

2. Imaginez que vous êtes en prison depuis 10 ans, et que vous êtes maintenant éligible à une libération anticipée. Pour l'obtenir, vous devez convaincre un juge que vous n'êtes plus un danger pour la société. Écrivez votre plaidoyer.

3. Écrivez une lettre destinée à un journal; votre lettre a pour but de persuader d'autres personnes de votre opinion sur un aspect particulier de la question de la «violence sociale».

Le doping devrait être permis aux Jeux olympiques

~

Louis Chantigny

Anticipation

Qu'est-ce que le titre suggère quant à l'orientation du texte?
1. Il s'agit d'un
    a) texte de fiction;
    b) article de journal;
    c) article de magazine.
    Quelles en sont les indications?
2. Il s'agit d'un texte
    a) neutre / objectif;
    b) qui cherche à persuader le lecteur;
    c) qui soulève des questions.
    Quelles en sont les indications?
3. Le texte aborde probablement comme sujet
    a) la question de l'utilisation des drogues par les athlètes;
    b) divers aspects des Jeux olympiques;
    c) le rôle des drogues dans la société moderne.
    Qu'est-ce qui vous fait penser cela?

Le doping devrait être
permis aux Jeux olympiques

Pourquoi brider ceux qui veulent aller plus haut et plus vite?

Tous les lendemains de Jeux olympiques ramènent les mêmes sempiternels sujets: la politique dans les sports, l'amateurisme marron et, bien entendu, le doping.

On n'en sort pas. Et on n'en sortira jamais à moins de reconnaître que les Jeux ont toujours été politiques depuis les débuts, qu'ils devraient être le lieu de perfor-
5 mance des meilleurs athlètes, amateurs ou pas, et enfin que les ressources de la science devraient être mises à la disposition de ceux qui veulent aller plus haut, plus vite et plus loin. Et qu'on n'en parle plus.

Qu'on cesse d'abord de nous rebattre les oreilles avec la politique: les Jeux sont politiques dans leur nature même. Ils l'étaient dès leur création quand les diverses
10 nations grecques déposaient les armes pour déléguer à Olympie leurs porte-oriflamme dans des compétitions qui répétaient, le sang en moins, les mêmes gestes guerriers; tout l'athlétisme en témoigne.

Politiques, les Jeux modernes le sont demeurés dans l'esprit même de leur rénova-
teur, Pierre de Coubertin, puisqu'ils visaient à «bronzer la jeunesse française» (sic) en
15 vue d'une belle revanche sur le Boche[1] de 1870. Ils le deviennent sans cesse davantage depuis que les États ont transformé leurs champions en hommes-sandwiches idéologiques.

Cela admis, abordons le sujet de l'amateurisme, au risque de détruire une deuxième illusion. Aujourd'hui que les États prennent leur élite sportive en charge,
20 l'amateurisme de grand-papa est mort dans les pays riches, moribond partout ailleurs. Ne subsistent que des nations plus ou moins vaniteuses subventionnant plus ou moins bien des athlètes-fonctionnaires, bientôt syndiqués. Dans les circonstances, les J.O. auraient tout intérêt à laisser tomber la pose pour devenir franchement *open* et convier au Temple ceux qui sont véritablement les meilleurs athlètes du monde.

25 Et nous voici au doping, sujet délicieusement honteux, comme autrefois «le péché de la chair». Je scandaliserai plusieurs belles âmes et grands moralisateurs du muscle en sueur en m'y déclarant favorable.

Dans la mesure où l'athlète n'use pas de produits contre nature susceptibles de porter atteinte à son intégrité physique ou psychique; dans la mesure où tout s'accom-
30 plirait sous strict contrôle médical, au nom de quel principe pourrait-on s'y opposer?

L'injustice ou la tricherie débutent là où les athlètes n'ont pas accès aux mêmes fioles. L'immoralité commence quand l'intégrité de la personne est sacrifiée aux per-
formances de l'athlète. Ces deux écueils évités, pourquoi l'Homme (oui, avec majus-
cule) qui a mis pied sur la Lune et dont la grandeur est de tendre vers les étoiles (dixit
35 Pascal) s'interdirait-il de courir plus vite (Citius), de s'élever plus haut (Altius), et généralement de devenir plus fort (Fortius) en faisant appel, dans les limites précitées, à toutes les ressources de la Science?

---

1.   Terme péjoratif pour désigner les Allemands.

Le précurseur à cet égard fut le célèbre *campionissimo* du cyclisme italien, Fausto Coppi, décédé en 1960. Il fut le premier à composer un régime alimentaire
40 scientifiquement adapté à une épreuve sur piste ou à une course sur route. Il fut le premier, durant la saison morte, à nettoyer son organisme de toutes scories par un savant dosage d'arsenic, rien de moins! Il fut aussi le premier, avec l'aide de son médecin, à user de stimulants selon l'effort exigé, avec une précision d'apothicaire. Et il était un monstre de santé!

45 Comme le furent ses disciples, Jacques Anquetil, Rick Van Steenbergen, Rick Van Looy. Au sujet du dernier, cette anecdote, qui déridera (peut-être) nos moralistes chagrins. Grâce à un dispositif dissimulé sous son aisselle, Van Looy refilait au contrôle anti-doping l'urine de sa femme. Le truc marcha longtemps. Jusqu'au jour où le médecin du contrôle lui dit: «Félicitations, Rick, j'ai le plaisir de t'annoncer que tu es
50 enceinte!»

Bref, c'est grâce aux recherches en laboratoire que d'une génération à l'autre les humains vivent plus vieux. C'est grâce à la chimiothérapie que grands dépressifs et cancéreux ont retrouvé espoir. Pourquoi l'athlète du stade ne serait-il pas à l'homme de la rue ce que sont les voitures Grand Prix à l'industrie automobile?
55 Altius! Le vieux rêve d'Icare est bien chevillé au cœur de l'homme. D'où sa noblesse. D'où sa grandeur. C'est dans cette perspective que la question tant controversée du doping doit être repensée à l'aube du 21e siècle.

Premières impressions

Est-ce que vos hypothèses sur le contenu et l'orientation du texte ont été confirmées ou rejetées?

Approfondissement

A. Quelle est, à votre avis, l'idée centrale de chaque paragraphe? Si les choix proposés ne vous satisfont pas, formulez vous-même une phrase qui résume votre perception de l'idée centrale.

Paragraphe 1
a) Présenter diverses questions à propos des Jeux olympiques.
b) Présenter la question du doping aux Jeux olympiques.
c) Autre chose. (Précisez.)

Paragraphe 2
a) Présenter différents arguments sur divers aspects des Jeux olympiques.
b) Présenter une opinion sur divers aspects des Jeux olympiques.
c) Autre chose. (Précisez.)

Paragraphe 3
a) Présenter des opinions diverses au sujet de la politique et des Jeux olympiques.
b) Présenter une opinion au sujet de la politique et des Jeux olympiques.
c) Autre chose. (Précisez.)

Paragraphe 4
a) Développer un argument déjà présenté sur la politique et les Jeux olympiques.
b) Présenter un autre point de vue sur la politique et les Jeux olympiques.
c) Autre chose. (Précisez.)

Paragraphe 5
a) Présenter une opinion sur l'amateurisme des Jeux olympiques.
b) Présenter plusieurs opinions sur l'amateurisme des Jeux olympiques.
c) Autre chose. (Précisez.)

Paragraphe 6
a) Présenter de façon neutre la question du doping et des Jeux olympiques.
b) Présenter une opinion sur la question du doping et des Jeux olympiques.
c) Autre chose. (Précisez.)

Paragraphe 7
a) Développer un aspect de la question du doping : la protection de la santé de l'athlète.
b) Déclarer que le doping ne présente pas de dangers pour la santé des athlètes.
c) Autre chose. (Précisez.)

Paragraphe 8
a) Présenter des questions posées par le public à propos du doping.
b) Développer un argument déjà présenté.
c) Autre chose. (Précisez.)

Paragraphe 9
a) Présenter un exemple pour appuyer un argument.
b) Présenter un autre aspect de la question.
c) Autre chose. (Précisez.)

Paragraphe 10
a) Présenter un contre-exemple.
b) Apporter l'argument que les contrôles ne sont pas efficaces.
c) Autre chose. (Précisez.)

Paragraphe 11
a) Résumer les arguments en faveur du doping.
b) Souligner l'importance du progrès scientifique.
c) Autre chose. (Précisez.)

Paragraphe 12
a) Présenter un argument «spirituel» en faveur du doping.
b) Résumer les arguments en faveur du doping.
c) Autre chose. (Précisez.)

B. Quand vous vous serez mis d'accord sur l'idée centrale de chaque paragraphe, discutez de l'organisation des idées.

   1. Si le but de l'article était de persuader le lecteur d'une opinion, pensez-vous que cette organisation des idées était efficace?
      a) Si oui, expliquez pourquoi.
      b) Sinon, quels changements proposeriez-vous?
   2. Y a-t-il des arguments que vous vous attendiez à trouver dans l'article et qui n'y étaient pas? Si oui, lesquels? Où les auriez-vous placés dans le texte?
   3. Quels éléments de *transition* voyez-vous entre les paragraphes? (Trouvez et discutez de quelques exemples.)

Questions de langue

En réfléchissant aux indices contextuels (le sens, la construction grammaticale), proposez une paraphrase des expressions en italique. (Situez d'abord la phrase dans le texte original.)
1. «*Tous les lendemains* de Jeux olympiques ramènent les mêmes *sempiternels* sujets [...]» (ligne 1)
2. «Et on n'en sortira jamais *à moins de* reconnaître que les Jeux ont toujours été politiques depuis les débuts [...]» (lignes 3 et 4)
3. «*Qu'on cesse* d'abord de *nous rebattre les oreilles* avec la politique: les Jeux sont politiques dans leur nature même. Ils l'étaient *dès leur création* quand les diverses nations grecques déposaient les armes pour déléguer à Olympie leurs porte-oriflamme dans des compétitions [...]» (lignes 8 à 11)
4. «Aujourd'hui que les États *prennent* leur élite sportive *en charge*, l'amateurisme de grand-papa est mort dans les pays riches [...]» (lignes 19 et 20)
5. «Dans les circonstances, les J.O. *auraient tout intérêt à* laisser tomber la pose pour devenir franchement *open* et *convier au Temple* ceux qui sont véritablement les meilleurs athlètes du monde.» (lignes 22 à 24)
6. «*Dans la mesure où* l'athlète n'use pas de produits contre nature susceptibles de *porter atteinte à son intégrité* physique ou psychique [...]» (lignes 28 et 29)
7. «Bref, c'est *grâce aux* recherches en laboratoire que d'une génération à l'autre les humains vivent plus vieux.» (lignes 51 et 52)

Questions de discussion

1. Quels sont les arguments de ceux qui s'opposent au doping aux Jeux olympiques? Pensez-vous que ces arguments sont bien présentés dans cet article? Pourquoi, à votre avis?
2. Quels arguments trouvez-vous les plus persuasifs, ceux qui sont en faveur ou ceux qui sont contre le doping?
3. Y a-t-il, dans l'article, un argument ou un exemple en particulier qui vous frappe, vous surprend ou vous choque? Présentez votre point de vue aux autres étudiants.

4. Que pensez-vous des arguments de l'auteur sur:
   a) la politique et les Jeux olympiques?
   b) l'amateurisme et les Jeux olympiques?
5. Que pensez-vous de l'exemple de Rick Van Looy?
6. Pensez-vous que l'usage de la drogue à des fins «récréatives» est un problème important aujourd'hui? Expliquez.

Projets

1. Écrivez un article pour persuader le lecteur des dangers du doping.
2. Écrivez un article qui a pour but de persuader le lecteur de votre opinion à propos de la politique, ou de l'amateurisme des Jeux olympiques.
3. Écrivez un article qui se veut neutre, objectif, sur la question du doping, de la politique, ou de l'amateurisme des Jeux olympiques.
4. Écrivez un article dans lequel vous essayez de convaincre le lecteur de votre opinion sur un aspect de la question plus générale de la drogue dans la société moderne.

En rédigeant votre article, faites attention à l'organisation des idées et aux transitions entre les paragraphes.

L'éthique non-fumeur

~

Réjean Beaudoin

Anticipation

En étudiant le titre et le nom de l'auteur, essayez de deviner tout ce que vous pouvez sur l'orientation du texte et l'origine de son auteur.

1. L'auteur est-il un homme ou une femme?
2. S'agit-il d'un texte de fiction? d'un article de journal?
3. L'auteur est-il un militant anti-fumeur? un fumeur qui se sent persécuté? d'opinion neutre sur la question?
4. S'agit-il d'un texte français? québécois? autre?
5. Considérez maintenant les deux premières phrases du texte: «Il y a des villes où le fait d'allumer une cigarette suffit à marginaliser son homme, du moins à sélectionner toute une aire de l'espace social. Il est aussi difficile de fumer à Vancouver que de boire le dimanche à Toronto.»

Vos prédictions semblent-elles confirmées ou rejetées?

Lisez maintenant le texte en gardant toujours à l'esprit vos hypothèses et prédictions.

L'éthique non-fumeur

Il y a des villes où le fait d'allumer une cigarette suffit à marginaliser son homme, du moins à sélectionner toute une aire de l'espace social. Il est aussi difficile de fumer à Vancouver que de boire le dimanche à Toronto. Je ne cesse jamais de m'étonner devant les tabous de la civilisation. Montréal a ses Haïtiens, Paris ses Arabes. Sommes-nous donc toujours le Persan[1] de quelqu'un? Entre les Rocheuses et le Pacifique, c'est le fumeur que l'on montre du doigt. Comme toutes les exclusives, celle-ci ne laisse pas d'être intéressante. Je n'ai jamais eu à tant m'excuser d'être un consommateur de tabac. À un certain point de persécution cependant, toute victime a avantage à déclarer sa «tare» sans ambages. J'ai décidé d'assumer la mienne.

Aucun de mes collègues ne fume. Chaque fois que quelqu'un se présente à la porte de mon bureau, de la secrétaire au directeur, on me signale aimablement ma délinquance. On dit, par exemple, si ma porte était fermée, qu'on a deviné ma présence à l'odeur. On me prie instamment d'ouvrir de deux doigts la fenêtre après une feinte de toussotement adroitement insérée dans la conversation. Tous ces adversaires du tabagisme semblent liguées, me dis-je. Dans tous les locaux du Département, on chercherait en vain un cendrier. La seule vue d'un paquet de cigarettes semble causer à la plupart des personnes que je côtoie quotidiennement une violente répulsion, comme celle que l'inspiration satirique attribue aux prudes de comédie en présence de l'obscène. La chose me parut suspecte. Puis je fis cette découverte.

Invité chez elles par les mêmes personnes qui manifestaient au travail un dédain si unanime du tabac, quelle ne fut pas ma surprise de constater que leur intérieur était raisonnablement pourvu de briquets, de cendriers et d'un assortiment convenable des marques de cigarettes qu'on trouve sur le marché. Je crus d'abord à une mauvaise blague, peut-être à une marque de politesse exagérée à mon endroit, l'hospitalité anglaise, enfin que sais-je? Rien de tout cela. On fume chez soi. Tout simplement. L'espace public est réglementé et l'air respirable fait l'objet d'un code comme la circulation automobile. Mais les droits individuels restent l'orgueil de la démocratie. *B.C. Spirit, That's it*. Un ami Français à qui je m'ouvrais de mes spéculations me dessilla les yeux d'un seul mot: «Des puritains, voilà tout... »

Premières impressions

D'après votre première lecture, lequel des résumés ci-dessous vous semble le plus juste? (Si aucun des résumés proposés ne correspond à votre première impression, écrivez-en un vous-même.)

a) L'auteur est un militant anti-fumeur qui donne des arguments en faveur de zones publiques réservées aux non-fumeurs.

b) L'auteur est un militant fumeur qui donne des arguments en faveur des droits des fumeurs.

---

1. Une référence aux *Lettres persanes* de Montesquieu (XVIIIᵉ siècle): deux Persans fictifs voyagent à Paris et racontent leurs impressions, ainsi que les préjugés des Français contre les étrangers.

c)   L'auteur est un fumeur qui décrit avec amusement l'attitude de ses collègues à Vancouver.

d)   L'auteur traite de divers groupes sociaux victimes de discrimination, et aborde de façon générale les tabous de la société.

Approfondissement

Quelle vous semble être l'idée centrale de chaque paragraphe?

Paragraphe 1
a)   Chaque société désigne certains groupes comme des parias.
b)   Le fumeur est le paria à Vancouver, comme certains groupes ethniques le sont ailleurs.
c)   Les victimes de discrimination sociale devraient se battre pour leurs droits.
d)   Autre chose. (Précisez.)

Paragraphe 2
a)   L'auteur décrit objectivement l'attitude de ses collègues.
b)   L'auteur décrit l'attitude de ses collègues de façon à suggérer qu'ils ont peut-être raison.
c)   L'auteur décrit l'attitude de ses collègues de façon à suggérer qu'ils sont peut-être hypocrites.
d)   Autre chose. (Précisez.)

Paragraphe 3
a)   L'auteur déclare que l'attitude de ses collègues se résume par l'adjectif «puritain».
b)   L'auteur commence à partager le point de vue de ses collègues.
c)   L'auteur résume de façon neutre l'attitude de ses collègues.
d)   Autre chose. (Précisez.)

Questions de langue

1.   L'auteur est-il invité chez des femmes (ligne 20)?
2.   Exprimez l'idée des phrases suivantes en employant une construction différente de celles en italique.
a)   «*Aucun* de mes collègues ne fume.» (ligne 10)
b)   «Dans *tous* les locaux du Département, on *chercherait en vain* un cendrier.» (lignes 15 et 16)
c)   «Puis je *fis cette découverte*.» (ligne 19)
d)   «*La seule vue* d'un paquet de cigarettes semble causer à la plupart des personnes que je côtoie quotidiennement une violente répulsion [...]» (lignes 16 et 17)
e)   «Invité chez elles par les mêmes personnes qui manifestaient au travail un dédain si unanime du tabac, *quelle ne fut pas* ma surprise de constater que leur intérieur [...]» (lignes 20 et 21)

f) «Sommes-nous *donc* toujours le Persan de quelqu'un?» (lignes 4 et 5)

g) «À un certain point de persécution *cependant*, toute victime a avantage à déclarer sa "tare" sans ambages.» (lignes 8 et 9)

Questions de discussion

1. Quelles comparaisons est-ce que l'auteur fait pour rapprocher le puritanisme et l'anti-tabagisme?

2. À votre avis, est-ce que le jugement du Français («Des puritains, voilà tout... ») résume bien l'attitude des collègues de l'auteur?

3. L'auteur a-t-il raison, à votre avis, de comparer les fumeurs aux Haïtiens de Montréal et aux Arabes de Paris? Expliquez.

4. Vous est-il facile de considérer les fumeurs comme une minorité victime de persécution?

5. Existe-t-il des zones réservées aux non-fumeurs dans votre ville ou dans votre milieu de travail? Quels lieux publics sont déjà désignés «non-fumeur» chez vous? Lesquels devraient l'être, à votre avis?

6. Devrait-on interdire les cigarettes à bord des avions, comme l'ont fait certaines compagnies aériennes?

7. Est-ce que le tabac devrait être considéré comme une drogue dangereuse, à votre avis?

Projets

A. *Jeux de rôles*

1. Jouez la scène décrite dans les lignes 10 à 14.

2. Dans les lignes 20 à 23, l'auteur décrit ce qu'il voit chez ses collègues qui ne fument pas au travail. Inventez le dialogue qui pourrait avoir lieu la première fois que l'auteur est invité chez un de ses collègues.

3. Inventez un dialogue entre l'auteur et son ami français (lignes 28 et 29).

4. Inventez une conversation qui pourrait avoir lieu entre deux ou trois des collègues de l'auteur.

B. *Rédaction*

1. Adoptez le point de vue d'un des collègues de l'auteur et écrivez un petit article qui décrit l'attitude de l'auteur.

2. L'auteur écrit ici pour un magazine québécois. Écrivez la lettre qu'il aurait pu écrire à un ami ou une amie au Québec, sur ce même sujet.

3. Écrivez une lettre à un magazine pour exprimer le point de vue des gens qui s'opposent à ce qu'on fume au travail.

Mme le Secrétaire, Mme le Ministre, ça suffit…

~

Benoîte Groult

Anticipation

Benoîte Groult est une féministe française. Dans cet article, publié dans la revue *Marie-Claire*, elle discute du sexisme reflété dans la langue française.

1.   Quelles sont les revendications du mouvement féministe en Amérique du Nord en ce qui concerne la langue? (Par exemple, «chairman» → «chairperson», etc.)
2.   Dressez une liste de tous les changements en anglais proposés par les féministes. Y a-t-il un élément commun, un principe qui ressort?

Mme le Secrétaire, Mme le Ministre, ça suffit…

Une généticienne de quatre-vingt-un ans vient de recevoir le prix Nobel… mais si elle opérait dans un hôpital, on en parlerait comme d'**un** chirurgien-femme. **Le** ministre du Commerce extérieur monte à la tribune mais c'est **elle** qui va prononcer une allocution. **Madame le** Maire est heureux… pardon: heureuse… de féliciter Mme X, con-
5   seill**er** municipal, qui s'est toujours montré… pardon: montrée… **une** fidèle alliée et **un** ardent partisan de la paix. Pour couronner ce salmigondis et montrer à quelles aberrations langagières sont réduites les femmes, citons le cas d'une de nos plus brillantes universitaires, pourtant spécialisée en sémantique, interviewée récemment dans un magazine féminin sous ce grand titre en majuscules:
10   «Hélène Ahrweiller, chancel**ier** de l'Université, couve**rte** de diplômes, premi**ère** femme recteur, **elle** fut aussi **maître** de recherches au CNRS[1].»
Moi-même enfin je ne suis qu'**un** écrivain-femme (comme on dit un artiste handi-

---

1.   Centre national de la recherche scientifique.

capé) ou à la rigueur «une écrivaine», mais entre guillemets afin de bien souligner mon anomalie.

15   Qui niera que nous vivons actuellement en pleine confusion des genres, dans une cacophonie grammaticale absolument totale?

    En fait, la plupart des femmes exerçant des métiers jusqu'ici masculins ou occupant des fonctions traditionnellement réservées aux hommes sont tout simplement condamnées à l'hermaphrodisme, une bizarrerie biologique qui, selon le Grand Robert,
20   se définit par «la réunion des caractéristiques des deux sexes chez le même individu». Un hermaphrodisme variable, il est vrai, suivant le niveau social.

    S'il est modéré à l'égard des femmes exerçant des métiers sans trop de prestige, il s'accentue implacablement à mesure qu'elles s'élèvent dans l'échelle de la réussite, phénomène qui ne surprendra que les naïfs ou les gens de mauvaise foi. Le mécanisme
25   est pourtant lumineux et les exemples innombrables.

    Au stade de **la** dévouée secrétaire d'un patron, pas de problème, on lui laisse tous ses signes extérieurs de féminité. Mais sitôt qu'elle prétend pénétrer dans le bastion mâle du pouvoir politique (où personne ne souhaitait sa présence), on lui fait clairement sentir, en l'affublant tout à coup d'un article masculin, qu'elle usurpe une fonc-
30   tion qui n'est pas dans sa «nature».

    Madame **le** Secrétaire d'État deviendra ainsi un hermaphrodite du langage, bien qu'elle porte un nom qui désigne la profession féminine par excellence. Ce tour de passe-passe devrait nous alerter, d'autant qu'il se reproduit avec une régularité suspecte!

35   Ainsi une femme ministre ne sera pas considérée comme un homme ministre au féminin: c'est une femelle, piquée par le virus politique, qui s'est échappée de son enclos domestique et qu'on tolère à titre d'exception, d'utilité ou d'alibi. À elle aussi on va refuser par conséquent de laisser son article féminin, quand bien même le mot ministre se termine par un «e» muet.

40   Notons qu'on n'a jamais interdit à une femme de se qualifier de Madame **la** Concierge, **la** Garde ou **la** Caissière, cet article redevenant comme par miracle le signe du féminin dans les métiers bas de gamme!

    À la Chambre des députés, même politique: il avait bien fallu abandonner quelques sièges à celles qui criaient trop fort, après des luttes homériques où nos élus
45   s'étaient d'ailleurs défendus jusqu'aux limites extrêmes du ridicule... mais de là à les autoriser à ajouter un modeste «e» au bout de leur titre de député, il y avait une marge qu'ils se refusent encore à franchir.

    Et comment oseraient-elles toucher à une langue française comme à quelque chose de vivant et qui leur appartiendrait à elles aussi? Depuis les Précieuses Ridicules
50   et les Femmes Savantes, que Molière[2] traita comme on sait (un savant est un érudit respectable, une femme savante n'est qu'une guenon outrecuidante), la langue française reste une chasse gardée, sévèrement gardiennée par ses grammairiens, pieusement embaumée par ses académiciens, tous des hommes jusqu'à la regrettable élection

---

2.   Dramaturge du XVIIe siècle, auteur de pièces satiriques.

de Marguerite Yourcenar, sacrifice à la mode féministe du moment, qui n'est sans
doute pas près de se renouveler.

Détail significatif: ces messieurs dans leur générosité—ou pour bien montrer que
ne porte pas l'épée qui veut—ont autorisé Madame l'Académicien à paraître dans leur
auguste enceinte sans bicorne, sans sabre au côté et sans habit vert; mais estimant que
le code du langage restait plus important que le code vestimentaire, ils n'ont pu se
résoudre à articuler ces simples mots: Madame l'Académicienne! Entre le barbarisme
et le féminisme, il faut savoir choisir.

Et que dire de l'acceptation du mot directrice, à condition que l'intéressée soit
directrice d'école, primaire de préférence, mais du refus indigné de directrice s'il s'agit
d'entreprise ou de rectrice s'il s'agit d'Université?

De même on peut être doyenne des Français, le mot paraît naturel; mais, dans
l'enseignement supérieur, l'universel masculin reprend ses droits et impose Madame **le**
Doyen.

On peut également s'intituler conseill**è**re conjugale, mais non pas conseill**è**re
municipale. Le féminin au lit, soit, mais pas à la mairie!

Être maîtresse d'école et toucher un modeste salaire, voilà qui est considéré avec
bienveillance par la société; mais s'il s'agit du titre de maîtresse-assistante, rien ne va
plus: le même mot paraît soudain impraticable sous prétexte qu'il éveillerait des
arrière-pensées lubriques! Admirons l'acrobatie du raisonnement mais sachons discer-
ner ce qu'il cache: tout simplement le refus de nous laisser entrer à part entière dans la
vie sociale.

On voudrait nous persuader qu'il est dérisoire de se battre pour un «e» muet, pour
quelques suffixes en -esse ou en -rice, pour le droit de s'appeler Madame **la**. On ne
nous cache pas que nous risquons, si nous insistons, de mériter les **deux** féminins que
Paul Valéry[3] nous a généreusement octroyés, devenant à la fois «des emmerdeuses et
des emmerderesses».

Eh bien, quitte même à être emmerdantes, il faut répéter que vouloir se nommer,
se reconnaître, trouver «les mots pour le dire» constitue le plus légitime des désirs, le
plus normal des besoins et un élément essentiel de toute personnalité. Les mots sont
vivants, ils font exister les choses. Et cette obstination à refuser même les féminins les
plus évidents, ceux qui ne posent pas de problèmes ni phonétiques ni grammaticaux,
n'est pas le fait du simple hasard.

Elle témoigne de l'importance de ce pouvoir culturel où s'enracine et se perpétue
le pouvoir tout court des hommes sur les femmes. Nous laisser nous faufiler dans le
domaine mâle, à la rigueur, mais à condition que nous n'y soyons pas à l'aise, que
nous portions le signe du masculin comme une défroque trop grande pour nous… À
exiger non seulement la fonction, mais aussi son symbole, le nom, il semblerait que les
femmes dépassent les bornes et portent atteinte… portent atteinte à quoi, au fait?

Question capitale et réponse tout aussi capitale.

Si nous osions reconnaître qu'il s'agit d'une manifestation de plus de la bonne

---

3. Poète français du début du XXe siècle.

95 vieille misogynie, camouflée cette fois derrière la tradition et les habitudes, si les femmes osaient la dénoncer, si les hommes avaient le courage de la reconnaître dans leurs comportements, nous découvririons que tous les arguments brandis contre la féminisation des noms de métiers ne tiennent debout que grâce à cette vieille lune que nous voulions croire éteinte: le mépris de tout ce qui est féminin, infiltré jusque dans
100 le vocabulaire.

Des linguistes et des sociologues comme Marina Yaguello («Les Femmes et les mots», éd. Payot), Claudine Hermann («Les Voleuses de langue», éd. des femmes) et d'autres ont lumineusement démonté le mécanisme de cette misogynie-là, et montré à quel point ce mépris a fini par s'inscrire dans les têtes et jusque dans l'inconscient
105 féminin.

Si beaucoup de femmes en effet refusent de féminiser leur titre, c'est, disent-elles, pour ne pas nuire au prestige de la fonction. Argument désolant! Car il prouve bien à quel point elles ont intériorisé les milliers de jugements péjoratifs émis comme des évidences à travers les siècles, d'Aristote à Platon, de saint Augustin aux Pères de l'É-
110 glise, de Rousseau à Vigny, à Sade, à Nietzsche, à Freud, à Montherlant (arrêtons-nous là, il faudrait une encyclopédie!) à l'égard du deuxième sexe.

Nous jugeons-nous donc si défectueuses et si incapables que le seul fait d'ajouter une lettre à un mot masculin suffise à porter atteinte à une profession tout entière? Quand échapperons-nous enfin à cette auto-dépréciation, à ce self-service de la miso-
115 gynie, qui rend la partie si facile pour les hommes?

Quand comprendrons-nous que la langue est un des instruments de cette infériorisation, que loin d'être un véhicule neutre, elle reflète les structures d'une société, ses préjugés, ses tabous, ses rapports de force. Elle ne crée pas le sexisme mais, par sa pesanteur, elle peut le faire durer et, après coup, le justifier.
120 C'est le mérite des féministes qui depuis quelques années ont pris pied dans ces disciplines strictement masculines qu'étaient la linguistique, l'ethnologie ou la psycho-sociologie, d'avoir attiré l'attention sur les discriminations du vocabulaire et l'usage qu'on pouvait en faire pour bloquer une évolution.

Hérodote, ce grand voyageur, avait déjà signalé au Ve siècle l'existence chez de
125 nombreux peuples d'un double langage, différent pour les hommes et pour les femmes, mais il en parlait comme d'une curiosité sans signification particulière.

Au Japon, de nos jours, il existe non seulement tout un répertoire de formules de politesse, de requêtes ou d'excuses, variables selon le sexe, mais le ton de voix est lui aussi codifié. On le constate dans la vie quotidienne mais plus encore dans les films, où
130 les hommes sont tenus de rugir et les femmes de pépier.

Les mêmes tendances se sont exprimées en Europe: il existait en France au XIXe un «dictionnaire à l'usage des Dames et des Demoiselles», tout comme l'Angleterre victorienne avait son "Dictionary for Ladies" où ne figuraient que les mots tolérés dans la bouche d'une femme «comme il faut». (Comme il faut à qui?)
135 Jusqu'à une époque récente, les romancières n'osaient pas prendre les mêmes libertés avec la langue que leurs homologues masculins. Car ce qu'on trouve normal, voire admirable, chez Henry Miller, Norman Mailer ou Michel Tournier, paraît indécent ou choquant sous la plume d'une femme.

Cette mise à l'écart de la «littérature féminine» qui ne serait pas la littérature tout court, s'appuie précisément sur le refus de partager le même langage, donc les mêmes sentiments (d'où les romans dits «à l'eau de rose»), refus aggravé d'un phénomène inquiétant: la dérive vers un sens péjoratif de la plupart des noms qui servent à désigner une femme, depuis le mot de base appliqué à l'animal de sexe féminin: Femelle.

Ne signifiant au départ que compagne du mâle, il a été associé peu à peu à la notion d'obéissance rampante ou de lubricité, alors que le mâle continuait à évoquer la puissance et l'énergie sexuelle. Nuance!

Comme pour sous-entendre qu'en toute femme il y a une putain qui sommeille, la majorité des mots qui servent à désigner une femme peuvent aussi désigner une prostituée. Le mot fille n'est pas seulement l'opposé de garçon. «Aller chez les filles» veut aussi dire fréquenter les prostituées. Créature ne signifie pas créature de Dieu quand il s'agit d'une femme, mais femme de mauvaise vie. Garce n'est plus le féminin de garçon mais le synonyme de salope. Et en argot, «n'être qu'une gonzesse» constitue une formule de mépris.

Autre avatar inattendu: toutes les femelles animales peuvent servir à ridiculiser les femmes et notamment la volaille qui fournit un répertoire inépuisable de comparaisons peu flatteuses, depuis la tête de linotte jusqu'à la dinde, en passant par la poule mouillée (un coq mouillé serait-il moins ridicule?), poule de luxe, mère-poule, bécasse, perruche, pie jacassante, oie blanche, etc.

Même l'irréprochable chien devient au féminin une insulte! Alors que les espèces mâles, elles, fournissent à l'homme des comparaisons flatteuses: il est un lion, un aigle, un coq, un ours... à la rigueur un lapin, mais alors un chaud, un rude lapin!

À l'égard de la femme vieillissante, là, c'est vraiment l'hallali, le vocabulaire se surpasse. D'un côté le séducteur aux tempes argentées ou le noble vieillard... de l'autre, la vieille peau ou la rombière, expressions qui ne comportent pas de masculin, pas plus que grognasse, poufiasse, souillon, bobonne, ou vieille dondon n'ont d'équivalent au masculin.

Quand il s'agit des femmes, la richesse de la langue en termes dévalorisants ou ironiques (à commencer par celui de l'organe sexuel féminin, injure n° 1) n'a d'égale que sa pauvreté en termes valorisants, ce qui tendrait à prouver que le langage a été façonné par et pour une société d'hommes, afin d'assigner à l'autre sexe une place secondaire, justifiée par la morale patriarcale, strictement délimitée par les lois et matérialisée par la langue (e.g. les études de *Tel Quel* «Les femmes et la langue», des Cahiers du GRIF n° 12: «Parlez-vous française», «Les Femmes et le Pouvoir. Qui sont-elles?» Michèle Coquillat.)

La résistance que rencontre aujourd'hui une tentative aussi évidente et normale dans l'histoire d'une langue que la féminisation de certains mots n'est qu'une conséquence de ce travail de marginalisation qui oblige aujourd'hui les intéressées, et en particulier les candidates aux fonctions de pouvoir, à se situer au moyen de formules boiteuses, aberrantes ou grotesques, qui sont autant de défis à la logique et d'humiliations déguisées à leur personne.

C'est une obligation que ne supporteraient pas les hommes, à juste titre. Aucun n'a envisagé de s'intituler «Monsieur la Sage-Femme» quand en 1982 la profession

s'est ouverte aux deux sexes. En toute logique, s'est créée aussitôt une commission de
terminologie médicale afin d'étudier les masculins possibles, les avis se partageant
entre sage-homme, (un peu moyenâgeux à leur goût) et maïeuticien, mot forgé du
grec pour impressionner la clientèle... noblesse oblige! Pendant ce temps, Madame le
Prud'homme[4] supportait vaillamment d'être bisexuée.

Aujourd'hui, avec la multiplication des femmes P.-D.G.[5], pasteurs, ingénieurs,
ambassadeurs, experts, commissaires, juges, peintres, etc., notre situation devenait
intenable. On perdait son latin et son français à louvoyer entre l'agrég**ée** de lettres
charg**é** de cours, **le** docteur qui est un**e** gynécologue, la physicien**ne**-chercheu**r** au
CNRS et autres grotesqueries.

Au point que l'Église, qui n'est pas suspecte de forcer sur le féminisme, vient de
s'attaquer à la Bible, estimant que «la moitié des fidèles se sent exclue du message des
Écritures telles qu'elles sont actuellement rédigées». Le "National Council of
Churches", qui n'est pas un groupuscule de prêtres-ouvriers gauchisants puisqu'il
représente trente-deux des religions protestantes et orthodoxes et compte quarante
millions de membres dans le monde, vient de publier une nouvelle traduction de la
Bible appelée à soulever les passions... car elle y féminise même la fonction divine!

Des formules millénaires telles que «Dieu le Père» ont été remplacées par «Dieu,
notre Père et Mère» alternées avec «Dieu, notre Mère et Père». Jésus n'est plus «le Fils
de l'Homme», mais "The Child" ou "The Human One". Je me garderai de porter un
jugement sur cette traduction: extirper le sexisme de la Bible me paraissant un but
impossible à atteindre autrement qu'en supprimant le Saint-Livre dans sa totalité.

Sans aller aussi loin, au Moyen Âge, l'église catholique comptait des abbesses, des
supérieures et des prieures et les mots de barbière et de chirurgienne étaient couramment admis. Il semble que la langue française ne supporte plus d'être bousculée.

Car dans d'autres pays francophones, le changement est en bonne voie. Au
Canada, l'expression «Droits de la Personne» au lieu de Droits de l'Homme est devenue courante. Rentrant récemment du Québec où la plupart des journalistes me pré-
sentaient comme écrivain**e** et auteu**re** d'essais féministes, j'ai eu l'impression en réen-
dossant mon étiquette d'écrivain-femme ou de femme-écrivain, obligée de préciser le
sexe en plus de la fonction, de revenir dans un pays arriéré. On s'habitue vite aux mots
nouveaux quand ils correspondent à une réalité et définissent mieux leur objet.

Même la Suisse, qui ne passe pas pour la patrie des suffragettes, a adopté les
termes de Conseillère régionale ou fédérale pour ses élues. Afin de compléter cette
action, deux députées viennent de déposer une motion au Grand Conseil l'invitant à
«adapter la terminologie à l'égalité entre les sexes, car, est-il précisé très justement,
l'utilisation de termes masculins tend à marginaliser les femmes en effaçant leur identité».

Malgré ces précédents, en France, on peut se préparer au pire avec la «commission pour la féminisation des noms de métiers et de fonctions» qui vient d'être créée à
l'initiative d'Yvette Roudy. D'autres commissions fonctionnent pourtant avec succès:
celle de l'audiovisuel et de la publicité a présenté en 1982 une liste de 127 termes nou-

---

4. Caricature du conformisme bourgeois.
5. Président-Directeur général (Présidente-Directrice générale?).

225 veaux. Parmi ces mots on peut citer baladeur pour walkman, ciné-parc pour drive-in et
commanditer ou parrainer au lieu de l'horrible sponsoriser. Beaucoup sont bien choisis et devraient être adoptés par le public. Les nouveaux termes feront l'objet d'un
arrêté officiel et devront être employés par toutes les administrations et services de
l'État et «recommandés» aux journalistes de l'audiovisuel, dont l'influence sur le
230 langage du public n'est plus à démontrer.

Même les personnes âgées ont leur commission de terminologie, créée par Mme
Georgina Dufoix et reprise par l'actuel secrétaire d'État, M. Benoist, qui voudrait voir
disparaître les termes infantilisants ou ségrégatifs concernant la vieillesse, tels que
l'expression affreuse de «troisième âge». Tout le monde approuvera cette initiative.

235 Mais parce qu'ils ne vont concerner que les femmes, les travaux de notre commission vont bien faire rire. Ceux qui en font partie, des linguistes, des écrivains, des
représentants de divers ministères (l'Éducation nationale, la Jeunesse et les Sports,
etc.) et des membres du Haut Comité de Défense de la langue française, hommes et
femmes bien sûr, ne vont pas avoir la partie facile: ils peuvent s'attendre au mieux à
240 l'indifférence, au pire aux sarcasmes, aux haussements d'épaule, aux plaisanteries
éculées des uns, ravis de retrouver une de leurs cibles favorites, le féminisme, et aux
rappels à la raison des autres. «Il y a des tâches plus urgentes en ces temps de chômage et de dénatalité», dit déjà *Le Figaro*[6]. Quel rapport? Et puis le refrain est trop
connu: il y a toujours des tâches plus urgentes que de s'occuper des problèmes des
245 femmes.

Pour empêcher cette hérésie, à savoir que les femmes deviennent présidente-directrice générale, avocate ou metteuse en scène, tous les arguments seront bons… et
pourtant, à les regarder de près, ils sont tous mauvais.

«Écrivaine? Mais c'est affreux», dira-t-on. Difficile de se faire préciser en quoi ce
250 mot est plus laid que souveraine, contemporaine ou châtelaine ou pourquoi on prétend y entendre la vanité alors qu'on n'y a jamais pensé pour écri-vain!

Selon les mêmes, nommer la femme qui juge de films ou de livres une critique, ou
l'ouvrière qui effectue un forage une foreuse, serait impraticable sous prétexte de
l'existence d'homonymes qui désignent une machine ou une action. Mais le même phé-
255 nomène se retrouve du côté des termes masculins, sans soulever le moindre problème!
Un cadre signifie aussi un encadrement, un guide, un livre, et personne ne peut s'y
tromper.

D'ailleurs quand le métier correspond au rôle traditionnel de la femme, personne
non plus ne s'y trompe et ne songe à remarquer l'homonymie: on qualifie une femme
260 de ménagère sans confondre avec «l'ensemble des couverts de table», ou de cuisinière
sans prendre la personne en question pour un appareil de cuisson.

On objecte aussi que poétesse est vaguement ridicule, que peintresse n'a aucune
chance et que doctoresse, après avoir «pris», est rejeté par les intéressées elles-mêmes.
Mais précisément les suffixes en -esse ont subi l'habituelle dévalorisation qui frappe le
265 genre féminin, ce qui n'est pas une raison pour renoncer mais devrait tout simplement
inciter la commission à la prudence: plus le mot choisi sera proche phonétiquement du

---

6.   Journal parisien conservateur.

masculin, moins il aura de chances d'être dénigré, puis rejeté.

C'est pourquoi docteure (sur le modèle de prieure) me semble plus facile que doctoresse ou docteuse; et auteure, plus acceptable qu'auteuse ou autrice, malgré les exemples d'agricultrice, d'institutrice, de navigatrice et de tant d'autres qui ne font pas problème.

En réalité, tout va dépendre en fin de compte non pas tant du choix des mots que du courage de chaque femme qui osera les porter, les imposer, les rendre naturels. Si elles ne s'y décident pas, aucun homme, aucune institution ne le fera pour elles. Seul l'usage répété d'un mot l'impose peu à peu.

Et tout laisse à penser, si l'on en juge par les expériences déjà faites à l'étranger, que dans quelques années on se demandera comment on a pu se passer de ces mots-là. Nos titres biscornus, nos formules boiteuses, nos acrobaties verbales pour éviter le féminin, paraîtront risibles.

Mais en attendant, ce sont les hommes qui vont «rigoler», alliés aux femmes anti-féministes qui vont leur donner de nouveaux gages de soumission en riant encore plus fort, et aux femmes timides qui diront: «À quoi bon?» Et encore une fois les féministes vont porter le chapeau: on leur a toujours reproché de ne pas être féminines... cette fois on va leur reprocher de l'être trop!

En fait, il ne s'agit ni de féminisme ni d'anti-féminisme dans cette affaire. Nous parlons actuellement à l'aide de béquilles et de prothèses. La langue a bien besoin d'une greffe vivante.

Michèle Cotta, qui en tant que présidente de la Haute Autorité «est chargée de veiller par ses recommandations dans les Services publics de la radio et de la télévision à la défense et à l'illustration du français», l'a déclaré à la revue *Media et Langage*: «Une langue qui n'arrive pas à décrire la réalité d'aujourd'hui et qui ne possède pas de termes pour nommer les nouveautés technologiques est une langue morte, ou du moins une langue mutilée.»

Elle a raison. Une ministre, une rectrice, une factrice sont des nouveautés sinon technologiques du moins sociologiques et en tout cas bien réelles. Ces conquêtes ont été ardues à mettre en œuvre; elles ont exigé des luttes qui durent depuis plus d'un siècle. Il serait vraiment pitoyable que la création de quelques mots appropriés, parce qu'ils risquent de valider l'égalité des femmes dans la langue comme dans les faits, se heurte aux mêmes résistances.

«Toute révolution devrait s'accompagner d'une réforme du dictionnaire», disait Victor Hugo, ce visionnaire. Il y a des hommes aujourd'hui (et des femmes) qui ne sont toujours pas sortis du XIXe siècle. Victor Hugo est beaucoup plus jeune qu'eux!

Premières impressions

Laquelle des phrases de la page suivante résume le mieux, à votre avis, l'article de Groult? Si aucune des formulations proposées ne vous satisfait, rédigez vous-même un court résumé.

a) Beaucoup de noms de profession ou de fonction n'ont pas de forme féminine en français.
b) La résistance à la féminisation des titres est liée au sexisme profond de la société française.
c) On doit souvent mélanger des expressions masculines et féminines pour désigner une femme exerçant une profession traditionnellement masculine.

Approfondissement

1. Résumez les arguments présentés par ceux qui s'opposent à la féminisation des titres.
2. Résumez les arguments de Groult en faveur de la féminisation des titres.
3. Analysez un passage de l'article qui vous frappe particulièrement, en vue d'animer un débat en classe. (Vous pouvez, par exemple, soutenir ou réfuter la thèse du passage, appuyer ou mettre en question ses exemples, etc.)

Question de langue

Voici une liste des titres de fonction masculins et féminins généralement acceptés mentionnés dans le texte. (Le chiffre entre parenthèses renvoie aux lignes du texte.) Proposez une ou plusieurs formes féminines pour les autres noms, ceux qu'on hésite à féminiser. Discutez ensuite des possibilités.

Masculin	Forme féminine possible
chirurgien (2)	
académicien (57)	
doyen (67)	doyenne (65)*
généticien	généticienne (1)
physicien	physicienne (191)
commissaire (189)	
secrétaire d'État (31)	
maire (4)	
ministre (2)	
maître de recherches (11)	
maître-assistant	
peintre (189)	
maître d'école	maîtresse d'école (70)
conseiller conjugal	conseillère conjugale (68)
conseiller municipal (4 et 5)	
chancelier (10)	
caissier	caissière (41)
romancier	romancière (135)

Masculin	Forme féminine possible
recteur (11)	
directeur	directrice* (63)
pasteur (188)	
ambassadeur (189)	
ingénieur (188)	
docteur (191)	
auteur	
metteur-en-scène	
facteur	
navigateur	navigatrice (270)
instituteur	institutrice (270)
agriculteur	agricultrice (270)
député (43, 46)	
chargé de cours (191)	
expert (189)	
juge (189)	
critique	
avocat	
écrivain (212)	

* Groult indique des restrictions.

Questions de discussion

1.   Les personnes qui s'opposent aux propositions de Groult soutiennent que le masculin et le féminin en français désignent un genre grammatical et non un sexe humain. Qui a raison, à votre avis?

2.   D'après votre lecture, est-ce que Groult réclame les mêmes changements en français que les féministes nord-américaines en anglais?

3.   À votre avis, la langue influe-t-elle sur les attitudes sociales, ou bien en est-elle simplement le reflet?

4.   Pensez-vous que ce serait pour des raisons semblables (c'est-à-dire pour s'approprier le pouvoir de la langue) que les homosexuels d'Amérique du Nord se sont donné le nom de «Gay»?

5.   Est-ce que le même problème existe dans le choix d'un titre pour les hommes qui exercent un métier traditionnellement féminin? Subissent-ils, eux aussi, des pressions sociales? (Par exemple, un «ménager», un infirmier, un secrétaire.)

Projets

1.   Vous avez une amie féministe qui n'a pas le temps de lire l'article de Groult, et qui vous demande de quoi il s'agit. Vous êtes très sympathique et vous lui préparez un résumé d'une page.

2.   Écrivez un article partisan sur un autre aspect du rôle changeant des hommes et des femmes de nos jours.

3.   Vous êtes journaliste, et vous devez préparer un compte rendu (résumé critique) de l'article.

   a)   Vous travaillez pour *Le Devoir*, quotidien de Montréal.

   b)   Vous travaillez pour *Le Figaro*, quotidien conservateur de Paris.

   c)   Vous travaillez pour une revue féministe française.

Un peu de tout

Deux poèmes sur l'automne

Anticipation

1. *Jeu d'associations* Qu'est-ce l'automne évoque pour vous? (Écrivez au tableau noir tous les mots et expressions proposés.)

2. (en groupes) Classez ces mots et expressions en groupes thématiques, puis donnez un titre à chaque catégorie.

3. Comparez les catégories proposées par chacun des groupes. Essayez de comprendre les différentes associations d'idées. Posez des questions jusqu'à ce que vous compreniez la perspective des autres.

Chanson d'automne

~

Paul Verlaine

Les sanglots longs
Des violons
   De l'automne
Blessent mon cœur
5 D'une langueur
   Monotone.

Tout suffocant
Et blême, quand
   Sonne l'heure
10 Je me souviens
Des jours anciens
   Et je pleure,

Et je m'en vais
Au vent mauvais
15   Qui m'emporte
Deçà, delà,
Pareil à la
   Feuille morte.

Premières impressions

Quelle est votre réaction immédiate à ce poème (quelles idées, quels sentiments évoque-t-il)?

Approfondissement

1. Quels adjectifs décrivent l'humeur du personnage du poème? Discutez des différents adjectifs proposés en essayant de comprendre le point de vue des autres.
2. Y a-t-il des similarités entre les associations que vous avez faites et le contenu du poème?
3. Apportez en classe un enregistrement d'un morceau de musique qui vous semble bien accompagner ce poème, et expliquez pourquoi vous l'avez choisi. Si plusieurs d'entre vous apportent un enregistrement, discutez des différences entre les morceaux choisis.

Questions de langue

1. En général, le sujet est placé avant le verbe en français. Au vers 9 cependant, le verbe précède le sujet («Sonne l'heure»). Pourquoi est-ce le cas, à votre avis?
2. Combien de phrases y a-t-il dans ce poème? Pourquoi, à votre avis, est-ce que la troisième strophe n'est pas une nouvelle phrase?
3. Écoutez votre professeur lire le poème, et comptez les syllabes dans chaque vers. Y a-t-il un rythme particulier? Certains mots doivent-ils être prononcés différemment de la normale? Si oui, lesquels? Pourquoi est-ce le cas, à votre avis?
4. Discutez des sons et du système des rimes. Voyez-vous un rapport entre les sons et les sentiments évoqués?

Projets

1. Préparez une lecture orale de ce poème en prenant soin d'exprimer votre interprétation par l'intonation, le rythme, les pauses, etc. Comparez les différentes interprétations proposées par les étudiants.
2. Écrivez un poème ou un court texte qui exprime vos attitudes et sentiments envers l'automne. (Vous pouvez en faire un travail de groupe, un poème collectif.)

Chanson des escargots qui vont à l'enterrement

~

Jacques Prévert

À l'enterrement d'une feuille morte
Deux escargots s'en vont
Ils ont la coquille noire
Du crêpe autour des cornes
5   Ils s'en vont dans le soir
Un très beau soir d'automne
Hélas quand ils arrivent
C'est déjà le printemps
Les feuilles qui étaient mortes
10 Sont toutes ressuscitées
Et les deux escargots
Sont très désappointés
Mais voilà le soleil
Le soleil qui leur dit
15 Prenez prenez la peine
La peine de vous asseoir
Prenez un verre de bière
Si le cœur vous en dit
Prenez si ça vous plaît
20 L'autocar pour Paris
Il partira ce soir
Vous verrez du pays
Mais ne prenez pas le deuil
C'est moi qui vous le dis
25 Ça noircit le blanc de l'œil
Et puis ça enlaidit
Les histoires de cercueils
C'est triste et pas joli
Reprenez vos couleurs
30 Les couleurs de la vie
Alors toutes les bêtes
Les arbres et les plantes
Se mettent à chanter
À chanter à tue-tête
35 La vraie chanson vivante
La chanson de l'été
Et tout le monde de boire
Tout le monde de trinquer
C'est un très joli soir

40	Un joli soir d'été
	Et les deux escargots
	S'en retournent chez eux
	Ils s'en vont très émus
	Ils s'en vont très heureux
45	Comme ils ont beaucoup bu
	Ils titubent un p'tit peu
	Mais là-haut dans le ciel
	La lune veille sur eux.

"Chanson des escargots qui vont à l'enterrement", by Jacques Prévert from *Paroles*, reproduced courtesy of Éditions Gallimard, (Paris).

Premières impressions

Exprimez en une phrase ce qui vous semble être le thème principal du poème. Discutez de vos formulations en groupes: justifiez votre réponse et essayez de comprendre celle des autres.

Approfondissement

A. Choisissez, parmi les réponses proposées aux questions suivantes, celle qui vous semble la meilleure. Préparez-vous à expliquer pourquoi vous avez fait ce choix.
   1. Pourquoi les escargots sont-ils en deuil?
      a) parce qu'une feuille est morte;
      b) parce que l'automne les déprime;
      c) parce que toute la nature est morte;
      d) autre chose. (Précisez.)
   2. Qu'est-ce que le soleil représente?
      a) l'été;   c) la joie;
      b) la vie;   d) autre chose. (Précisez.)
   3. Pourquoi est-ce que tout le monde boit?
      a) pour oublier la misère;
      b) pour fêter la vie;
      c) pour encourager les escargots;
      d) autre chose. (Précisez.)

B. Même si le poème ne contient qu'une strophe, présente-t-il, à votre avis, différentes parties, différents mouvements? Si oui, quelles sont ces parties? Si vous pensez qu'il n'y en a pas, justifiez votre réponse.

C. Apportez en classe un enregistrement d'un morceau de musique qui vous semble bien accompagner ce poème, et expliquez pourquoi vous l'avez choisi. Si plusieurs d'entre vous apportent un enregistrement, discutez des différences entre les morceaux choisis.

Questions de langue

Étudiez le contexte des expressions suivantes, et choisissez parmi les synonymes proposés celui ou ceux qui conviennent.

1. «Si le cœur vous en dit» (vers 18)
    a) Si vos émotions vous l'indiquent.
    b) Si vous en avez envie.
    c) Si vous en avez besoin.
    d) Si cela vous chante.
    e) Si vous le voulez.
2. «[…] à tue-tête» (vers 34)
    a) très fort.
    b) si fort que cela donne mal à la tête.
    c) doucement.
3. «Et tout le monde *de boire*, tout le monde *de trinquer*» (vers 37 et 38)
    a) boira / trinquera.
    b) avait bu / avait trinqué.
    c) boit / trinque.
4. «*Comme* ils ont beaucoup bu» (vers 45)
    a) En tant que.
    b) De la manière dont.
    c) Puisque.
5. «Ils titubent un p'tit peu» (vers 46)
    a) Ils rient un petit peu.
    b) Ils ne marchent pas bien droit.
    c) Ils ont un peu mal à la tête.

Questions de discussion

A. Quelles vous semblent être les similarités et les différences entre ces deux poèmes du point de vue:
    1. de la structure?   2. du ton?   3. du thème?   4. de la langue?

B. *Chanson d'automne* date de 1866, et *Chanson des escargots qui vont à l'enterrement* de 1946. Est-ce que le premier vous semble appartenir à une époque lointaine? Est-ce que le deuxième vous semble très «moderne»?

Projet

Écrivez un texte sur une saison autre que l'automne (sous forme de poème si vous le voulez). Essayez de communiquer dans votre texte ce que cette saison représente pour vous.

74

L'Échange

~

Claude Vercey

Anticipation

Le dramaturge Claude Vercey est né à Dijon en 1943. Administrateur et dramaturge au Théâtre de Saône-et-Loire depuis 1974, il a écrit de nombreuses pièces dont quelques-unes pour les enfants.

L'Échange, pièce en un acte créée en 1982, a paru dans la revue L'Avant-scène.

L'Échange

~

(entrée de comédiens)

Personnages
L'homme
la femme
le bonimenteur[1]
des passants (dont elle, lui, l'autre, etc.)

La multiplicité des personnages n'entraîne pas qu'il faille utiliser de nombreux comédiens. Au contraire, on peut penser qu'avec quatre comédiens, on peut interpréter **L'Échange**.

Dans la rue. Ces moments de théâtre peuvent se jouer en intermède devant un
5   *rideau, devant un décor neutralisé, etc.*

---

1.   Quelqu'un qui fait une annonce pompeuse.

moment 1

Un homme attend. Un passant qui passe revient sur ses pas pour lui demander:

LE PASSANT: Vous avez l'heure?
L'HOMME: Vous l'avez dans le dos.
LE PASSANT: Pardon?
10   **L'HOMME:**   L'heure. Vous l'avez dans le dos. Retournez-vous. L'horloge, là-haut.
LE PASSANT: Ah? (*Il regarde*) Oui… ? Dommage. (*Il continue son chemin.*)

moment 2

Le même homme attend. Un autre passant qui passe…

LE PASSANT: Vous avez l'heure?
L'HOMME: Vous l'avez dans… Tiens, elle n'a pas avancé depuis tout à l'heure. Elle
15   est arrêtée…
LE PASSANT: Mais qui?
L'HOMME: (*désignant vaguement*) Là!
LE PASSANT: Quoi?
L'HOMME: L'horloge.
20   **LE PASSANT:**   (*que l'horloge n'intéresse pas*) Ah! l'horloge… ! … À part ça, vous
       faites quoi dans la vie? Je me permets de me présenter…
L'HOMME: Deux heures treize.
LE PASSANT: Ah?!
L'HOMME: (*précisant*)… Environ…
25   **LE PASSANT:** (*dégoûté de la conversation*) Pauvre type. (*Il continue son chemin.*)

moment 3

Le même homme attend. Un passant passe. Il est timide.

LE PASSANT TIMIDE: Je peux-peux… Je peux… ?
L'HOMME: (*l'encourageant vaguement*) Oui… ? …
LE PASSANT TIMIDE: … vous de-demander quelque chose… ?
30   **L'HOMME:**   Oui.
Long silence.
LE PASSANT TIMIDE: Je sais pas… (*Temps*) Vous avez l'heure? (*Temps*) L'heu -
       l'heure… ? …
L'HOMME: (*est-il ironique?*) Ça vous intéresse vraiment?
35   **LE PASSANT TIMIDE:**   Heu… heu… non, naturellement.
L'HOMME: Comment, non?
LE PASSANT: (*timide*) Non… non, ça ne m'intéresse pas vraiment. (*Se lançant*) Si
       ça m'intéressait vraiment, je m'achèterais une montre.
L'HOMME: Évidemment!
40   **LE PASSANT:**   J'ai les moyens, vous savez.

76

L'HOMME: Alors, pourquoi vous…

LE PASSANT: Non, excusez-moi. La conversation est mal branchée, on va s'enliser. Vaut mieux couper là. (*Un peu agressif*) De votre faute, d'ailleurs: avec vos
questions! (*Temps - Sentencieux*) Parler, c'est pas questionner! (*Il continue son
45   chemin.*)

moment 4

Le même homme, toujours. Un passant qui par hasard passait…

LE PASSANT: Vous avez l'heure?

L'HOMME: (*agressif*) Oui. Oui, j'ai l'heure. Oui, j'ai l'heure. Mais vous l'aurez pas.
Vous ne m'aurez pas.

50   **LE PASSANT:**   (*désorienté*) Ah! bon.

L'HOMME: (*direct*) Achetez-vous une montre, mon vieux.

LE PASSANT: (*suffoqué*). Une m…? Montre, alors! Plus personne ne porte de
montre, aujourd'hui. D'où sortez-vous?

L'HOMME: (*désorienté à son tour*) Depuis le temps que j'attends, ça doit être ça…
55   J'attends ma… (*Temps de réflexion*) Ainsi, ça ne se porte plus.

LE PASSANT: Absolument.

L'HOMME: Et pourquoi?

LE PASSANT: La mode. La grand-mode du poignet nu. Les hommes sans montre.

L'HOMME: Ah!

60   **LE PASSANT:**   (*sentencieux*) «L'homme sans montre est un homme sans monstre».

L'HOMME: Ah oui? (*L'explication viendra-t-elle? Elle vient.*)

LE PASSANT: C'est la mode. (*Il continue son chemin*)

moment 5

L'homme attend. La femme arrive.

LA FEMME: Chéri… !

65   **L'HOMME:**   Quand même. Tu as vu l'heure?

LA FEMME: Non. Tu l'as vue, toi?

L'HOMME: Fais l'idiote… Tiens, regarde… (*Il lui montre l'heure sur sa montre-
bracelet.*)

LA FEMME: (*embêtée*) Ah?… Tu as l'heure…

70   **L'HOMME:**   Mais oui, j'ai l'heure. Mais oui!

LA FEMME: (*quasiment confidentielle*) Mets vite cette montre dans ta poche, on
nous regarde. (*Temps. Il ne comprend pas.*) Dans ta poche!… Je t'en prie, on
nous regarde. Ta montre, chéri.

L'HOMME: Qu'est-ce qu'elle a, ma montre?

75   **LA FEMME:**   Tu la portes… là… au poignet. C'est tellement indécent. S'il te plaît,
enlève-la. On dirait… une paire de menottes[2]. Le temps t'enchaîne, délivre-toi.
Sois un peu… moderne! Enfin… libre!

---

2.   Liens attachés aux poignets de criminels.

L'HOMME: (*abasourdi, obéit*) Voilà.

LA FEMME: Merci. (*Elle l'embrasse*) Un homme à la mode…

80   **L'HOMME**: (*regrettant son geste*) C'est idiot, ma montre, dans la poche…

LA FEMME: La grande vogue. Le poignet nu des hommes libres… ! (*Ils sortent.*)

moment 6

LE BONIMENTEUR: Il y a quelques années, mesdames, messieurs… que dis-je quelques années : quelques mois, quelques semaines… et je dirais quelques jours si j'osais… (*Temps*). Et bien, osons : mesdames, messieurs, j'ose le dire, il y a
85   quelques jours encore, je vendais des montres; aujourd'hui je vends des livres. Pourquoi? POURQUOI? Je vends des montres quand ça se montre, je vends des livres parce qu'ils se délivrent. Or, les montres aujourd'hui ne se montrent plus, je le démontre dans ce livre : et je délivre quiconque de la montre, de la montre même que je lui ai vendue ici même il y a quelques années, mesdames, mes-
90   sieurs… que dis-je quelques années : quelques mois, quelques semaines et peut-être quelques jours. Parce que la montre, mesdames, messieurs, n'est plus à la mode : la montre est une chaîne! Et je n'évoque pas ici, mesdames, messieurs, la chaîne de montre. Non. Je n'oserais faire ici ce calembour[3] suisse qui fabrique comme chacun sait les calembours les plus exacts. Au quatrième top, mesdames
95   messieurs, l'heure est à la délivrance. Voilà que je cache ma montre. Pourquoi? Notre époque est malade, mesdames-messieurs ; nous sommes malades. Malades, psychologiquement. Malades, affectivement. Malades, sociologiquement. Nous n'avons plus l'occasion de nous rendre service les uns aux autres, pas même ce minuscule service de donner l'heure, ou même prêter, ou même offrir l'heure à
100   quelqu'un, puisque dans la rue, quiconque et tout un chacun connaît, sait, possède l'heure à son poignet. Comment entamer une conversation dans la rue si l'on se refuse le plus habile, le plus futile, le plus innocent prétexte de la provoquer? Et comment mieux la provoquer qu'en commençant par demander l'heure qu'il fait, ou la couleur du temps qui passe? Et ce n'est là qu'un chapitre, le chapitre
105   Un, parmi les 30 chapitres du livre que je propose : 30 moyens d'entamer la conversation avec un inconnu. Et j'ajoute que je tiens également à la disposition de l'aimable clientèle le même texte en anglais, langue universelle, mesdames messieurs. How time is it?… Ah! ah! How time is it? Et à nous les petites Anglaises, messieurs…

moment 7

110   *Une passante passe. Un passant la hèle.*

LE PASSANT: Vous avez l'heure… mademoiselle?

LA PASSANTE: C'est tout ce que vous avez trouvé?

---

3.   Jeu de mots basé sur la similarité des sons.

LE PASSANT: Ben…

LA PASSANTE: Repassez quand vous aurez trouvé mieux, mon vieux. (*Elle sort.*)

115 **LE PASSANT:** (*désespéré*) Sais plus. Sais plus quoi inventer…

moment 8

Elle et lui.

ELLE: C'est formidable. Quand vous m'avez demandé… comment avez-vous dit, déjà?

LUI: (*répétant*) Vous avez l'heure?

120 **ELLE:** Oui, comme ça. J'ai cru. J'ai cru que vous étiez… un dragueur[4].

LUI: (*jouant la surprise, mais c'est bien joué*) Qui, moi?

ELLE: (*est-elle dupe?*) Oui.

LUI: Oh!

ELLE: Si. Si! Et je ne me rendais pas compte que vraiment,—vraiment!—vous

125 n'aviez pas de montre.

LUI: Vraiment je n'en ai pas.

ELLE: … et que vous ne pouviez, par conséquent, savoir l'heure.

LUI: Je ne pouvais pas. Tout en sachant que sans heure je ne peux pas vivre. Vivre vraiment, socialement parlant. Je n'ai pas un seul instant douté que vous seriez

130 sensible à cela…

ELLE: C'est formidable. J'avais un peu entendu parler de ça. C'est tout un mouvement, comme ça, qui…

LUI: Exact. Un mouvement. «Culture et communication.» La recherche du contact authentique. Et vous voyez, c'est simple. Il y a cinq minutes, nous ne nous con-

135 naissions pas : nous allions nous frôler, indifférents. Alors qu'à présent, nous dis- cutons comme de vieux amis; et on peut parier que de fil en aiguille[5], nous en arri- verons à… (*Il est interrompu par l'arrivée du troisième personnage.*)

L'AUTRE: (*à elle*) Exusez-moi, vous avez l'heure?

LUI: (*sortant précipitamment sa montre de sa poche, à l'autre*) Quatorze heures

140 treize.

ELLE: (*à lui*) Mais vous en avez une?

LUI: Pour les cas d'urgence.

L'AUTRE: (*à lui*) C'est à mademoiselle que je demandais. (*À elle*) L'heure, si vous aviez…

145 **LUI:** (*furieux, à l'autre*) Je vous l'ai donnée.

L'AUTRE: À mademoiselle, s'il vous plaît. (*À elle*) Auriez-vous… ?

ELLE: Bien sûr. Il n'y a pas de raison. Il est…

LUI: (*à elle*) Non, non, ne répondez pas. Vous laissez pas avoir, c'est trop gros. Le cas typique de l'emmerdeur.

---

4. Homme qui cherche à flirter (familier).
5. Par une progression naturelle.

150 L'AUTRE: (*à lui*) Je vous cause, vous? Je parle à mademoiselle… Qui est char-
  mante…

  LUI: (*à elle*) Celui-là vous le sentez pas arriver, avec ses compliments à la gomme?
  (*à lui*) Il y a des limites, non? Nous étions en pleine conversation, elle et moi…

  L'AUTRE: Des limites, hein? On démarque son territoire. Le vieux sentiment de pro-
155 priété qui prend le dessus…

  LUI: Vous pourriez être poli.

  L'AUTRE: Vous cherchez pas à communiquer, vous cherchez à vous approprier.

  ELLE: C'est pas possible, où ils vont chercher tout ça. (*Aux deux hommes.*) Expliquez-vous calmement; la conversation est bien démarrée entre vous deux, je crois.
160 Bonne chance. Moi, je suis pressée.

  LUI: Mais ça ne m'intéresse pas de convaincre gugusse[6]…

  ELLE: Vous faites partie du même mouvement, non?

  L'AUTRE: Le mouvement. Parlons-en, du mouvement. Ça partait bien, oui. C'était
  bien parti. Mais c'est qu'il a été perverti par les truqueurs, qui n'ont vu que procé-
165 dés là où il y avait démarche authentique pour de nouveaux contacts…

  ELLE: Non. S'il vous plaît, je vais être en retard. Il est quelle heure, là?

  LUI: Quatorze heures treize.

  ELLE: Oh là! là!

  L'AUTRE: Aujourd'hui nous affirmons: demain, l'heure est politique. Comme tout
170 le reste d'ailleurs.

  UN TROISIÈME TYPE: Excusez-moi, mademoiselle…

  L'AUTRE: Nous devons radicaliser…

  ELLE: (*au troisième type*) Il est quatorze heures treize.

  LE TROISIÈME TYPE: Merci, je le savais.
175 ELLE: Je vais être en retard, moi, si…

  LE TROISIÈME TYPE: Le coup de la montre, excuses. Vous ne pensiez pas que je
  vous faisais ça, à vous? Un type qui n'a pas de montre vous accoste dans la rue:
  un peu usé, non?

  ELLE: Pour être usé… !
180 LE TROISIÈME TYPE: Jusqu'à la corde.

  ELLE: Je vais être en retard.

  LE TROISIÈME TYPE: Donnez un coup de fil. Prévenez votre employeur. Je col-
  lectivise mon téléphone. Voici ma carte, le numéro… téléphone collectif, vous
  voyez: j'habite à deux pas. On pourra prendre un verre, on causera. Je suis en
185 train d'installer des spots: éclairage indirect, ça vous dit? Une ambiance extraordinaire, pour échanger, enfin, vraiment…

---

6. Ce type (familier).

Premières impressions

Laquelle des phrases suivantes décrit le mieux, à votre avis, le thème de la pièce?
   a) «Le temps t'enchaîne, délivre-toi.»
   b) «La recherche du contact authentique.»
   c) «Parler, c'est pas questionner!»

Approfondissement

1.   Résumez l'action de chaque «moment» de la pièce, en une ou plusieurs phrases. Discutez entre vous et mettez-vous d'accord sur l'*essentiel* de chaque moment.
2.   Discutez de la progression de l'action.
3.   Êtes-vous toujours d'accord avec votre première impression, ou voyez-vous la pièce différemment maintenant?

Questions de langue

A.   Beaucoup d'éléments du dialogue de cette pièce appartiennent à la langue familière. Comment dirait-on les répliques suivantes dans un style plus soigné?
   1. «Vous avez l'heure?» (ligne 7)
   2. «[...] À part ça, vous faites quoi dans la vie?» (lignes 20 et 21)
   3. «[...] vous l'aurez pas.» (ligne 48)
   4. «Sais plus. Sais plus quoi inventer.» (ligne 115)
   5. «C'est pas possible. [...]» (ligne 158)
   Les phrases 3, 4 et 5 ont quelque chose en commun.
   Pouvez-vous trouvez d'autres exemples?
   6. «Pauvre type.» (ligne 25)
   7. «Vaut mieux couper là.» (ligne 43)
   8. «Donnez un coup de fil.» (ligne 182)

B.   En réfléchissant aux indices contextuels, proposez une paraphrase pour les expressions en italique. Comparez ensuite vos formulations.
   1. «Un passant qui passe *revient sur ses pas* pour lui demander [...]» (ligne 6)
   2. «*J'ai les moyens*, vous savez.» (ligne 40)
   3. «[...] dans la rue, *quiconque et tout un chacun* connaît, sait, possède l'heure à son poignet.» (lignes 100 et 101)
   4. «[...] j'habite *à deux pas*.» (ligne 184)

C.   Le bonimenteur déclare qu'il se refuse à faire des calembours; il en fait pourtant (lignes 84 à 95). Trouvez-les, et expliquez-les.

D. Le dramaturge indique, par un adjectif entre parenthèses, le ton à donner à certaines répliques. Comment traduiriez-vous le sentiment suggéré par le ton de la voix, l'expression sur le visage, et/ou par des gestes?

1. Ligne 25.
2. Ligne 34.
3. Lignes 37 et 38.
4. Lignes 43 et 44.
5. Ligne 48.
6. Ligne 50.
7. Ligne 51.
8. Ligne 60.
9. Ligne 69.
10. Ligne 71.
11. Ligne 78.
12. Ligne 115.

Questions de discussion

1. Le dramaturge indique seulement le sexe des personnages. Comment les imaginez-vous (âge, habillement, etc.)?
   a) Moment 1 : l'homme / le passant.
   b) Moment 2 : l'homme / le passant.
   c) Moment 3 : l'homme / le passant timide.
   d) Moment 4 : l'homme / le passant.
   e) Moment 5 : l'homme / la femme.
   f) Moment 6 : le bonimenteur.
   g) Moment 7 : le passant / la passante.
   h) Moment 8 : elle / lui / l'autre / un troisième type.
2. Dans les moments 7 et 8, c'est l'homme qui prend l'initiative pour entamer une conversation avec une femme. Est-ce souvent le cas, dans votre entourage, pour un contact initial? pour proposer à quelqu'un de sortir? etc.? Si oui, quelles pressions est-ce que cela crée pour les hommes? pour les femmes?
3. Est-il difficile, à votre avis, de rencontrer des gens, de se faire des amis? Dans quelles situations est-ce plus facile ou difficile? Quels conseils donneriez-vous à quelqu'un qui vient d'arriver dans votre ville ou dans votre établissement scolaire?
4. Pensez-vous que nous sommes victimes de la tyrannie du temps? Si oui, donnez quelques exemples et essayez d'expliquer pourquoi.

Projets

1. Inventez un prétexte pour entamer une conversation avec une personne du sexe opposé dans les situations suivantes. (À vous de décider qui prendra l'initiative, et si l'autre personne veut participer à la conversation ou non. Dans tous les cas, donnez à la personne qui prend l'initiative beaucoup d'insistance.)
   a) dans un bar.
   b) dans une cafétéria d'étudiants.
   c) dans un train ou un avion.
   d) dans un autobus.

e) à la bibliothèque.

f) dans la salle d'attente d'un médecin ou d'un dentiste.

g) au supermarché.

Vous pouvez, si vous le voulez, présenter vos sketches devant la classe, et en discuter.

2. Distribuez les rôles des personnages entre vous et travaillez à une présentation. (Vous pouvez changer le sexe des personnages si vous le désirez.) Expérimentez avec différentes intonations et différents gestes.

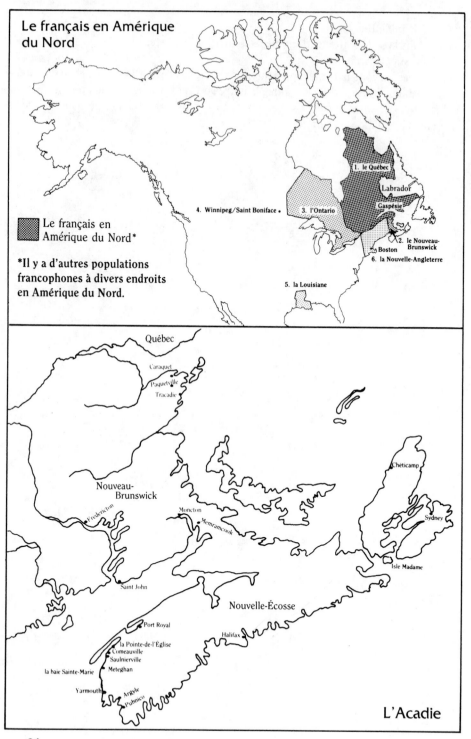

Le français en Amérique du Nord

Le français en Amérique du Nord*

*Il y a d'autres populations francophones à divers endroits en Amérique du Nord.

1. le Québec
2. le Nouveau-Brunswick
3. l'Ontario
4. Winnipeg/Saint Boniface
5. la Louisiane
6. la Nouvelle-Angleterre

Labrador
Gaspésie
Boston

L'Acadie

Québec
Caraquet
Paquetville
Tracadie

Nouveau-Brunswick
Fredericton
Moncton
Memramcook
Saint John

Chéticamp
Sydney
Isle Madame

Nouvelle-Écosse
Port Royal
Halifax
la Pointe-de-l'Église
Comeauville
Saulnierville
Meteghan
la baie Sainte-Marie
Yarmouth
Argyle
Pubnico

84

Les Acadiens

Le nom «Acadien» s'applique aux descendants des premiers colons français en Amérique du Nord. Les premiers se sont établis à Port-Royal, en Nouvelle-Écosse, en 1605; d'autres colons sont arrivés en Nouvelle-Écosse au cours du XVIIe siècle. De colonie française, la région est devenue territoire anglais, territoire cédé à l'Angleterre par la France. La lutte entre la France et l'Angleterre continuait, et les Anglais s'inquiétaient de cette population française dans leur territoire. En 1755, le gouverneur de la Nouvelle-Écosse a ordonné la déportation des Acadiens, événement que les Acadiens appellent «le grand dérangement».

Cette décision politique a entraîné des conséquences bien graves pour les Acadiens. Beaucoup de familles ont été séparées, et aussi beaucoup d'Acadiens sont morts. (Le poème *Évangeline* de Longfellow raconte l'histoire tragique, mais fictive, des amoureux Évangéline et Gabriel.)

Certains des Acadiens survivants se sont établis en Nouvelle-Angleterre, d'autres en Virginie. D'autres encore sont allés jusqu'en Louisiane —ce sont les ancêtres des Cajuns de nos jours. Beaucoup d'Acadiens sont revenus en Nouvelle-Écosse, au Nouveau-Brunswick, et à l'Île-du-Prince-Édouard. Qu'ils soient aujourd'hui dans l'est du Canada, en Nouvelle-Angleterre ou en Louisiane, les Acadiens essaient de garder vivantes leurs langue et culture, face au danger d'assimilation dans la population anglophone qui les entoure.

L'Acadie pour quasiment rien

~

Antonine Maillet

Anticipation

Antonine Maillet est sans doute l'écrivaine acadienne la mieux connue dans le monde. Originaire du Nouveau-Brunswick, elle réside actuellement à Montréal. Plusieurs de ses romans ont gagné d'importants prix littéraires. Le plus célèbre, *Pélagie la charrette*, lui a mérité le très prestigieux prix Goncourt.

En 1973, Antonine Maillet et Rita Scalabrini ont écrit, à l'intention des lecteurs québécois, *L'Acadie pour quasiment rien* en imitation des guides touristiques populaires. Le texte qui suit en est un extrait.

L 'Acadie pour quasiment rien

L 'Acadie historique

Soyez tranquille, touriste, et défroncez les sourcils. Je ne vous ferai pas un cours d'histoire, les peuples heureux n'en ont pas. Je n'essaye pas de vous vendre le pays plus cher qu'il ne vaut, mais je peux quand même vous dire que sans nos malheurs, nous aurions été heureux. Vous m'en parlerez après l'avoir vu.

5   Je l'appelle le pays: c'est une vieille expression populaire pour dire la région, le coin, le boute. En réalité, l'Acadie n'a jamais été un pays juridiquement reconnu et délimité. Elle fut d'abord dunes de sable et forêts vierges pour outardes et goélands; puis colonie des rois de France; puis terrain de chasse des armées anglaises; puis provinces qui entrent à pieds joints dans la Confédération; puis de nouveau forêts et

10   dunes pour outardes et goélands.

Pendant toutes ces années, pourtant, c'est-à-dire trois siècles, un dénominateur commun: les Acadiens. Oui, ça, il faut le reconnaître: seul à être fidèle à l'Acadie à travers toutes les péripéties de son histoire, son peuple d'Acadiens. Sauf pour les quelques dix ou vingt ans d'exil forcé en Virginie et en Louisiane; mais on ne peut pas

15   lui en vouloir, il est revenu aussitôt et aussi vite que possible. Et puis, comme on lui avait pris ses barques et ses rames, il a dû faire le voyage de retour à pied. Je vous

86

mets au défi de faire à pied et à jeun la route par les bois de LaFayette[1] à Memramcook[2], en moins de dix ans. Quand je songe que Dieu le Père en personne en a accordé quarante aux Juifs pour faire Égypte-Israël! Et avec de la manne fraîche tous les matins, par-dessus le marché. Mais passons, n'est pas juif qui veut. Et puis ceci nous mènerait trop loin. Parlons plutôt de nous. [...]

L'Acadie humaine

En fait, c'est compliqué un Acadien. Ça a des nerfs, figurez-vous, et du ventre, et du cœur, et un petit brin d'esprit à l'occasion. Ça crie quand on le pince; ça rit quand on le chatouille; et quand on lui met un violon dans les mains, ça chante et tape du pied. C'est un être étrange, comme vous voyez. Il aime boire, manger, dormir, dormir, manger, boire, boire, dormir et manger. Un curieux de personnage. Il vaut la peine qu'on aille le visiter chez lui. Parce qu'il n'est pas le même chez lui et à l'étrange. Et l'Acadien est à l'étrange dès qu'il sort de son patelin.

Donc rendez-vous à son logis, passez par en avant, cognez et présentez-vous. Serrez vos caméras et vos calepins. Vos magnétophones, surtout. Il a horreur de faire parler de lui dans les livres d'anthropologie. On s'en est assez servi, comme c'est là, pour compiler des statistiques:

X% de sapins + Y% de morues + Z% d'Acadiens = 100%.

Souvenez-vous qu'il a des nerfs, du ventre et de la mémoire...

Beaucoup de mémoire. Il se souviendra de vous, soyez-en sûr. Comme il se souvient de ceux qui sont passés avant vous. Et vous serez alors un étranger ou un ami pour la vie. Vous n'allez peut-être pas là-bas pour vous faire des amis. Ça c'est votre choix; personne ne vous forcera le cœur. Mais quand je vous aurai présenté Sarah, et Jos Sullivan, et Marie Aucoin, et la vieille Lamant, vous regretterez peut-être de n'avoir voulu chercher en Acadie que ses dunes, son homard et ses aboiteaux[3].

Car avant les aboiteaux, il y eut les Belliveau, les Gallant, les Cormier, les Bourgeois, les Chiasson... une centaine de familles venues en Acadie tout le long des XVIIe et XVIIIe siècles et qui ont fait souche. Et tout le peuple acadien, ou quasiment, est sorti de cette centaine de colons. Ne nous demandez pas après ça pourquoi il y a tant de LeBlanc ou d'Arsenault au pays. Tous les Acadiens vivant actuellement aux Maritimes[4], au Québec, en Nouvelle-Angleterre ou en Louisiane doivent se partager ces cent noms de famille. C'est moi qui vous le dis: quand un homme déclare s'appeler Pierre à Paul à Pit à Tom Gautreau, il n'a pas besoin d'y mettre de l'accent, on sait d'où il vient. [...]

Je vous ai dit que l'Acadien était un être étrange. Ça c'est parce qu'il vous est étranger. Ce qui est différent est toujours étrange. Et comment ne serait-il point différent, lui qui a vécu au loin, isolé et oublié pendant deux siècles? Tout le monde vit au loin, je sais: les Français sont loin des Turcs, les Chinois loin des Esquimaux, et nous loin de vous. Mais dès qu'on nous fait signe, qu'on nous envoie sa carte postale, les

---

1.   Ville de Louisiane.
2.   Ville du Nouveau-Brunswick.
3.   Digues construites par les Acadiens.
4.   Le Nouveau-Brunswick, la Nouvelle-Écosse et l'Île-du-Prince-Édouard.

55 distances s'évanouissent. Or pendant deux siècles, l'Acadie n'avait reçu de carte postale de personne.

Et si par hasard on l'apercevait de loin, là-bas, pointant le nez entre deux buttes de sable, on s'interrogeait en se donnant du coude: «Qu'est-ce?» Alors gênés, nous replongions dans nos dunes. Et ça nous prenait une décennie pour en ressortir.

60 Mais de décennie en décennie, nous sommes quand même parvenus à sortir quasiment tout le corps du sable. Et un bon jour... Oui, un bon jour l'Acadie a eu aussi son printemps '68[5]. Ah! Mais là, par exemple, les coquilles ont revolé! Plusieurs en ont été effrayés: Qu'est-ce qui leur prend?—Pas grand chose, restez tranquilles. Ça se replacera. Ça s'est replacé, très vite.

65 Mais, ça n'est plus tout à fait comme avant. Ce qu'il y a de changé, surtout, c'est que depuis, l'Acadien ne se sent plus aussi complètement irrémédiablement abandonné. On s'est souvenu de lui. Et, entre nous, il a beau crâner, faire l'indépendant, au fond, c'est un sensible. Il aime causer, donner des poignées de main, voir du monde. Et puis, il n'est pas si sauvage que ça: il sait bien qu'il appartient à une grande famille et
70 qu'il a des cousins québécois, franco-américains, louisianais, français de France. C'est vrai qu'il est le parent pauvre de la famille, on le lui a dit, mais il en est tout de même.
[...]

Tout cela, c'est une introduction. L'humour acadien est une porte qui s'ouvre sur son cœur. Reste à aller voir ce qu'il y a au fond. On a dit tellement de choses sur le
75 caractère de l'Acadien: méfiance, jalousie, timidité. Tout cela est vrai, on l'a dit dans les livres d'anthropologie. Puis en ethnographie, on a dit qu'il était ouvert, accueillant, naturel. Les sociologues parlent de son côté fruste, primitif; et les psychologues, de sa candeur et de sa délicatesse. L'histoire en fait un aliéné, et la légende un phénomène. Et l'Acadien, que pense-t-il de lui-même?

80 [...] Il pense à autre chose, en général. Tenez, il pense à vous, par exemple, pendant que vous pensez à lui. Ça lui est arrivé même, mais n'en dites rien, de s'interroger sur les psychologues-sociologues-ethnologues-anthropologues qui s'interrogent sur lui.

Mais en général, il scrute moins le fond des cœurs ou des entrailles que le vaste
85 horizon. Les savants diraient qu'il a moins l'esprit analytique que synthétique. Ça lui vient sans doute de son métier. Il a regardé la mer si longtemps.

Il est malaisé de comprendre quelque chose au tempérament acadien si l'on n'a pas d'abord compris la mer. Pour raconter l'Acadie, il faudrait presque récrire la Genèse et dire: «À l'origine Dieu créa le sable et l'eau; puis il fit les poissons, les
90 coquillages; et le sixième jour, il prit du sel, souffla, et en fit le pêcheur et sa femme.»

---

5. Moment de révolution sociale en France.

Premières impressions

1. Antonine Maillet dit que les «peuples heureux» n'ont pas d'histoire. Les Acadiens sont-ils, d'après ce texte, un peuple heureux sans histoire?
2. Est-ce que l'auteure présume que le lecteur connaît déjà l'Acadie et les Acadiens?

Approfondissement

Cherchez dans le texte la ou les phrases qui soutiennent les déclarations suivantes. Si vous en trouvez, indiquez les lignes en question, sinon répondez *faux*.

1. L'objectif principal de l'auteure est de raconter l'histoire du peuple acadien.
2. Le terme «Acadie» ne désigne pas une région officiellement reconnue.
3. L'Acadie n'a pas beaucoup changé au cours des deux derniers siècles.
4. Après la déportation, les Acadiens ont essayé de revenir en Acadie le plus vite possible.
5. Le voyage de retour entre la Louisiane et la Nouvelle-Écosse était long et ardu.
6. Les Acadiens sont revenus en Nouvelle-Écosse en bateau.
7. L'auteure trouve sincèrement que les Acadiens sont bizarres.
8. Les Acadiens n'aiment pas être «étudiés».
9. Il ne serait pas difficile de devenir ami avec des Acadiens.
10. Les premiers Acadiens n'étaient pas très nombreux.
11. La seule façon de reconnaître un Acadien, c'est d'écouter son accent.
12. Le peuple acadien a été assez isolé pendant longtemps.
13. Le peuple acadien ne se sent plus aussi isolé aujourd'hui.
14. Les savants décrivent le «caractère acadien» de façon contradictoire.
15. La mer est un élément central dans la culture acadienne.

Questions de langue

1. Les expressions «sauf pour» (ligne 13) et «à l'étrange» (ligne 27) diffèrent du français standard. À quoi correspondent-elles?
2. Proposez un mot pour chaque lacune du texte suivant en fonction du sens et des constructions grammaticales. Discutez ensuite des mots proposés.

Vous allez partir là-bas… C'est pas sûr? Mais alors pourquoi avez-vous acheté le guide? Moi, je vous dis _____ vous partirez. On finit _____ par là. Et vous _____ déjà votre petite idée _____ à vous sur l'Acadie. _____ petite idée personnelle, vous _____ partagez avec six millions _____ Québécois, cinquante millions de _____ et quelques mille Franco-Américains _____ les noms fidèles de Cormier, Belliveau ou White. _____ reste du monde n'a _____ d'opinion sur le _____ parce qu'il ignore _____ l'Acadie existe.

Questions de discussion

1. Discutez et expliquez les lignes 57 à 59.
2. Que veut dire «le parent pauvre de la famille» (ligne 71)? En quoi les Acadiens sont-ils les parents pauvres, et de quelle famille?
3. Pourquoi, à votre avis, est-ce que les Acadiens se méfient des «psychologues-sociologues-ethnologues-anthropologues»?
4. Si vous aviez la possibilité de faire un séjour dans une région acadienne (Nouvelle-Écosse, Nouveau-Brunswick, Île-du-Prince-Édouard, Louisiane), où iriez-vous? Pourquoi? Qu'est-ce que vous aimeriez y faire?
5. Y a-t-il une communauté francophone dans votre région? Qu'est-ce que vous savez d'eux? Qu'est-ce que vous aimeriez savoir d'eux?

Projets

1. Vous trouverez ci-dessous une liste de noms acadiens venant de *L'Acadie pour quasiment rien*. Combien de ces noms acadiens trouvez-vous dans l'annuaire téléphonique de votre région? Notez que cette liste n'est pas complète, et que beaucoup d'Acadiens ont anglicisé leur nom (LeBlanc est devenu White, par exemple).

Quelques noms acadiens

Albert	Brault	Duguay	Haché	Michaud
Allain	Brideau	Dupuis	Hébert	Paulin
Allard	Bujold	d'Entremont	Henri	Poirier
Amirault	Caissie	Forest	Hubert	Richard
Arsenault	Chévrier	Fougère	Landry	Robichaud
Aucoin	Chiasson	Fournier	Lanteigne	Roy
Babineau	Comeau	Gagnon	Lavoie	Saulnier
Bastarache	Cormier	Gallant	LeBlanc	Savoie
Belliveau	Cyr	Gaudet	Léger	Surette
Bernard	Daigle	Gautreau	Losier	Thériault
Blanchard	Deveau	Gauvin	Maillet	Thibault
Boucher	Doiron	Girouard	Martin	Thibaudeau
Boudreau	Doucet	Godin	Mazerolle	Vautour
Bourque	Dugas	Goguen	Melanson	Vienneau
				Vigneault

2. Identifiez un aspect de «l'Acadie» qui vous intéresse (par exemple, une des régions acadiennes, la déportation, la langue acadienne, etc.). Faites quelques recherches, puis écrivez un compte rendu.
3. Écrivez une lettre à Antonine Maillet pour décrire votre réaction à son texte. N'hésitez pas à lui poser des questions.

Journal de Cécile Murat

~

J. Alphonse Deveau

Anticipation

1.   Situez sur la carte de la Nouvelle-Écosse, p. 84, le village de La-Pointe-de-
l'Église. Comment pourrait-on voyager de nos jours entre La-Pointe-de-l'Église et
Boston? et au XVIIIᵉ siècle?
      La population acadienne de la Nouvelle-Écosse vit principalement dans les
régions de la baie Sainte-Marie (où se trouve La-Pointe-de-l'Église) et du Cap Breton
(où se trouve Chéticamp).
2.   Le journal de Cécile Murat date de 1795. Était-ce avant ou après la déportation?

      Voici quatre extraits de ce journal.

Journal de Cécile Murat

Le 22 novembre 1795
Aujourd'hui mon «papa» m'a donné ce petit cahier à la couverture bleue et aux feuilles
si blanches en me disant: «À ma chère petite fille pour son quinzième anniversaire.»
Après quoi il m'a embrassée.
      J'ai regardé le carnet, les yeux grands ouverts, et lui ai demandé:
5   — Qu'est-ce que je dois écrire là-dedans?
    — Les actions et les pensées les plus intimes de Cécile Murat, m'a-t-il répondu.
      Cécile Murat, c'est moi. Mon «papa», c'est Casimir Le Blanc avec qui je demeure
dans une petite maison carrée au pied de la butte à La-Pointe-de-l'Église.
      Casimir Le Blanc n'est pas mon vrai «papa», mais il a été mon père et mon institu-
10 teur, et, si je peux écrire ces lignes, c'est bien grâce à lui car nous n'avons pas d'écoles
et très peu de jeunes gens de nos villages savent lire et écrire. Pour cela je suis donc la
jeune fille la plus fortunée de toute la région de la baie Sainte-Marie. J'aimerais cependant avoir des sœurs et des frères comme mes petites compagnes.
      «Maman» Le Blanc m'a appris beaucoup de choses elle aussi. Grâce à elle, je peux
15 faire la cuisine. Ici on dit «faire à manger». Je peux «brocher»—elle-même dit tricoter—
avec la rude laine du pays et me tailler des robes. Ce n'est pas trop difficile car les

habits que portent les femmes de ces parages n'ont pas trop d'élégance et l'étoffe que nous avons est bien pauvre. En effet, tout est bien pauvre ici: les gens, les habits, les maisons. Cependant, malgré notre pauvreté, nous sommes heureux car nous partageons tous les mêmes plaisirs simples et nous nous soulageons tous dans nos misères.

20

«Maman» Le Blanc m'a appris aussi beaucoup sur la religion. C'est une personne très dévote; elle a vécu plusieurs années dans un couvent en France pendant que son mari, que j'appelle mon «papa», servait dans l'armée française.

Que ce serait bon de vivre dans un couvent où l'on pourrait assister à la messe tous les jours! Il y a tellement longtemps que nous n'avons pas eu de messe que beaucoup de mes petites compagnes ne savent pas ce que c'est. Nous avons bien les «messes blanches» dans la petite église sur la pointe, d'où le nom de ce village, La-Pointe-de-l'Église. La «messe blanche», c'est mieux que rien du tout, mais ça ne me satisfait pas. Tous les dimanches, les gens des environs se rendent à la pointe et là, dans la pauvre église qui n'est en réalité qu'une cabane ballottée par le vent et que chaque grande marée menace d'emporter à la mer, mon «papa», Casimir Le Blanc, nous fait chanter le *Kyrie*, le *Gloria*, le *Credo* et nous récitons le chapelet tous ensemble. Après cela, nous nous en allons, les uns bavardant et riant, les autres, les plus vieux, silencieux et tristes, comme s'ils pensaient aux jours meilleurs d'autrefois. Je les entends dire qu'ils demandent un prêtre depuis plusieurs années mais que leurs prières restent sans réponse.

25

30

35

En ce moment, je me demande pourquoi je suis la seule Murat à La-Pointe-de-l'Église et même dans toute la région. Pourquoi n'ai-je pas de frères et de sœurs comme toutes mes petites compagnes? Où sont mon vrai papa et ma vraie maman? Pourquoi Casimir Le Blanc parle-t-il un français différent de celui des autres habitants de cet endroit? Il faut que je le lui demande. Je suis certaine qu'il m'apprendra ce que je veux savoir.

40

Alors, mon cher journal, je te ferme et plus tard tu recevras la réponse à ces questions qui me troublent.

Premières impressions

On nous présente brièvement trois personnes dans cette partie du journal. Quelle est votre première impression d'eux? Résumez, en une phrase ou deux, les caractéristiques qui vous semblent importantes chez chacune de ces personnes. Comparez ensuite vos perceptions.

a) Cécile Murat.
b) «Papa» Le Blanc.
c) «Maman» Le Blanc.

Approfondissement

En vous référant au texte, répondez aux questions suivantes et indiquez les lignes du journal où vous avez trouvé la réponse.

1. Est-ce que la famille biologique de Cécile Murat habite La-Pointe-de-l'Église?

2. Quel est le niveau de vie des habitants de La-Pointe-de-l'Église?
3. Est-ce que Cécile Murat a reçu la même éducation que les autres enfants de La-Pointe-de-l'Église?
4. Quelle religion pratiquent les gens de La-Pointe-de-l'Église?
5. Est-ce que «Papa» et «Maman» Le Blanc ont passé toute leur vie à La-Pointe-de-l'Église?

Questions de discussion

1. Imaginez des réponses possibles aux questions que pose Cécile Murat aux lignes 37 à 41.
2. Pourquoi, à votre avis, n'y a-t-il pas de prêtre à La-Pointe-de-l'Église?
3. Qu'est-ce que Cécile Murat semble avoir en commun avec les autres habitants de La-Pointe-de-l'Église? Comment expliquez-vous les similarités et les différences?

Le premier décembre 1795

45 Tous les soirs, devant le foyer flambant, Casimir Le Blanc me raconte mon histoire et la sienne. Je vais donc essayer de les transcrire ici comme il vient de me les rapporter.

Casimir Le Blanc, bien qu'il porte un nom acadien, n'est pas Acadien. Il est venu directement de France à Boston. Voici comment il m'a raconté les événements qui l'ont amené ici.

50 Durant plusieurs années, il a fait partie de l'armée française des Antilles[1]. C'est là qu'il fit la connaissance de Pierre Murat. En même temps que ce dernier, il quitta l'armée et tous deux se lancèrent dans le commerce. Pierre se procura un bateau tandis que Casimir tentait d'installer un commerce à Haïti, d'où la révolte des Noirs[2] le chassa. Il m'a raconté les atrocités commises par les Noirs, et aussi par les Blancs, au

55 cours de cette révolte. J'en frémis encore.

Il réussit à s'échapper d'Haïti et vint s'établir à Boston où il fut surpris de trouver beaucoup d'autres Le Blanc qui lui apprirent qu'ils avaient habité jadis un beau coin de terre, appelé Acadie, d'où ils avaient été chassés il y avait déjà vingt ans.

Jamais, me dit-il, il n'avait rencontré des gens aussi sympathiques et aussi dignes

60 d'intérêt. C'est alors que Casimir se joignit à eux quand ces Acadiens décidèrent de revenir au pays qu'ils avaient dû abandonner. Il arriva donc à la baie Sainte-Marie avec le second groupe de rapatriés venus du Massachusetts. Le premier groupe avait fait le trajet à pied, de la Nouvelle-Angleterre à la baie Sainte-Marie, vers 1771. Ce second groupe vint par bateau et fut accueilli à bras ouverts par les vaillants pionniers de

65 1771. Casimir reçut une concession de deux cent quatre-vingts arpents à La-Pointe-de-l'Église. Depuis lors, sa propriété n'a fait que grandir. Cependant les autres choses qu'il m'a racontées sont moins heureuses et je n'ai pas le cœur à les écrire maintenant.

---

1. Nom français des îles de la mer des Caraïbes, appelée aussi la mer des Antilles.
2. La première révolte des esclaves noirs, qui éclata vers 1775, fut cruellement réprimée par les Français. La deuxième révolte eut lieu après 1800 et aboutit à l'installation de la République noire.

Premières impressions

L'histoire de Casimir Le Blanc vous semble-t-elle triste ou heureuse? Expliquez.

Approfondissement

1. Pourquoi est-ce que l'armée française était à Haïti à cette époque? Quelle était alors la situation des Noirs à Haïti?
2. Pourquoi Casimir Le Blanc s'est-il installé en Acadie plutôt que de rentrer en France?
3. Avez-vous l'impression que le voyage entre Boston et la baie Sainte-Marie était facile?

Le 8 décembre 1795

Cette page devrait être bordée de noir, tellement elle est triste. J'avoue que je n'avais jamais beaucoup pensé à mes parents, mais maintenant que mon papa adoptif m'a
70   raconté ce qui était arrivé à mon père, tous les détails de mes premières années me reviennent à l'esprit et je vais les mettre sur papier tels que je m'en souviens.

Je vais d'abord écrire ce qui s'était passé avant mon arrivée ici. Il faut que je commence par dire qu'après que mon père eut quitté l'armée, il devint capitaine de navire et put bientôt armer son propre bâtiment. Il fit d'abord du commerce avec les Antilles.
75   Puis, quand la France envoya de l'aide aux colonies américaines révoltées, mon père entra dans ce commerce-là et décida de s'établir à Boston avec maman. Ils partirent donc de Bayonne, port de France où les Murat ont de la propriété, à l'automne de 1780. Lorsqu'ils arrivèrent à Boston, la famille de Pierre Murat comptait un membre de plus, moi-même, née en mer le 22 novembre, jour de la fête de sainte Cécile, d'où
80   mon nom.

Je ne me rappelle pas grand-chose de mon séjour à Boston, excepté que maman paraissait toujours triste quand papa n'était pas là. Un événement me revient maintenant à l'esprit cependant. Je crois que j'avais alors six ans. Papa, au retour d'un voyage, paraissait plus gai que d'habitude.
85   — J'ai retrouvé Casimir, s'écria-t-il en embrassant maman.
— Qui donc? demanda-t-elle surprise.
— Un grand ami de France qui était dans l'armée avec moi.
— Où est-il? Ne lui as-tu pas demandé de venir nous visiter?
— Il est à La-Pointe-de-l'Église, en Nouvelle-Écosse. C'est lui qui nous a invités. Il
90   veut que nous partagions ses biens et son domaine.

Peu de temps après, papa m'embarqua à bord de son navire, dont je ne me souviens plus le nom, et nous partîmes en mer. Maman resta à Boston avec mes petites sœurs, Fanny, Polley et le bébé Soukie. Je me souviens encore, comme si ce n'était que d'hier, de voir Fanny et Polley pleurer pour qu'on les laisse venir elles aussi. Le
95   bébé dormait paisiblement dans tout ce vacarme du départ.

C'était mon deuxième voyage en mer, quoique je ne me rappelle rien du premier.

94

Tout me parut si étrange: le clapotis des vagues contre le navire, le claquement des voiles, le grincement des câbles. Puis vint la brume de la baie Sainte-Marie. Cette brume humide, froide, et presque éternelle, m'accueillit ce jour-là et ne m'a guère quit-

100 tée depuis.

Enfin, à travers le brouillard, apparut l'Île-à-Séraphin, endroit que j'ai appris à connaître et à aimer, car c'est là que débarquèrent les premiers habitants de La-Pointe, comme on appelle familièrement ce petit village. Nous-mêmes, nous avons plutôt choisi cette langue de terre avec sa petite église perchée sur le bord de la falaise pour

105 mettre pied à terre.

Il y avait là un grand nombre de personnes pauvrement vêtues et beaucoup d'en-fants, mais je ne garde qu'un faible souvenir d'eux, car toute mon attention se porta sur le couple qui s'avançait à notre rencontre. En un rien de temps papa avait atteint l'homme et l'embrassait chaleureusement en s'écriant: «Mon bon vieux Casimir!» Mme

110 Le Blanc me prit dans ses bras et mon amour pour ces deux braves gens naquit tout de suite.

Une semaine après, papa s'embarqua de nouveau pour Boston. Il devait revenir deux semaines plus tard avec maman et mes sœurs. Quant à moi, je restais avec les Le Blanc pour attendre le retour de ma famille. Papa et Casimir avaient jugé inutile de

115 m'exposer de nouveau aux périls de la mer.

Du bout de la pointe, j'agitais mes bras dans la direction du bateau qui s'éloignait tandis que Mme Le Blanc essuyait mes larmes en me consolant:
— Ne pleure pas, petite! Il reviendra dans quelques jours, me disait-elle doucement.

Cependant je pleurai longtemps cette nuit-là tandis que le vent et la pluie faisaient

120 rage dehors et que les vagues se brisaient avec fracas sur les galets de la côte.

Au bout de trois semaines il n'y avait pas encore de papa et de maman. Maintenant les Le Blanc pleuraient avec moi. Après plusieurs jours sans nouvelles de mes parents, et en lisant le triste message sur les visages des grandes personnes autour de moi, je compris que je ne reverrais jamais mon papa. Il s'était perdu en mer, lui et tout son

125 équipage.

Maman et mes sœurs sont restées à Boston. Les Le Blanc ont offert de me rame-ner auprès d'elles, mais maman a pris tellement horreur des voyages en mer qu'elle a préféré me laisser auprès de mes parents adoptifs qui sont parvenus à me considérer comme leur propre fille. Maman a cessé de m'écrire, non par manque d'affection pour

130 moi, mais pour aider à mon complet attachement aux Le Blanc. Bien que je sois com-plètement heureuse dans le seul chez moi que je connaisse, j'ai très envie de revoir maman et mes sœurs. J'ai demandé à mon papa adoptif de me laisser aller à Boston, mais ses yeux se sont remplis de larmes. Alors, comme je ne veux pas lui causer de peine, je ne lui en reparlerai plus.

Premières impressions

Comment décririez-vous le caractère de Pierre Murat? de Mme Murat?

Approfondissement

1. Est-ce que Pierre Murat poursuivait la même carrière que Casimir Le Blanc?
2. Est-ce que Pierre Murat avait les mêmes raisons que Casimir Le Blanc de vouloir s'installer en Acadie?
3. Comment Cécile a-t-elle trouvé le voyage entre Boston et La-Pointe-de-l'Église?
4. Quelle était la première impression qu'avait Cécile Murat de M. et Mme Le Blanc?
5. Pourquoi Cécile Murat n'a-t-elle jamais retrouvé sa mère et ses sœurs?

Le 1er janvier 1796

135   Ce jour de l'an a été plus joyeux! Nous avions un gros pâté à la râpure. Ce mets fait toujours les délices de la table acadienne. Ce n'est pas difficile à faire, car on a seulement besoin de pommes de terre, qu'on appelle «patates», de lard, de viande et de sel. C'est bon avec n'importe quelle viande, mais la volaille est préférable. Dans celui-ci, nous avions la viande de trois canards sauvages que nous avait apportés Jean-Baptiste
140   Melanson. C'est un beau jeune homme qui, ces temps-ci, vient souvent chez Casimir. Tout le monde l'appelle «Janie», mais moi je préfère écrire Jean-Baptiste.

Le 6 janvier 1796

Le jour des Rois est une fête joyeuse chez nous, les Acadiens. Je viens de manger le gâteau des Rois chez les parents de Jean-Baptiste. De plus, c'est moi qui ai eu la bague. Quel plaisir et quel rêve!

145   Pour comprendre pourquoi je suis si enchantée, il faut que j'explique un peu la coutume du gâteau des Rois. Quand on prépare ce fameux gâteau, on mélange à la pâte différentes choses, comme une noix, une fève, une bague. On le mange à la veillée du jour des Rois et la personne qui a la chance de trouver la bague sera, dit-on, la première à se marier.

150   J'espère que cela se réalisera pour moi aussi. Je crois que je tombe en amour avec ce pauvre adorable Jean-Baptiste.

Premières impressions

Cécile Murat ne semble plus triste lorsqu'elle écrit ces lignes. Pourquoi, à votre avis?

Questions de discussion

1. En France, c'est parfois au jour de l'An et non à Noël que les adultes s'offrent des cadeaux. Les enfants attendent, bien sûr, le père Noël. Comment la famille Le Blanc fêtait-elle le jour de l'An? et vous, comment fêtez-vous le Nouvel An?
2. Connaissez-vous cette fête en l'honneur des Rois mages qui, suivant l'étoile dans le ciel, sont arrivés à Bethléem onze jours après la naissance de Jésus les bras chargés de cadeaux?

La fête des Rois est encore une tradition en France et au Québec, mais les Acadiens de La-Pointe-de-l'Église ne la fêtent plus. Le symbolisme des objets dans le gâteau (ou galette) des Rois varie d'une région à une autre, mais la figure du Roi porte toujours chance. Dans certaines régions de France, la personne qui reçoit la fève doit payer le champagne. Discutez des traditions liées à différentes fêtes chez vous.

Questions de langue

A. Certaines expressions indiquant le moment, ou la séquence d'actions manquent dans le texte suivant. Proposez une expression pour chaque lacune, après avoir étudié le contexte. Discutez de vos choix (il y a souvent plus d'une réponse possible), puis comparez avec le texte original.

Cette page devrait être bordée de noir, tellement elle est triste. J'avoue que je n'avais jamais beaucoup pensé à mes parents, mais _____ mon papa adoptif m'a raconté ce qui était arrivé à mon père, tous les détails de mes premières années me reviennent à l'esprit et je vais les mettre sur papier tels que je m'en souviens.

Je vais _____ écrire ce qui s'était passé _____ mon arrivée ici. Il faut que je commence par dire qu'_____ mon père eut quitté l'armée, il devint capitaine de navire et put _____ armer son propre bâtiment. Il fit _____ du commerce avec les Antilles. _____, quand la France envoya de l'aide aux colonies américaines révoltées, mon père entra dans ce commerce-là et décida de s'établir à Boston avec maman. Ils partirent donc de Bayonne, port de France où les Murat ont de la propriété, à l'automne de 1780. _____ ils arrivèrent à Boston, la famille de Pierre Murat comptait un membre de plus, moi-même, née en mer le 22 novembre, jour de la fête de sainte Cécile, d'où mon nom.

B. Après en avoir étudié le contexte, paraphrasez les énoncés suivants en remplaçant l'expression en italique par un synonyme. Comparez ensuite les versions proposées pour voir combien d'expressions synonymes vous avez trouvées.

1. «[...] si je peux écrire ces lignes, c'est bien grâce à lui *car* nous n'avons pas d'écoles [...]» (ligne 10)
2. «*Cependant*, *malgré* notre pauvreté, nous sommes heureux [...]» (ligne 19)
3. «Tous les dimanches, les gens des environs *se rendent à* la pointe [...]» (ligne 29)
4. «*En ce moment*, je me demande pourquoi je suis la seule Murat à La-Pointe-de-l'Église [...]» (lignes 37 et 38)
5. «Casimir Le Blanc, *bien qu*'il porte un nom acadien, n'est pas Acadien.» (ligne 47)
6. «Pierre se procura un bateau *tandis que* Casimir *tentait* d'installer un commerce à Haïti, d'où la révolte des Noirs le chassa.» (lignes 52 à 54)
7. «Depuis *lors*, sa propriété *n'a fait que grandir*.» (ligne 66)
8. «*En un rien de temps* papa avait atteint l'homme et l'embrassait chaleureusement [...]» (lignes 108 et 109)

Questions de discussion

1.   Craignant un voyage en bateau, pourquoi Mme Murat n'est-elle pas venue chercher Cécile par un autre moyen de transport, à votre avis?
2.   Comment imaginez-vous la vie de Mme Murat à Boston? Y est-elle heureuse, à votre avis?
3.   Comment imaginez-vous la vie de Mme Le Blanc à La-Pointe-de-l'Église? Y est-elle heureuse, à votre avis?
4.   Avez-vous le goût de l'aventure, ou préférez-vous ne pas prendre beaucoup de risques? Auriez-vous aimé accompagner Pierre Murat ou Casimir Le Blanc? Pourquoi?

Projets

1.   On a l'impression que c'est Pierre Murat qui a décidé que sa famille irait à Boston, puis en Acadie. Qu'est-ce que Mme Murat en pensait, à votre avis?
    a) Inventez le dialogue qui aurait pu avoir lieu lorsque Pierre Murat a annoncé à sa femme qu'il voulait partir pour Boston. (N'oubliez pas que Mme Murat était enceinte de sept ou huit mois lorsqu'ils sont partis en mer.)
    b) Si Mme Murat avait tenu un journal, imaginez ce qu'elle aurait écrit sans le dire à son mari. (Choisissez un moment précis de sa vie : avant le départ pour Boston; en route pour Boston; lorsque Pierre et Cécile partent pour La-Pointe-de-l'Église; lorsqu'elle apprend que son mari est mort et qu'elle doit décider quoi faire de Cécile, etc.)
2.   Imaginez que vous travaillez pour une maison d'édition publiant *Le Journal de Cécile Murat*. Vous devez écrire, pour la couverture du livre, quelques paragraphes qui donneront envie de lire le journal.
3.   Faites des recherches sur la situation d'Haïti à cette époque, et rédigez un compte rendu.

Mon Arcadie

~

Édith Butler
et
Luc Plamondon

Anticipation

Édith Butler est une chanteuse acadienne qui vient de Paquetville au Nouveau-Brunswick.

1.   Situez Paquetville sur la carte du Nouveau-Brunswick de la page 84. Le Nouveau-Brunswick a une population acadienne très importante. C'est en fait la seule province canadienne officiellement bilingue.
2.   Quelle est la différence entre «Arcadie» et «Acadie»?

Mon Arcadie

Un beau matin je suis partie
pour faire le tour de mon pays
ya t'il quelqu'un qui pourrait m'dire
you-ce qui commence you-ce qui finit

Refrain:
5   De la Louisiane en Acadie
de Chéticamp à Tracadie
du Labrador en Gaspésie
Mon Arcadie

En remontant le St-Laurent
10   j'ai retrouvé une musique
qui coule encore dans le sang
de tous les Français d'Amérique

Refrain:
De la Louisiane en Acadie, etc.

J'ai voyagé loin dans l'espace
jusqu'à dans d'autres galaxies
15   ya t'il quelqu'un qui pourrait m'dire
comment retrouver mon pays

Premières impressions

Quelle sorte de musique (rythme, instrument, type, etc.) imaginez-vous pour cette
chanson? Pourquoi? Comparez vos impressions.

Approfondissement

1.   Situez les lieux mentionnés dans le texte sur les cartes de la page 84.
Qu'est-ce que ces lieux ont de commun?
2.   Édith Butler pose une question dans la première strophe de la chanson. Y trouve-
t-elle une réponse?
3.   Quel est le «pays» dont elle parle, à votre avis?
4.   Avez-vous l'impression que son «pays» est sans contours précis, ou qu'il est
perdu? Expliquez, en vous référant à la chanson et à ce que vous savez de l'Acadie.

Questions de langue

1.   Dans la première strophe (vers 3 et 4), les expressions diffèrent du français standard. À quoi correspondent-elles?
2.   Le disque sur lequel est enregistrée cette chanson a comme titre *Asteur qu'on est
là*. Le mot *asteur* est une expression acadienne très répandue. C'est en fait une abré-
viation de l'expression «à cette heure», c'est-à-dire *maintenant*. Combien de synonymes connaissez-vous du mot *maintenant*?
3.   Expliquez l'emploi des prépositions et des articles dans le refrain:
de la Louisiane *en* Acadie
de Chéticamp *à* Tracadie
du Labrador *en* Gaspésie

Projet

En suivant ce modèle, décrivez un autre «pays». Substituez d'autres noms à ceux du
refrain, et faites les changements qui vous semblent logiques. Discutez ensuite des différentes versions proposées.

Partons la mer est belle

Anticipation

Partons la mer est belle n'est pas une chanson moderne; elle fait partie du folklore acadien. Antonine Maillet avait parlé de l'importance de la mer, de la pêche, dans la culture acadienne. Pourquoi est-ce le cas, à votre avis? (Réfléchissez à ce que vous savez de l'Acadie et consultez de nouveau les cartes.)

Partons la mer est belle

Arrangement par Ron Doleman

A - mis, par-tons sans bruit; La pê - che se - ra bon - ne, La lu - ne qui ray -

on - ne É - clai-re - ra la nuit. Il faut qu'avant l'au-ro - re Nous soy-ons de re -

tour, Pour som-meil-ler en - core A - vant qu'il soit grand jour.

Refrain

Par - tons, la mer est bel - le; Em - bar-quons - nous, pê - cheurs Gui - dons notre na - cel - le, Ra -

mons a - vec ar - deur. Aux mâts hi - ssons les voi - les. Le ciel est pur et

beau; Je vois bril - ler l'é - toi - le Qui gui - de les ma - te - lots!

1

Amis, partons sans bruit;
La pêche sera bonne,
La lune qui rayonne
Éclairera la nuit.
5   Il faut qu'avant l'aurore
Nous soyons de retour,
Pour sommeiller encore
Avant qu'il soit grand jour.

Refrain
Partons, la mer est belle;
10 Embarquons-nous, pêcheurs,
Guidons notre nacelle,
Ramons avec ardeur.
Aux mâts hissons les voiles,
Le ciel est pur et beau;
15 Je vois briller l'étoile
Qui guide les matelots!

2

Ainsi chantait mon père
Lorsqu'il quitta le port.
Il ne s'attendait guère
20 À y trouver la mort.
Par les vents, par l'orage,
Il fut surpris soudain:
Et d'un cruel naufrage
Il subit le destin.

3

25 Je n'ai plus que ma mère
Qui ne possède rien;
Elle est dans la misère
Je suis son seul soutien.
Ramons, ramons bien vite,
30 Je l'aperçois là-bas,
Je la vois qui m'invite
En me tendant les bras.

Premières impressions

Quel est le but de cette chanson, à votre avis?
a)   Inviter le lecteur/l'auditeur à faire un voyage en bateau.
b)   Inviter le lecteur/l'auditeur à pêcher.
c)   Raconter une histoire.
d)   Décrire un sentiment.

Approfondissement

Choisissez la réponse qui vous semble la meilleure; préparez-vous à expliquer votre choix en classe pour en discuter.
1.   Dans la première strophe,
a) les pêcheurs se préparent à partir à la pêche.
b) les pêcheurs rentrent de la pêche.
c) un pêcheur suggère de partir en mer.
2.   Qui parle dans la première strophe?
a) le narrateur;
b) le père du narrateur;
c) un vieux pêcheur.

3. Dans la première strophe, on précise que les pêcheurs
   a) se dépêchent parce qu'un orage est annoncé.
   b) vont partir dès que le soleil se lèvera.
   c) vont rentrer avant le lever du soleil.
4. Dans la deuxième strophe, on décrit
   a) comment le père est mort.
   b) comment le père a survécu à l'orage.
   c) une matinée normale à la pêche.
5. Dans la troisième strophe, le fils raconte
   a) pourquoi il a arrêté de pêcher.
   b) la situation actuelle de sa famille.
   c) sa journée à la pêche.

Questions de langue

A. En quoi est-ce que la prononciation indiquée à la page 101 diffère de la prononciation habituelle?

Lisez la chanson entière (p. 102), en prononçant le texte «normalement», puis de façon «poétique». Tapez du doigt ou du pied le rythme de la chanson pendant que votre professeur la lira.

B. Étudiez le contexte des expressions suivantes, puis choisissez ce qui vous semble être le meilleur synonyme.

1. *nacelle* (ligne 11)
   a) bateau;
   b) pêche;
   c) voyage.
2. *hissons* (ligne 13)
   a) faisons descendre;
   b) faisons monter;
   c) rangeons.
3. *matelots* (ligne 16)
   a) parties d'un lit;
   b) marins;
   c) bateaux.
4. *guère* (ligne 19)
   a) combat;
   b) pas;
   c) pas encore.
5. *naufrage* (ligne 23)
   a) accident en mer;
   b) tempête;
   c) maladie.
6. *je n'ai plus que ma mère* (ligne 25)
   a) ma mère est déjà morte;
   b) ma mère est tout ce qui me reste;
   c) j'ai encore ma mère.
7. *je suis son seul soutien* (ligne 28)
   a) elle dépend de moi financièrement;
   b) mes frères et sœurs sont déjà morts;
   c) ma mère travaille pour me loger et me nourrir.

Questions de discussion

1. Qu'est-ce que la mer semble représenter pour les Acadiens (l'aventure, la vie, le danger, la beauté, etc.)?
2. Qu'est-ce que la mer représente ou évoque pour vous?
3. Y a-t-il un autre élément naturel ou industriel très important dans votre communauté (par exemple, la forêt, une mine, une centrale nucléaire, etc.)? Qu'est-ce que cet élément représente pour les gens de votre région?

Projet

Écrivez un texte (sous forme de poème si vous le voulez) qui exprime ce que la mer (ou un autre phénomène naturel) représente pour vous.

Les Cajuns de la Louisiane

Les deux textes qui suivent donnent un aperçu de la vie acadienne en Louisiane.

Le premier a été écrit par Revon Reed, folkloriste, éditeur, animateur de radio et professeur à l'école secondaire, qui habite Grand Mamou, en Louisiane. Ce texte traite de la survivance de la langue acadienne en Louisiane.

Le deuxième texte décrit la tradition du Mardi gras en Louisiane rurale.

La survivance linguistique

~

Revon Reed

La clef de la destruction d'une culture est la destruction de la langue de cette culture, suivie par la suppression de sa poésie, sa philosophie, et sa musique. Comment la culture cajun a survécu pendant 220 ans est toujours un mystère pour les linguistes, les sociologistes, et les anthropogistes. Malgré toutes les attaques d'autres cultures, sur-
5   tout l'anglais, le mode de vivre et de penser cajun existe toujours parmi les Cajuns du sud de la Louisiane; et jusqu'à 20 ans passé, la valeur du bilinguisme en Louisiane n'était pas seulement pas appréciée du tout, mais était constamment attaquée par les éléments Américains.

L'éclaircissement, lancée par une organisation connue comme CODOFIL (conseil
10   pour le Développement du Français en Louisiane), a montré le chemin aux Cajuns et leur a fait comprendre la valeur d'être bilingue; et au même temps leur donner de la confiance dans leur langue, qui était devenue une sorte de langage de basse-classe et une langue dégradante.

Ça qui a fait plus de mal à la langue acadienne française, c'était l'interdiction com-
15   plète de cette langue dans les écoles publiques de la Louisiane. Cette interdiction est venue en effet autour de 1922. En ce temps-là, presque tous les enfants Cajuns con-naissaient qu'une langue, leur langue maternelle, la langue Cajun. Du commencement de cette «loi», les enfants étaient punis sévèrement quand les maîtres et maîtresses d'é-coles les attrapaient à parler français sur les terres d'écoles. Les surintendants et les
20   principaux des écoles ont dit aux parents que c'était la loi; et qu'eux aussi devraient forcer leurs enfants d'apprendre la langue anglaise au même temps, ou avant la lan-gue française. Les pauvres parents ignorants ont accordé pour la plupart, et ont com-mencé à parler que l'anglais à leurs enfants. C'était un anglais pitoyable, mais c'était

pas français! On a toujours des parents et grand-parents qui parlent un anglais tout
mélangé avec le français. C'est une espèce de «franglais.» Mais comprenable entre
nous. C'est un anglais qui est devenu très pittoresque pour les touristes surtout. On
dit que les Cajuns parlent une langue anglaise mais bien drôle! Mais le Cajun s'en fout
de cette «merde», et rit lui-même. Souvent de fois, aussi, il fait exprès de parler drôle
aux «Américains», et je connais pas qui se fout de qui, à la fin... Mais laisse aller tant
qu'on s'amuse avec notre franglais épouvantable et comique!

Malgré toutes les attaques, les quasi-lois, et le punissement, la langue cajun per-
siste toujours. Ici à Grand Mamou où je demeure, on n'a jamais arrêté de la parler,
même à l'école. On se cachait et on murmurait notre langue du berceau; et si on se faisait attraper, on prenait «notre trempe» (les coups de verges sur les jambes, et mille
lignes qui disaient: "I will not speak French on the school grounds"). Plusieurs fois
j'étais tenu après l'école pour finir d'écrire mes lignes... Moi et peut-être une douzaine
d'autres écoliers «méchants!» mais malgré tout ça, le Cajun n'a jamais haï ou détesté
la langue anglaise. On l'a parlée toujours, mais on aime mieux s'exprimer en Cajun ici
à Mamou, à Ville Platte, à Basile, à Church Point, à Abbéville et cent autres villes du
sud et sud-ouest de la Louisiane.

La souris bilingue
(Conte dédié au C.O.D.O.F.I.L. de Lafayette)

Une petite souris était très fière de ses trois petites souris. Un jour elle a décidé d'aller
faire une promenade dans la cour. Tout d'un coup un gros chat noir s'est approché
pour les attaquer. Mais la petite mère n'était pas tracassée du tout. Elle s'est élevée
sur le bout de ses pattes et elle a commencé à japper comme un gros chien fâché. Le
chat, très étonné de ce bruit a foutu le camp bien vite... Les petites souris étaient bien
curieuses de tout ça et demandent à leur mère pourquoi le chat s'est sauvé aussi vite;
et la petite mère a répondu fièrement: «C'est toujours bon de savoir parler deux langues, mes chers enfants»!

Premières impressions

Parmi les expressions ci-dessous, lesquelles expriment bien l'attitude de l'auteur au
sujet de la survivance de la langue acadienne, à votre avis?

    a)   optimiste;
    b)   pessimiste;
    c)   troublé;
    d)   en colère contre les forces d'assimilation;
    e)   serein;
    f)   fier de la langue acadienne;
    g)   autre chose. (Précisez.)

Approfondissement

Indiquez si les phrases suivantes sont *vraies* ou *fausses*. Si la phrase est fausse, corrigez-la pour qu'elle reflète le sens du texte.

1. Jusqu'à une époque récente, on n'encourageait pas du tout le bilinguisme en Louisiane.
2. L'organisation CODOFIL a aidé les Acadiens à revaloriser leur langue.
3. La langue acadienne, avant les efforts du CODOFIL, était vue comme une langue de haute valeur culturelle.
4. La loi fédérale mentionnée dans le texte obligeait les écoles acadiennes à donner leurs cours en français.
5. La langue que parle les Acadiens n'est pas très différente du français de France.
6. À cause de leurs problèmes, beaucoup d'Acadiens en Louisiane ont commencé à détester la langue anglaise, et refusent de la parler.

Questions de langue

Voici une liste d'expressions tirées du texte *La survivance linguistique*, qui diffèrent du français standard. A quoi correspondent-elles en français standard?

1. *sociologistes* (ligne 4).
2. *anthropogistes* (ligne 4).
3. *l'anglais* (ligne 5).
4. *lancée* (ligne 9).
5. *au même temps* (ligne 11).
6. *donner* (ligne 11).
7. *ça qui* (ligne 14).
8. *venue en effet* (ligne 16).
9. *connaissaient* (lignes 16 et 17).
10. *terres* (ligne 19).
11. *ont accordé* (ligne 22).
12. *à parler que l'anglais* (ligne 23).
13. *comprenable* (ligne 25).
14. *Souvent de fois* (ligne 28).
15. *connais* (ligne 29).
16. *laisse aller* (ligne 29).
17. *demandent* (ligne 46).

Questions de discussion

1. La loi mentionnée dans ce texte faisait partie d'une politique fédérale «d'américanisation» —c'est-à-dire d'assimilation linguistique— entrée en vigueur en 1921. Les États-Unis venaient de connaître une immigration massive, en particulier de Chinois. Cette loi visait à sauvegarder le *melting pot* américain, car on considérait comme dangereux pour la société américaine la survivance de la langue et des traditions culturelles de groupes importants d'immigrants.

   a) Que pensez-vous de cette politique?
   b) Aurait-il été préférable de chercher à créer une société pluri-culturelle et pluri-linguistique? Comment l'aurait-on réalisée?
   c) Discutez du pour et du contre des deux approches.

2. Si on compare les chiffres des recensements de 1970 et de 1980, on voit que le nombre de Louisianais qui déclarent le français comme langue maternelle a diminué d'environ la moitié durant cette période de dix ans.

a) Pensez-vous qu'il s'agit d'une situation inquiétante, ou bien d'un développement normal ou même souhaitable?

b) Si vous pensez que c'est inquiétant, quelles mesures pourrait-on prendre en Louisiane pour y remédier?

3. Au Canada, ce même débat crée de grandes controverses de nos jours. Selon la politique fédérale, les minorités linguistiques ont le droit de recevoir leur éducation dans leur langue maternelle. Cependant, certains groupes français de parents (au Manitoba en particulier) s'opposent aux écoles entièrement francophones, protestant qu'une formation en anglais est essentielle pour réussir dans la vie au Canada. Qu'en pensez-vous?

Le courir du Mardi gras à Mamou

~

Marie Chicoine et al.

Le courir du mardi gras, c'est une expédition dans la campagne d'une troupe de
joyeux cavaliers ayant à leur tête un capitaine qui se porte garant de la bonne conduite
de tout le régiment. Une assemblée colorée dans laquelle on pouvait aussi bien retrouver un gorille, un Chinois et un évêque jasant, une bière à la main, pendant que d'au-
5 tres groupes d'hurluberlus s'amusaient à poser pour les photographes, nombreux ce
matin-là.

À huit heures du matin, le silence se fait dans le hall de Mamou où sont entassés
les quelque trois cents coureurs costumés. Le capitaine, debout sur une chaise, fait
solennellement la lecture des règles du grand jeu. Après, c'est le départ. À la tête du
10 cortège, le capitaine est seul à connaître l'itinéraire de la journée. Son rôle exige qu'il
ne soit pas masqué et qu'il reste à jeûn toute la journée!

Le but du courir est de ramasser, de maison en maison, des victuailles pour faire
un gumbo. Maintenant c'est devenu une quête symbolique, le gumbo est préparé à
l'avance par les femmes pendant que les hommes courent. À chaque maison, le capi-
15 taine va demander si on veut recevoir les mardi gras. Si c'est oui, il baisse son drapeau
blanc; alors les cavaliers foncent au galop sur la maison, ils descendent de leurs che-
vaux, dansent et chantent la première partie de la chanson des mardi gras accompa-
gnés par le groupe de musiciens.

Le maître de la maison lance une poule vivante en direction de la bande de mardi
20 gras qui doivent l'attraper. À certains endroits, c'est un sac de riz ou un sac de farine
qu'on donnera. Ces provisions sont accumulées dans un camion qui suit la bande.
Avant de repartir, ils chantent à nouveau.

Pendant plusieurs années il n'y a plus eu de mardi gras. Personne ne voulait recevoir; «ils étaient trop brigands et faisaient des malices», nous a-t-on dit, en faisant allu-
25 sion au capitaine qui se saoûlait, aux mardi gras qui se battaient et se permettaient de
partir avec une, deux, trois poules et parfois même un petit cochon. On répondait au
pillage avec les fusils et des accidents malheureux s'ensuivaient.

C'est en 1952 que le courir a repris. À Mamou, en 1977, il y avait deux cents
cavaliers, le capitaine a maintenant six assistants. «C'est presque l'armée ça!» Le
30 "Mardi gras Association" supervise les opérations. Différents comités sont formés
pour la musique, la publicité, l'ordre, la boisson, le gumbo et le bal. L'argent ramassé
sert à payer la bière et le whisky aux coureurs.

Règles du courir du Mardi gras

• Il n'y a pas de femme qui peut courir le mardi gras: c'est juste les hommes. Celui-là qui voudra courir aura 17 ans, autrement faudra un parent.

35 • Il n'y aura pas de couteaux, ni quelque sorte d'armes et de bâtons qui seront amenés dessus le chemin.

• Il y aura pas de boisson qui sera amené dessus vous autres. Toute la boisson qui sera bue sera fournie par le "Mardi gras Association".

• On devra porter des masques tout le temps. Un mardi gras allons pas courir sans
40 masque.

• Le mardi gras s'habille comme il veut, excepté la cape. Les capes sont portées juste par le capitaine et les co-capitaines.

• Le mardi gras est couru comme le vieux mardi gras: il aura pas de médailles de données ou de tirées dessus la rue ou dessus le chemin.

45 • Quand on va revenir, on va faire la parade. Il y aura le bal dessus la rue et dans pas trop longtemps si vous autres veut du gumbo. Le gumbo sera prêt pour vous autres de quatre heures en allant.

• Le capitaine et les autres vient pour la chanson à huit heures et avant il y aura la danse du mardi gras.

50 • Le bal à soir est pour les mardis gras et n'importe qui d'autre qui rentre et paye. "I'll read it in English."
Jasper Manuel, capitaine.

Premières impressions

Est-ce que cette description du Mardi gras correspond à l'image que vous aviez de cette fête en Louisiane? Expliquez.

Approfondissement

Parmi les possibilités suivantes, lesquelles seraient permises et lesquelles seraient interdites selon la tradition du Mardi gras décrite dans cet article?
1. Toute jeune femme de 18 ans, portant un masque, peut se joindre aux cavaliers.
2. Tout jeune homme de 18 ans, sans masque, peut se joindre aux cavaliers.
3. Les mardi gras doivent chanter devant les maisons.
4. Le capitaine peut manger un sandwich en route.
5. Un mardi gras peut apporter sa propre bouteille de whisky.
6. Un garçon de 15 ans et son père, tous deux masqués, peuvent participer au mardi gras.
7. Les femmes peuvent assister au bal le soir.
8. Le capitaine doit porter un masque et une cape.
9. Les habitants d'une maison doivent lancer une poule vers les mardi gras.
10. Les habitants d'une maison peuvent refuser de parler aux mardi gras.

Questions de langue

1. Les *Règles du courir du Mardi gras* sont écrites en français acadien. Reformulez ces règles en français standard, puis discutez des différences entre le français acadien et le français standard.
2. Les différences linguistiques soulèvent parfois une question politique. À ce sujet, quelle devrait être la politique officielle, à votre avis, en ce qui concerne le «français» à enseigner dans les écoles en Amérique du Nord? Expliquez.

Questions de discussion

1. Étudiez la liste des règles qui gouvernent le courir du Mardi gras, et essayez de justifier chacune d'elles.
2. Voyez-vous des similarités entre les traditions de l'Hallowe'en et du Mardi gras? Quelles en sont les différences? Quelle vous semble être la signification de ces deux fêtes?
3. Avez-vous déjà participé à un bal masqué?
   a) Si oui, quel costume avez-vous choisi, et pourquoi? Était-ce à l'occasion d'une fête particulière? Que faisiez-vous?
   b) Sinon, quel costume choisiriez-vous si vous alliez à un bal masqué?
4. Le gumbo est le plat traditionnel du Mardi gras; on le considère même comme le plat typique de la Louisiane. Y a-t-il un plat typique dans votre région? Savez-vous pourquoi?

Projets

1. Cherchez l'origine de la fête du Mardi gras, et les différentes façons de célébrer cette fête. Commentez votre description (Qu'est-ce qu'elle symbolise? Est-ce que son sens a évolué avec le temps? Quel rôle joue-t-elle dans la communauté?)
2. Faites des recherches sur la fête de l'Hallowe'en et le jour des Morts célébré le 1er novembre. (Quelle en est l'origine? Comment est-ce fêté ou souligné chez vous? en Louisiane? au Québec? en France?)
3. Faites des recherches sur un autre aspect de la vie des Acadiens de la Louisiane (leur histoire; la différence entre les Créoles et les Acadiens; la géographie; les industries, etc.).

Un peu de tout

L'Alouette

~

Gabrielle Roy

Anticipation

Gabrielle Roy (1909–1983) est née à Saint-Boniface, au Manitoba. Après avoir fini ses études, elle a travaillé comme institutrice pendant huit ans. Son premier roman, *Bonheur d'occasion*, a reçu le prix Femina en 1947. Par la suite, elle a écrit de nombreux romans et récits dont certains lui ont mérité un prix littéraire. Elle est considérée comme un des écrivains québécois modernes les plus importants.

Plusieurs de ses écrits racontent l'histoire d'écoliers immigrants pauvres des années 30 au Manitoba. C'est le cas du recueil *Ces enfants de ma vie* (1977) dont le récit *L'Alouette* est tiré.

1. Quelle importance a la musique dans votre vie? Réfléchissez à l'effet qu'ont sur vous différentes sortes de musique, à différents moments. Prenez quelques notes.
2. Quelle est la mythologie populaire en ce qui concerne la musique? (Par exemple, la musique calme les angoisses; la musique des Sirènes exerce une fascination dangereuse, etc.) Prenez quelques notes.

En lisant ce récit, qui est assez long, essayez de ne pas vous arrêter à chaque mot ou expression que vous ne comprenez pas; cherchez plutôt à avoir une idée générale de l'histoire. Si un mot vous embête, essayez d'abord d'en deviner le sens en étudiant le contexte, et réservez le dictionnaire ou le lexique du livre pour les cas «désespérés».

L'Alouette

Assez souvent je priais mes petits élèves de chanter ensemble. Un jour, au milieu de leurs voix plutôt ternes, j'en distinguai une, claire, frémissante, étonnamment juste. Je fis cesser le groupe pour laisser Nil continuer seul. La ravissante voix et de quel prix pour moi qui n'eus jamais beaucoup d'oreille pour la musique!

Dès lors je demandai:
— Donne le ton, veux-tu, Nil?

Il le donnait sans se faire prier ni s'enorgueillir, enfant né pour chanter comme d'autres pour faire la moue.

Partait alors à sa remorque ma volée de passereaux que Nil entraînait tant bien que mal et, avant longtemps, plutôt bien que mal, car, outre son brillant talent, il possédait celui de paraître en donner aux autres. On écoutait Nil chanter et on se croyait tous capables de chanter.

L'heure du chant dans ma classe m'attira l'envie des maîtresses des classes avoisinantes.
— Que se passe-t-il? Tous les jours, à présent, de ta classe, c'est un concert.

Il n'y avait rien à comprendre puisque je n'avais guère jusque-là brillé comme maîtresse de chant.

Notre vieil inspecteur des écoles, au cours de sa visite, en fut tout stupéfait.
— Comment se fait-il! Vos élèves chantent mille fois mieux que ceux des années passées!

Puis il cessa de me guetter pour me demander plutôt de faire chanter encore une fois mes enfants, et la première chose que je sus, il était parti au loin d'une rêverie heureuse où il ne paraissait même plus se souvenir qu'il était inspecteur des écoles.

Peu après cette visite, je reçus celle de notre Principal qui me dit d'un ton un peu narquois:
— Il paraît que vos élèves cette année chantent à ravir. Je serais curieux d'entendre ces anges musiciens. Les feriez-vous chanter pour moi?

Notre Principal était un homme de petite taille, mais que grandissait passablement sa huppe de cheveux dorés, dressés haut, à la Thiers. Sa tenue, qui était celle de nos Frères enseignants à l'époque, en imposait aussi: une redingote noire, un plastron bien blanc.

Je fis avancer mes élèves en un groupe compact, Nil, l'un des plus petits, presque caché au milieu. Je lui fis un signe bref. Il donna le ton juste assez haut pour être entendu de ses voisins. Un fil qui aurait vibré harmonieusement quelque part! Et le chœur s'enleva avec un si bel entrain, dans un tel unisson que je me disais le Principal aussi n'y verra que du feu.

En tout cas, l'air narquois s'effaça vite de son visage. Au lieu de quoi, je vis apparaître chez lui aussi, à ma grande surprise, une expression de rêve heureux comme s'il avait perdu de vue qu'il était un directeur toujours occupé à diriger son école.

Les mains au dos, il balançait un peu la tête au rythme du chant et continua un moment encore, après qu'il fut terminé, à l'écouter de mémoire.

Mais lui avait repéré la voix captivante. Il fit sortir Nil du rang, le considéra longuement d'un regard attentif, lui tapota la joue.

Il me dit comme je le reconduisais à la porte:

45 — Voilà donc qu'avec vos trente-huit moineaux, vous avez hérité cette année d'une alouette des champs. Connaissez-vous cet oiseau? Qu'il chante, et il n'y a pas de cœur qui ne se sente allégé!

J'étais encore trop jeune moi-même, je suppose, pour comprendre ce qu'est un coeur allégé. Pourtant, bientôt, j'en eus quelque idée.

50 Cette journée-là avait fort mal commencé, sous une battante pluie d'automne, les enfants arrivant enrhumés, mouillés, grognons, avec d'énormes pieds boueux qui eurent vite transformé en une sorte d'écurie ma salle de classe que j'aimais brillante de propreté. Si j'allais ramasser une galette à peu près intacte de terre noire, deux ou trois enfants le faisaient exprès pour en écraser et disperser d'autres, du bout du pied,

55 dans les allées, tout en me guettant d'un air sournois. Je ne reconnaissais plus mes élèves dans ces petits rebelles pour un rien prêts à se dresser contre moi, pas plus qu'eux peut-être ne reconnaissaient en moi leur maîtresse bien-aimée de la veille. Que se passait-il donc alors pour nous transformer presque en ennemis?

Certaines de nos compagnes parmi les plus expérimentées mettaient en cause les

60 moments qui précèdent l'orage, les nerfs délicats des enfants subissant mal la tension atmosphérique; ou encore les journées qui suivent un long congé. Les enfants ayant repris goût à la liberté, le retour à l'école leur fait tout l'effet d'une rentrée en geôle, ils n'obéissent plus en rien, d'autant plus agités, remuants et impossibles qu'ils sentent bien dans le fond, les pauvres petits, que leur révolte contre le monde adulte n'a

65 aucune chance d'aboutir jamais.

Je faisais à mon tour l'expérience d'une de ces journées détestables, la maîtresse ne semblant être à l'école que pour sévir, les enfants pour plier, et toute la tristesse du monde s'installe alors dans ce lieu qui peut être si gai à d'autres heures.

Le mauvais temps persistant, au lieu d'aller passer au grand air cet excès de ner-

70 vosité, nous avons dû prendre la récréation dans le gymnase du sous-sol, les pieds résonnant dur sur le terrazzo. Les enfants se querellèrent pour des riens. J'eus à soigner des lèvres fendues, des nez qui saignaient.

Puis, tout juste revenus des lavabos, les enfants quittaient leur pupitre à tour de rôle pour venir me demander la permission d'y redescendre. Impossible de continuer

75 ma leçon dans ce va-et-vient! Un enfant partait, un autre revenait, la porte s'ouvrait, un courant d'air soulevait les cahiers, on les repêchait couverts de boue, la porte claquait, un autre enfant partait. Tout d'un coup, n'en pouvant plus, je dis «non, c'est assez, il y a tout de même des limites». Or, sans que j'eusse réfléchi, comme par un fait exprès, mon «non» tomba sur le petit Charlie, doux enfant sans malice que sa mère

80 purgeait deux ou trois fois par année au soufre apprêté à la mélasse. Retourné à sa place, Charlie ne put longtemps se retenir. L'odeur le dénonça à ses voisins, petits monstres qui firent mine d'être scandalisés et me crièrent de leur place comme si ce n'était pas assez évident: «Charlie a fait dans sa culotte.» Je dus écrire en hâte une lettre pour sa mère que je savais vindicative, pendant que Charlie, à mon pupitre, atten-

85 dait, les jambes écartées, pleurnichant de honte.

Je n'eus pas longtemps à attendre les suites, Charlie parti depuis une demi-heure, le Principal montra la tête dans le haut vitré de la porte, me faisant signe qu'il avait à

me parler. C'était déjà mauvais quand il nous demandait dans le corridor. La mère de Charlie, m'apprit-il, venait de téléphoner. Elle était si furieuse qu'il avait eu de la peine
90 à la dissuader de me poursuivre en justice. A beau rire qui veut, cela se voyait des parents prêts à traduire en justice une maîtresse pour moins encore, et pour ma part j'étais accusée d'avoir contraint la mère de Charlie à relaver le linge de celui-ci, tout remis au propre la veille justement.

Je tentai de présenter les faits à ma manière, mais le Principal me fit sévèrement
95 observer que mieux valait laisser aller toute une classe pour rien aux lavabos qu'en priver un enfant qui en avait besoin.

Était-ce parce que j'avais honte de moi-même, j'essayai de faire honte aux enfants pour s'être montrés depuis le matin sous leur plus mauvais jour. Ils n'en parurent pas du tout contrits; bien au contraire, ils eurent l'air contents d'eux-mêmes, la plupart.
100 J'allai m'asseoir, totalement découragée. Et l'avenir s'en vint se jeter sur moi pour me peindre mes années à venir toutes pareilles à aujourd'hui. Je me voyais dans vingt ans, dans trente ans, à la même place toujours, usée par la tâche, l'image même de mes compagnes les plus «vieilles» que je trouvais tellement à plaindre, si bien qu'à travers elles je me trouvai aussi à plaindre. Il va sans dire, les enfants profitaient de mon
105 abattement pour courir les uns après les autres dans les allées et augmenter encore le charivari. Mes yeux tombèrent sur le petit Nil. Presque tous les enfants déchaînés, lui, à sa place, essayait de se concentrer sur son dessin. Hors chanter, ce qui l'intéressait le plus, c'était de dessiner la même cabane toujours, entourée de curieux animaux, les poules aussi hautes que les vaches.
110 Je l'appelai, je pense, comme au secours.
— Nil, viens donc!

Il arriva à la course. C'était un drôle de petit bonhomme et toujours drôlement accoutré. Aujourd'hui, des bretelles d'homme à peine raccourcies soutenaient un pantalon trop large dont la fourche lui arrivait aux genoux. Ses bottes devaient être également
115 ment trop grandes, car je les avais entendues claquer comme il accourait. Avec sa touffe de cheveux filasse, sa tête carrée, plate au sommet, il avait tout l'air d'un bon petit koulak décidé à s'instruire. En fait, lorsqu'il ne chantait pas, il était le dernier de la classe que l'on aurait pu prendre pour une alouette.

Il se pencha sur moi avec affection.
120 — Qu'est-ce que tu veux?
— Te parler. Dis-moi, qui t'a enseigné à si bien chanter?
— Ma mère.

Je l'avais aperçue une fois à la distribution des bulletins: un doux sourire gêné, de hautes pommettes comme celles de Nil, un beau regard profond sous le fichu de tête
125 très blanc, une ombre timide partie comme elle était venue, en silence, car savait-elle seulement plus que quelques mots hors sa langue ukrainienne?
— Elle t'enseigne donc en ukrainien?
— Bien oui!
— Tu en connais beaucoup de chants ukrainiens?
130 — Des centaines!
— Tant que ça?
— Bien, en tout cas, pour sûr, dix... douze...

— Tu nous en chanterais un?

— Lequel?

135   — Celui que tu voudras.

Alors il se campa comme pour résister à du vent, les pieds écartés, la tête projetée en arrière, le regard déjà vif, se transformant sous mes yeux infiniment plus que j'avais pu le voir jusqu'à cette fois-ci—la première où il chanta à l'école dans la langue de sa mère—petit rustique devenu un possédé de musique. Le corps se balançait à un
140   rythme enlevant, les épaules se soulevaient, les yeux lançaient des flammes et un sourire écartait de temps en temps les lèvres un peu charnues, cependant que de sa main levée il paraissait nous indiquer au loin dans un geste gracieux quelque joli spectacle, et l'on ne pouvait que suivre le geste et tenter de voir aussi ce qui le mettait en joie. Je ne savais ce qui était le mieux: l'écouter les yeux fermés pour goûter sans être dis-
145   traite cette délicieuse voix; ou le regarder faire, si vivant, si enjoué, qu'il semblait près de s'élever du sol.

Quand prit fin l'aimable chant, nous étions dans un autre monde. Les enfants d'eux-mêmes avaient peu à peu regagné leur place. La classe était dans une paix rare. Moi-même je ne désespérais plus de mon avenir. Le chant de Nil avait retourné mon
150   cœur comme un gant. J'étais à présent confiante en la vie. Je demandai à Nil:

— Sais-tu au moins de quoi il est question dans ton chant?

— Bien sûr.

— Tu saurais nous l'expliquer?

Il se lança dans son histoire:

155   — Il y a un arbre. C'est un cerisier en fleur. Au pays d'où vient ma mère c'en est tout plein. Ce cerisier, il est au milieu d'un champ. Autour, dansent des jeunes filles. Elles attendent leurs amoureux qui vont venir.

— Quelle jolie histoire!

— Oui, mais elle va être triste, fit Nil, car il y a un des amoureux qui a été tué à la
160   guerre.

— C'est dommage.

— Non, dit Nil, car ça va donner une chance à celui qui aime en secret et qui est le bon.

— Ah, tant mieux! Mais où donc ta mère a-t-elle appris ces chants?

165   — Dans le pays, avant d'émigrer, quand elle était une petite fille. Maintenant, elle dit que c'est tout ce qui nous reste de l'Ukraine.

— Et elle se hâte de les faire passer dans ta petite tête pour les garder à ton tour?

Il me considéra gravement, pour être bien sûr de comprendre ce que je disais, puis me sourit affectueusement.

170   — J'en perdrai pas un seul, dit-il, et demanda: Veux-tu que je t'en chante un autre?

Maman, voici près de trois mois, s'était fracturé une hanche. Elle avait été longtemps immobilisée dans un corset de plâtre. Le docteur le lui avait enfin enlevé et affirmait que maman marcherait si elle persévérait dans l'effort. Elle s'y livrait tous les jours, mais ne parvenait pas à faire avancer sa jambe malade. Depuis une semaine ou
175   deux, je la voyais perdre espoir. Je la surprenais, dans son fauteuil près de la fenêtre, à regarder le dehors avec une expression de déchirant regret. Je la morigénais pour ne

pas lui laisser croire que j'avais peur pour elle. Si vive, si active, si indépendante de caractère, que serait sa vie si elle devait rester infirme? L'effroi que j'avais éprouvé un jour de devoir rester toute ma vie enchaînée à ma tâche d'institutrice me permettait d'entrevoir ce que pouvait être son sentiment à la perspective de ne plus quitter sa place de prisonnière, à la fenêtre.

180

Un jour j'eus l'idée de lui emmener Nil pour la distraire, car elle trouvait le temps «long à périr».

— Viendrais-tu, Nil, chanter pour ma mère à moi qui a perdu toutes ses chansons?

185

Il avait une façon d'acquiescer, sans dire mot, en plaçant sa petite main dans la mienne comme pour signifier: «Tu sais bien que j'irais avec toi jusqu'au bout du monde... » qui m'allait droit au cœur.

En cours de route, je lui expliquai que maman était bien plus vieille que sa mère et que c'était difficile à l'âge qu'elle avait de retrouver la confiance perdue, et encore

190

aujourd'hui je me demande ce qui avait pu me pousser à donner de telles explications à un enfant de six ans et demi. Pourtant, il les écoutait dans le plus grand sérieux, en cherchant de toutes ses forces ce que je pouvais bien attendre de lui.

Quand maman, qui avait sommeillé, ouvrit les yeux et aperçut auprès d'elle ce petit bonhomme à bretelles, elle dut penser qu'il était un de mes petits pauvres comme

195

je lui en avais tant de fois emmené pour qu'elle leur fît un manteau ou leur en arrangeât un à leur taille, car elle me dit avec un peu d'amertume, triste surtout, je pense, de n'être plus en état de rendre service:

— Voyons, tu sais bien que je ne peux me remettre à coudre, à moins que ce ne soit de légères retouches à la main.

200

— Il ne s'agit pas de cela. C'est une surprise. Écoute!

Je fis signe à Nil. Il se campa devant maman comme pour prendre pied dans du vent et se lança dans la gaie chanson du cerisier. Son corps se balançait, ses yeux pétillaient, un sourire vint sur ses lèvres, sa petite main se leva et parut désigner au loin de cette chambre de malade une route? une plaine? ou quelque pays ouvert qui

205

donnait envie de le connaître.

Quand il eut fini, il considéra maman qui ne disait mot et lui dérobait son regard. Il proposa:

— T'en veux-tu encore une de mes chansons?

Maman, comme de loin, acquiesça de la tête, sans montrer son visage qu'elle con-

210

tinuait à cacher derrière sa main.

Nil chanta une autre chanson, et, cette fois, maman redressa la tête, elle regarda l'enfant souriant et, avec son aide, partit elle aussi, prit son envol, survola la vie par le rêve.

Ce soir-là elle me demanda de lui apporter une solide chaise de cuisine à haut dos-

215

sier et de l'aider à se mettre debout devant cette chaise qui lui servirait d'appui.

Je lui fis remarquer que la chaise en glissant pourrait l'entraîner à tomber. Elle me fit donc déposer sur le siège un gros dictionnaire très lourd pour rendre la chaise plus stable.

C'est avec cette curieuse «marchette» de son invention que maman dès lors reprit

220

ses exercices. Des semaines encore passèrent. Je ne voyais toujours pas de changement. Je me décourageais tout à fait. Maman aussi sans doute, car elle ne semblait plus faire d'efforts… Ce que je ne savais pas, c'est qu'ayant saisi qu'elle était sur le point de réussir elle avait décidé de continuer ses exercices en cachette de moi afin de me faire une surprise. Pour une surprise, c'en fut une! Je me sentais ce soir-là dans le plus morne abattement lorsque, de sa chambre, je l'entendis s'écrier:

— Je marche! Je marche!

J'accourus. Maman, tout en poussant la chaise, avançait à petits pas mécaniques comme ceux d'une poupée au ressort bien remonté et elle n'arrêtait pas de jeter son cri de triomphe:

— Tu vois! Je marche!

Bien sûr, je ne dis pas que Nil fit un miracle. Mais est-ce qu'il ne souffla pas au bon moment sur la foi vacillante de ma mère?

Quoi qu'il en soit, cette expérience me donna le goût d'en tenter une autre.

L'année précédente, j'avais accompagné, un soir, une de mes compagnes avec un groupe de ses élèves qui interprétèrent une petite pièce de théâtre devant les vieillards d'un hospice de notre ville.

De toutes les prisons que l'être humain se forge pour lui-même ou qu'il a à subir, aucune, encore aujourd'hui, ne me paraît aussi intolérable que celle où l'enferme la vieillesse. Je m'étais juré de ne plus jamais remettre les pieds dans cet endroit qui m'avait si profondément bouleversée. Mais il faut croire qu'en un an j'avais dû accomplir quelque progrès en compassion, car voici que j'eus en tête le projet d'emmener Nil là-bas. Lui seul me semblait devoir être capable de réconforter les vieillards que j'avais vus emmurés à l'hospice.

J'en parlai au Principal qui réfléchit longuement et me dit que l'idée avait du bon… beaucoup de bon… mais qu'il me faudrait tout d'abord obtenir l'autorisation de la mère.

Je m'appliquai à rédiger une lettre pour la mère de Nil dans laquelle je lui disais en substance que les chants emportés par elle d'Ukraine et transmis à son fils semblaient exercer sur les gens d'ici une action bienfaisante, comme peut-être ils l'avaient fait sur ses gens à elle… aidant à vivre… En conséquence, me prêterait-elle Nil pour une soirée qui se terminerait un peu tard?

Je lus la lettre à Nil en lui demandant de bien se la graver dans la tête, car il aurait à la lire chez lui et à en faire la traduction exacte à sa mère. Il écouta très attentivement et, aussitôt que j'eus terminé, me demanda si je voulais l'entendre me la répéter mot pour mot, pour m'assurer qu'il l'avait bien toute dans la tête, et je lui dis que ce n'était pas nécessaire, que j'avais confiance dans sa mémoire.

Le lendemain, Nil m'apporta la réponse sur un bout de papier découpé dans un sac d'épicerie. Elle était conçue en style télégraphique:

«Prêtons Nil aux vieux.»

C'était signé en lettres qui ressemblaient à de la broderie:

Paraskovia Galaïda.

— Que ta mère a donc un beau nom! dis-je à Nil en m'efforçant de le lire correctement.

Et il me pouffa au nez à m'entendre le prononcer si mal.

L'hospice possédait sa propre petite salle de spectacle avec une estrade élevée de

120

deux marches qu'une herse de jeux de lumière éclairait en douce, l'isolant en quelque sorte de la salle.

Pris dans un faisceau de lumière dorée, Nil était ravissant à voir avec ses cheveux couleur paille et la blouse ukrainienne à col brodé que lui avait fait mettre sa mère.
270   Pour ma part je regrettais cependant un peu mon petit bonhomme à bretelles. Sur son visage à hautes pommettes éclatait déjà la joie de chanter. D'où je me tenais pour lui souffler au besoin que faire, je pouvais voir la salle aussi bien que la scène, et c'était là, on aurait pu penser, que se jouait le spectacle de la vie qui dit son dernier mot.

Au premier rang, un vieil homme agité de tremblements convulsifs était comme
275   un pommier que l'on aurait secoué et secoué alors que depuis longtemps il avait rendu tous ses fruits. On entendait quelque part siffler une respiration ainsi que du vent pris au piège d'un arbre creux. Un autre vieillard courait après son souffle dans une angoisse mortelle. Il y avait vers le milieu de la salle un demi-paralysé dont le regard vivant dans un visage inerte était d'une lucidité insoutenable. Une pauvre femme n'é-
280   tait plus qu'une énorme masse de chair gonflée. Et sans doute y avait-il des indemnes, si de n'être qu'irrémédiablement fripés, ridés, rétrécis, érodés par quelque procédé d'une inimaginable férocité, représentait ici la bonne fortune. Où donc la vieillesse est-elle le plus atroce? Quand on y est comme ces gens de l'hospice? Ou vue du lointain, depuis la tendre jeunesse qui voudrait mourir à ce spectacle?
285   Alors jaillit dans cette fin de jour, comme du brillant matin de la vie, la claire voix rayonnante de Nil. Il chanta le cerisier en fleur, la ronde des amoureuses dans la prairie, l'attente des cœurs jeunes. D'un geste charmant de naturel, souvent il levait la main et montrait une route à suivre... ou quelque horizon, qu'à voir briller ses yeux, on imaginait lumineux. À un moment ses lèvres s'ouvrirent en un si contagieux sou-
290   rire qu'il sauta la rampe et s'imprima, doux et frais comme il était, sur les vieux visages. Il chanta l'aventure de Petriouchka pris dans ses propres manigances. Il chanta un chant que je ne lui avais pas encore entendu rendre, un doux chant mélancolique où il était question du Dniepr qui coule et coule, emportant vers la mer rires et soupirs, regrets et espoirs, et à la fin tout devient même flot.
295   Je ne reconnaissais plus les vieillards. Au soir sombre de leur vie les atteignait encore cette clarté du matin. Le vieil homme agité parvint à suspendre pendant quelques secondes ses tremblements pour mieux écouter. L'oeil du paralytique se reposa d'errer, de chercher, d'appeler au secours, orienté de manière à voir Nil du mieux possible. Celui qui courait après son souffle sembla le retenir de ses deux mains
300   serrées sur sa poitrine en un geste de merveilleux répit. Ils avaient l'air heureux maintenant, tous suspendus aux lèvres de Nil. Et le spectacle tragique de la salle se terminait en une espèce de parodie, les vieillards s'agitant comme des enfants, les uns prêts à rire, les autres à pleurer, parce qu'ils retrouvaient si vivement en eux la trace de ce qui était perdu.
305   Alors je me dis que c'était trop cruel à la fin et que jamais plus je n'emmènerais Nil chanter pour rappeler l'espoir.

Comment, sans publicité aucune, la renommée de mon petit guérisseur des maux de la vie se répandit-elle, je serais en peine de le dire, pourtant bientôt on me le réclamait de toutes parts.

310   Un jour, par le haut vitré de la porte, le Principal me fit signe qu'il avait à me parler.

— Cette fois, me dit-il, un hôpital psychiatrique nous demande notre petite alouette d'Ukraine. C'est grave et exige réflexion.

Oui, c'était grave, cependant encore une fois et comme en dehors de ma volonté,
315   ma résolution était prise. Si Paraskovia Galaïda me donnait son consentement, j'irais avec Nil chez les «fous» comme on les appelait alors.

Elle me l'accorda sans peine. Je me demande si elle s'inquiétait seulement de savoir où nous allions, sans doute aussi confiante en moi que l'était Nil.

Chez les malades mentaux aussi il y avait une salle de spectacle avec une estrade,
320   mais sans herse ni feux de rampe pour séparer quelque peu ce côté-ci de celui-là. Tout baignait dans la même lumière égale et terne. Si le monde de la vieillesse, à l'hospice, avait pu me faire penser au dernier acte d'une pièce qui s'achève tragiquement, ici j'eus l'impression d'un épilogue mimé par des ombres au-delà d'une sorte de mort.

Les malades étaient assis en rangs dociles, apathiques la plupart, les yeux
325   mornes, se tournant les pouces ou se mâchouillant les lèvres.

Nil fit son entrée sur l'étroite plate-forme de la scène. Un courant de surprise se manifesta dans la salle. Déjà même quelques malades s'agitèrent à l'apparition merveilleuse que constituait ici un enfant. L'un deux, tout surexcité, le désignait du doigt dans une sorte d'effarement joyeux, comme pour se faire confirmer par d'autres ce
330   que ses yeux voyaient sans pouvoir y croire.

Nil se campa, les pieds écartés, une mèche sur le front et, cette fois, les mains aux hanches, car il allait commencer par *Kalinka* que sa mère venait de lui apprendre et dont il rendait le rythme endiablé avec une fougue adorable.

Dès les premières notes s'établit un silence tel celui d'une forêt qui se recueille
335   pour entendre un oiseau quelque part sur une branche éloignée.

Nil se balançait, il était possédé d'un entrain irrésistible, tantôt esquissait un geste doux, tantôt frappait ses mains avec emportement. Les malades en bloc suivaient ses mouvements. Ils étaient dans le ravissement. Et toujours ce silence comme d'adoration.

340   *Kalinka* terminé, Nil expliqua en quelques mots, ainsi que je le lui avais appris, le sens de la chanson suivante. Il fit tout cela avec le plus grand naturel sans plus s'en faire que s'il eût été à l'école parmi ses compagnons. Puis il bondit de nouveau dans la musique comme si jamais il ne se rassasierait de chanter.

À présent, les malades haletaient doucement comme une seule grande bête mal-
345   heureuse dans l'ombre qui aurait pressenti sa mise en liberté.

Nil passait d'un chant à l'autre, un triste, un gai. Il chantait sans voir les fous plus qu'il n'avait vu les vieux, la maladie, le chagrin, les tourments du corps et de l'âme. Il chantait le doux pays perdu de sa mère qu'elle lui avait donné à garder, sa prairie, ses arbres, un cavalier seul s'avançant au loin dans la plaine. Il termina par ce
350   geste de la main dont je ne pouvais me lasser, qui indiquait toujours comme une route heureuse au bout de ce monde, cependant que du talon il frappait le plancher.

Aussitôt, je crus que les malades allaient se jeter sur lui. Les plus proches cherchèrent à l'atteindre quand il descendit de la petite estrade. Ceux d'en arrière bousculaient les premiers rangs pour arriver aussi à le toucher. Une malade l'attrapa par le

355 bras, elle l'attira un moment sur sa poitrine. Une autre le lui arracha pour l'embrasser. Ils voulaient tous s'emparer de l'enfant merveilleux, le saisir vivant, à tout prix l'empêcher de partir.

Lui qui avait soulagé sans l'avoir reconnue tant de tristesse, il prit peur à la vue du terrible bonheur qu'il avait déchaîné. Ses yeux pleins de frayeur m'appelèrent au
360 secours. Un garde le dégagea doucement de l'étreinte d'une malade qui sanglotait:
— Enfant, petit rossignol, reste ici, reste avec nous.

Au milieu de la salle une autre pleurait et le réclamait:
— C'est mon petit garçon qu'on m'a volé, il y a longtemps. Rendez-le-moi. Rendez-moi ma vie.
365 Je le reçus tout tremblant dans mes bras.
— Allons, c'est fini! Tu les as rendus trop heureux, voilà tout, trop heureux!

Nous sommes descendus du taxi pour continuer jusque chez Nil. Il semblait avoir oublié la pénible scène de l'hôpital et ne fut bientôt plus qu'au souci de me guider, car, aussitôt que nous eûmes quitté le trottoir, je ne savais plus, pour ma part, où poser le
370 pied.

On était au début de mai. Il avait plu très fort pendant plusieurs jours et les champs à travers lesquels me conduisait Nil n'étaient que boue avec, de place en place, des touffes basses d'arbrisseaux épineux auxquels s'accrochaient mes vêtements. Je devinais plutôt que je ne voyais cet étrange paysage, car il n'y avait plus de lampes de
375 rue là où nous allions. Ni même à proprement parler de chemin. Tout juste une sorte de vague sentier où la boue tassée formait un fond un peu plus ferme qu'ailleurs. Il serpentait de cabane en cabane dont les fenêtres faiblement éclairées nous guidaient quelque peu. Nil toutefois ne semblait en avoir aucunement besoin, se dirigeant dans cette pénombre avec la sûreté d'un chat, sans même se mouiller, car il sautait avec
380 aisance d'une motte à peu près sèche à une autre. Puis nous étions sur les bords d'une étendue de boue molle qui dégorgeait de l'eau comme une éponge. Pour la traverser, des planches jetées çà et là formaient un trottoir en zigzag, parfois interrompu. L'écart entre elles était d'ailleurs toujours plus grand que celui d'une enjambée. Nil le franchissait d'un bond, puis se retournait et me tendait la main en m'encourageant à
385 prendre mon élan. Il était tout au bonheur de m'emmener chez lui, et il n'y avait sûrement pas de place chez cet enfant joyeux pour le sentiment que je puisse le trouver à plaindre de vivre dans cette zone de déshérités. Il est vrai que sous le haut ciel plein d'étoiles, avec ses cabanes le dos à la ville, tournées vers la prairie que l'on pressentait vaste et libre, ce bidonville exerçait un curieux attrait. Par bouffées nous arrivait tou-
390 tefois une odeur fétide qui en gâtait le souffle printanier. Je demandai à Nil d'où elle provenait, et d'abord, tant il y était habitué, je suppose, il ne comprit pas de quelle odeur je parlais. Après coup, il pointa l'index derrière nous vers une longue masse sombre qui barrait l'horizon.
— L'abattoir, dit-il, ça doit être l'abattoir qui pue.
395 Nous avions maintenant traversé la mare boueuse, et il était dit que j'irais ce soir de surprise en surprise, car l'odeur déplaisante subitement laissa place à celle toute simple et bonne de la terre trempée. Puis m'arriva un parfum de fleur. Nous approchions de chez Nil, et c'était la puissante odeur d'une jacinthe, dans son pot, dehors, près de la porte, qui luttait à force presque égale contre les derniers relents de l'abat-

400 toir. Quelques pas encore, et elle régnait. De même, d'un étang proche, monta un
chant de grenouilles triomphant.

Paraskovia Galaïda avait dû guetter notre venue. Elle sortit à la course d'une
cabane sans doute faite elle aussi de vieux bouts de planches et de rebuts; à la lueur
d'un croissant de lune qui filtra entre des nuages, elle me parut cependant d'une sin-
405 gulière blancheur, propre et douce comme si on venait de la passer au lait de chaux.
Elle était au milieu d'un enclos. Une barrière le fermait, qui n'était rien d'autre, autant
que je pus en juger, qu'un montant de lit en fer tournant sur des gonds fixés à un
poteau. On les entendit crier quand Paraskovia Galaïda ouvrit précipitamment la barrière pour nous accueillir dans le clos parfumé. L'éclairage singulier de cette nuit
410 révéla que tout ici était rigoureusement propre, jusqu'à la peu banale barrière, elle
aussi blanchie au lait de chaux.

Paraskovia me saisit les mains et allant à reculons m'entraîna vers la maison.
Devant, il y avait un fruste banc de bois. Elle m'y fit asseoir, entre Nil et elle-même.
Aussitôt, sortant de l'ombre, le chat de la maison sauta sur le dossier du banc où il
415 s'assit à l'étroit, pour faire partie de notre groupe, la tête entre nos épaules et ronron-
nant.

Je tentai, par l'intermédiaire de Nil, d'exprimer à Paraskovia Galaïda quelque
chose de la joie que les chants de son petit garçon avaient apporté à tant de gens déjà,
et elle, à travers lui, chercha à me dire ses remerciements pour je ne compris pas trop
420 quoi au juste. Bientôt nous avons renoncé à épancher nos sentiments à l'aide de mots,
écoutant plutôt la nuit.

Il me sembla alors saisir un signe de Paraskovia Galaïda à Nil. Les lèvres closes,
elle lui donna le ton un peu comme lui-même le donnait à l'école. Une délicate vibra-
tion musicale de la gorge fila un moment. Puis leurs voix partirent, l'une un peu hési-
425 tante tout d'abord, mais vite entraînée par la plus sûre. Alors elles montèrent et s'ac-
cordèrent en plein vol dans un chant étrangement beau qui était celui de la vie vécue
et de la vie du rêve.

Sous le ciel immense, il prenait le cœur, le tournait et retournait, comme l'aurait
fait une main, avant de le lâcher, pour un instant, avec ménagement, à l'air libre.

Premières impressions

Qu'est-ce qui vous frappe dans cette histoire? À quoi vous fait-elle penser? Comparez
vos impressions à celles de quelques autres étudiants; essayez de comprendre leur
réaction et expliquez-leur votre point de vue.

Approfondissement

Proposez un résumé pour chaque scène du texte identifiée ci-après.
Exemple

Lignes 1 à 17: *Découverte du talent de Nil*. La maîtresse découvre que Nil chante
à merveille, et qu'il donne ce talent aux autres enfants.

1. Lignes 18 à 23: *La visite du vieil inspecteur.*
2. Lignes 24 à 47: *La visite du Principal.*
3. Lignes 50 à 72: *L'effet de la pluie sur les enfants.*
4. Lignes 73 à 85: *Pauvre Charlie.*
5. Lignes 86 à 96: *Réprimande.*
6. Lignes 97 à 105: *La maîtresse se décourage.*
7. Lignes 106 à 150: *Nil transforme la journée.*
8. Lignes 151 à 170: *Nil explique ses chants.*
9. Lignes 171 à 181: *La mère de la maîtresse.*
10. Lignes 182 à 213: *Nil rend visite à la mère.*
11. Lignes 214 à 233: *La mère reprend courage.*
12. Lignes 234 à 264: *La maîtresse prépare la visite à l'hospice des vieux.*
13. Lignes 268 à 271: *Description de Nil.*
14. Lignes 274 à 284: *Description des vieux.*

Dans le cas des scènes suivantes, proposez un titre aussi bien qu'un résumé.
15. Lignes 285 à 306.
16. Lignes 307 à 318.
17. Lignes 319 à 325.
18. Lignes 326 à 357.
19. Lignes 358 à 366.
20. Lignes 367 à 401.
21. Lignes 402 à 411.
22. Lignes 412 à 429.

Discutez des résumés et titres proposés, et essayez de vous mettre d'accord. (Vous pouvez changer les titres proposés ci-dessus si vous le voulez.)

Questions de langue

Étudiez le contexte des expressions suivantes, puis choisissez le synonyme qui vous semble le plus juste:
1. *dès lors* (lignes 5 et 219)
   a) à ce moment-là;
   b) à partir de ce moment-là.
2. *firent mine de* (ligne 82)
   a) firent semblant de;
   b) commencèrent à.
3. *il avait eu de la peine à* (lignes 89 et 90)
   a) il lui a été difficile de;
   b) il a été triste de.
4. *il avait à me parler* (lignes 87 et 88)
   a) il avait besoin de me parler;
   b) il voulait me parler.

5. *prit fin* (ligne 147)
   a) a fini;
   b) a commencé.

6. *se hâte de* (ligne 167)
   a) déteste;
   b) se dépêche.

7. *elle était sur le point de réussir* (lignes 222 et 223)
   a) elle venait juste de réussir;
   b) elle allait bientôt réussir.

8. *Quoi qu'il en soit* (ligne 233)
   a) en tout cas;
   b) c'est pourquoi.

9. *il aurait à la lire* (lignes 252 et 253)
   a) il devrait la lire;
   b) il la lirait.

10. *cependant que* (ligne 351)
    a) pourtant;
    b) pendant que.

Questions de discussion

1. Comparez l'effet des chants de Nil sur les personnages suivants:
   a) le vieil inspecteur (lignes 18 à 23);
   b) le Principal (lignes 24 à 47);
   c) la narratrice (lignes 100 à 150);
   d) les autres enfants (lignes 100 à 150);
   e) la mère de la narratrice (lignes 201-215);
   f) les vieux (lignes 295 à 304);
   g) les malades mentaux (lignes 352 à 364).
   Est-ce que ces personnages réagissent tous de la même façon?
   Est-ce que les effets décrits dans le récit correspondent à ceux dont vous aviez discuté avant de lire le récit? (Consultez vos notes.)

2. La narratrice compare plusieurs situations à un emprisonnement, par exemple: le métier d'institutrice (lignes 100 à 104), l'infirmité de sa mère (lignes 177 à 181), la vie à l'hospice des vieux (lignes 237 à 239). Êtes-vous d'accord qu'il s'agit de «prisons»? Expliquez.

3. À la fin de la visite à l'hospice des vieux, la narratrice regrette d'y avoir amené Nil, en expliquant qu'il était cruel de redonner de l'espoir aux vieux. Qu'en pensez-vous?

4. Êtes-vous d'accord avec la conclusion de la narratrice, après la visite à l'hôpital psychiatrique, que Nil a rendu les malades «trop heureux»?

5. Dans la dernière scène, la narratrice remercie la mère de Nil, et celle-ci remercie la narratrice. La narratrice ne comprend pas pourquoi la mère la remercie. En avez-vous une idée?

6. Quels sont les problèmes particuliers des vieux dans notre société? dans votre ville? Avez-vous jamais visité un hospice des vieux? Quelle impression est-ce que cela vous a fait?

7. Quels exemples connaissez-vous d'efforts faits par des immigrants de votre région pour préserver leur héritage culturel? Est-ce difficile pour eux? Pourquoi?

Projets

A. *Oraux*

1. Imaginez la conversation entre Nil et sa mère lorsqu'il lui demande la permission d'aller à l'hospice des vieux.

2. Imaginez la conversation entre deux des vieux, avant ou après la visite de Nil.

3. Imaginez la conversation entre deux employés de l'hôpital psychiatrique avant ou après la visite de Nil.

4. Imaginez la conversation entre la narratrice et sa mère après la visite de Nil à l'hospice des vieux ou à l'hôpital psychiatrique.

5. Imaginez la conversation entre Nil et sa mère après sa visite à l'hospice des vieux ou à l'hôpital psychiatrique.

6. Imaginez la conversation entre la mère de Charlie et le Principal.

B. *Écrits*

1. Imaginez le compte rendu que l'inspecteur des écoles a fait après sa visite à l'école.

2. Vous êtes le directeur de l'hôpital psychiatrique ou de l'hospice des vieux. Écrivez un rapport sur la visite de Nil, pour les dossiers de l'institution.

3. Vous êtes journaliste et on vous charge de faire des comptes rendus littéraires. Préparez un compte rendu de deux pages de ce récit.

4. Imaginez les réactions de Nil à ce qui se passe et composez la lettre qu'il aurait pu écrire après tous ces événements. (Précisez à qui la lettre est adressée.)

Les escaliers d'Erika

~

Michel Tremblay

Anticipation

Michel Tremblay (né en 1942) est l'un des écrivains québécois les plus connus et appréciés. Il est surtout connu pour ses pièces de théâtre (*Les Belles-Soeurs*, *Albertine en cinq temps*, entre autres), qui lui ont valu plusieurs prix littéraires. Il a pourtant écrit des romans et des contes aussi, dont le recueil *Contes pour buveurs attardés* (1966).

Ces contes, dont *Les Escaliers d'Erika* fait partie, ont un caractère macabre et comprennent l'intervention de forces surnaturelles.

Croyez-vous aux forces surnaturelles, à la réalité de phénomènes occultes (fantômes, esprits, perception extra-sensorielle, télépathie, télékinésie, etc.)?

Les escaliers d'Erika

Lorsque je suis arrivé au château, Erik était absent. Louis, son domestique, me remit une note de sa part. Mon ami s'excusait de ne pouvoir être présent à l'heure de mon arrivée, une affaire importante le retenait à la ville jusqu'au dîner.

Je m'installai donc dans une des nombreuses chambres d'amis, la chambre bleue,
5 ma préférée, et demandai à Louis d'aller à la bibliothèque me chercher un livre. Mais il me répondit que la bibliothèque était fermée depuis deux mois et que le maître défendait absolument qu'on y entrât.

— Même moi? demandai-je, surpris.

— Même vous, monsieur. Personne ne doit plus jamais entrer dans la bibliothèque.
10 Ce sont les ordres du maître.

— Est-ce que monsieur Erik pénètre encore dans la bibliothèque, lui?

— Oh! non, monsieur. Monsieur Erik évite même le plus possible de passer devant la bibliothèque.

— Vous savez pour quelle raison la bibliothèque est fermée?
15 — Non, monsieur.

— C'est bien, Louis, merci. Ah! au fait, est-ce que la porte de la bibliothèque est fermée à clef?

— Non, monsieur. Monsieur sait bien que la porte de la bibliothèque ne se verrouille
pas.

Resté seul, je défis mes valises en me demandant ce qui avait poussé Erik à prendre une telle décision, surtout que la bibliothèque était la plus belle et la plus confortable pièce de la maison…

C'est alors que je pensai à Erika. Je faillis échapper une pile de linge sur le tapis.
Se pouvait-il qu'Erika fût de retour? Pourtant, Erik m'avait juré qu'elle ne reviendrait
jamais. Je résolus de questionner mon ami à ce sujet dès son retour au château.

Au dîner, Erik n'était toujours pas là. Vers neuf heures, un messager vint porter
une lettre au château, une lettre qui m'était adressée. Je reconnus tout de suite l'écriture d'Erik et je devinai que mon ami ne pouvait se rendre au château pour la nuit et
qu'il s'en excusait.

Au bas de la lettre Erik avait écrit: «Tu dois savoir, à l'heure actuelle, que la porte
de la bibliothèque est fermée à jamais. Je t'expliquerai tout, demain. Je t'en supplie, ne
t'avise pas de pénétrer dans cette pièce, tu le regretterais. J'ai confiance en toi et je
sais que tu ne tricheras pas. Si tu n'as pas déjà compris ce qui se passe, pense à notre
enfance, à une certaine période de notre enfance et tu comprendras.»

Toute la nuit, je pensai à cette affreuse période de notre enfance pendant laquelle
des choses bien étranges s'étaient produites…

Erika était la sœur jumelle d'Erik. C'était une enfant détestable, méchante, qui
nous haïssait, Erik et moi, et qui faisait tout en son pouvoir pour nous faire punir.
Erika n'aimait pas son frère parce que, disait-elle, il lui ressemblait trop. Elle ne pouvait souffrir qu'on fût aussi beau qu'elle et tout le monde était d'accord pour dire que
les jumeaux étaient également beaux, le garçon n'ayant rien à envier à sa sœur.

Moi, elle me haïssait parce que j'étais l'ami de son frère. Erik était très exigeant
pour ses amis; Erika, elle, était tyrannique pour les siens et elle était surprise de n'en
avoir pas beaucoup… Elle adorait faire souffrir les autres et ne manquait jamais une
occasion de nous pincer, de nous frapper et même, et c'était là son plus grand plaisir,
de nous précipiter au bas des escaliers. Elle se cachait au haut d'un escalier et s'arran-
geait pour pousser la première personne qui venait à monter ou à descendre. Rares
étaient les journées qui se passaient sans qu'un membre de la famille ou un domestique ne dégringolât un quelconque escalier de la maison.

Dans la bibliothèque du château se trouvait l'escalier le plus dangereux. Plus précisément, c'était une de ces échelles de bibliothèque qui se terminent par un petit balcon, échelles sur roues, très amusantes pour les enfants mais que les adultes maudis-
sent à cause de leur trop grande facilité de déplacement.

Un jour que grimpé sur le petit balcon je cherchais un livre sur le dernier rayon de
la bibliothèque, Erika s'introduisit dans la pièce et sans le faire exprès, jura-t-elle par
la suite, donna une violente poussée à l'échelle. Je traversai toute la bibliothèque en
hurlant du haut de mon balcon et faillis me tuer en m'écrasant sur la grande table de
chêne qui occupait le tiers de la pièce. Erika avait trouvé l'aventure excessivement

amusante mais, cette fois, Erik s'était fâché et avait juré de se venger...

Deux jours plus tard, on avait trouvé Erika étendue au pied de l'échelle de la bibliothèque, la tête fendue. Elle était morte durant la nuit suivante mais avant de mourir elle répétait sans cesse: «Erik, Erik, je te hais! Je reviendrai, Erik, et je me vengerai! Prends garde aux escaliers, prends garde aux escaliers... Un jour... je serai derrière toi et... Erik, Erik, je te hais et je te tuerai!»

Pendant quelque temps nous eûmes très peur, Erik et moi, de la vengeance d'Erika. Mais rien ne se produisit.

Les années passèrent. Notre enfance s'achevait dans le bonheur le plus parfait. Mes parents étaient morts et ceux d'Erik m'avaient recueilli. Nous grandissions ensemble, Erik et moi, et nous étions heureux. Quatre ans s'étaient écoulés depuis la mort d'Erika; nous avions quatorze ans.

Un jour, les chutes dans les escaliers du château recommencèrent. Tout le monde, sans comprendre ce qui se passait, faisait des chutes plus ou moins graves, sauf Erik et moi. Nous comprîmes tout de suite ce qui se passait. Erika était de retour! Un soir, pendant un bal, Louis était tombé dans le grand escalier du hall et nous avions entendu le rire d'une petite fille et ces quelques mots glissés à nos oreilles: «Ce sera bientôt ton tour, Erik!»

Les accidents avaient continué pendant des mois sans qu'Erik et moi ne fussions une seule fois victime d'Erika. Les gens du château commençaient même à se demander si nous n'étions pas les coupables...

Un soir, mon ami était entré seul dans la bibliothèque. Nous lisions au salon, les parents d'Erik et moi, quand nous entendîmes un vacarme épouvantable dans la bibliothèque. Je me levai d'un bond en criant: «Erika est là! Erik est en danger!» La mère de mon ami me gifla pendant que son époux courait à la bibliothèque. Mais il ne put ouvrir la porte, elle était coincée. «Erik a dû pousser un meuble derrière la porte, déclara le père de mon ami. Cette porte ne se ferme pas à clef. Il n'y a donc aucune raison pour que...» De nouveau, nous entendîmes un bruit dans la pièce. Il semblait y avoir une bataille et nous entendions la voix d'Erik et une autre, toute petite... «Je vous dis que c'est Erika! criai-je. Il faut sauver Erik! Elle va le tuer!» Nous ne pûmes pénétrer dans la pièce.

La bataille cessa très soudainement, après un bruit de chute. Il y eut un long silence. J'avais les yeux braqués sur la porte et je sentais mon cœur se serrer de plus en plus à mesure que le silence se prolongeait. Puis la porte s'ouvrit toute grande, quelque chose d'invisible passa entre la mère d'Erik et moi et nous entendîmes le rire d'une petite fille.

Nous trouvâmes Erik étendu au bas de l'escalier, dans la même pose qu'on avait trouvé sa sœur, quatre ans plus tôt. Heureusement, il n'était pas mort. Il s'était brisé une jambe et était resté infirme.

Erik ne m'avait jamais dit ce qui s'était passé dans la bibliothèque, ce soir-là. Il m'avait cependant juré que sa sœur ne reviendrait plus jamais parce qu'elle le croyait mort.

Quatre autres années s'étaient écoulées sans qu'une seule aventure malencontreuse ne se fût produite au château. J'avais quitté la maison de mon ami pour m'installer dans une petite propriété, héritage d'un oncle éloigné.

105 C'est quelques semaines seulement après la mort des parents d'Erik que j'avais reçu une lettre de mon ami me suppliant de revenir auprès de lui. «Nous sommes trop jeunes pour vivre en ermites, me disait-il dans sa lettre. Vends ta propriété et viens habiter avec moi.» J'ai vendu ma propriété et me suis rendu le plus vite possible au château d'Erik.

110 Je finis par m'assoupir vers une heure du matin. Je dormais depuis deux heures environ lorsque je fus éveillé par Louis. «Réveillez-vous, monsieur, réveillez-vous, il se passe des choses dans la bibliothèque!»

Je descendis au rez-de-chaussée et m'arrêtai devant la porte de la bibliothèque. J'entendais distinctement des voix.

115 — Ils faisaient plus de bruit tout à l'heure, me dit le vieux Louis. Ils semblaient se battre! Ils criaient, ils couraient... J'ai essayé d'ouvrir la porte mais elle est coincée comme cela s'est produit le jour de l'accident de monsieur Erik...

— Monsieur Erik est-il de retour? demandai-je au domestique pendant que les voix continuaient leur murmure désagréable.

— Je ne crois pas, monsieur, je n'ai rien entendu.

120 Je dis alors à Louis qu'il pouvait se retirer. Je collai mon oreille à la porte de la bibliothèque. Je ne pouvais saisir ce que disaient les voix mais elles semblaient furieuses toutes les deux. Soudain, j'entendis un bruit que je connaissais trop bien: on poussait l'échelle à balcon. Puis quelqu'un grimpa à l'échelle avec beaucoup de difficulté, semblait-il.

125 J'entendis courir dans la pièce et la porte s'ouvrit. «Tu peux entrer, Hans, dit une petite voix, je veux que tu voies ce qui va se passer.» Aussitôt entré dans la bibliothèque, je poussai un cri de stupeur. Erik était sur le balcon au haut de l'échelle, avec ses deux béquilles, et il semblait terriblement effrayé. Avant que j'aie eu le temps de faire un seul geste, l'échelle se mit à bouger. Je me précipitai vers elle mais il était trop

130 tard. L'échelle s'abattit sur le sol dans un fracas épouvantable, entraînant Erik dans sa chute.

Erika riait. Je l'entendais tout près mais je ne la voyais pas. Elle me riait dans les oreilles, si fort que j'en étais étourdi. Louis arriva en courant, se pencha sur le corps d'Erik et pleura.

135 Avant de partir, Erika a murmuré à mon oreille: «Nous nous reverrons dans quatre ans, Hans... »

Premières impressions

D'après votre première lecture, comment décririez-vous:
    a) Erik?
    b) Erika?
    c) Hans (le narrateur)?
    d) Louis?
Comparez vos perceptions à celles des autres. Y a-t-il des différences importantes?

Approfondissement

1. Quelles lignes du texte correspondent au «moment présent»? Lesquelles sont consacrées à un *flashback*?
2. Quel âge avaient le narrateur et Erik:
    a) au moment de la mort d'Erika? 10
    b) au moment de l'accident d'Erik? 14
    c) au «moment présent» du récit? 18
3. Quelles indications l'auteur donne-t-il sur le niveau socio-économique des personnages? riches
4. Dans quel pays l'action se passe-t-elle, à votre avis?
5. Pourquoi le narrateur se rend-il au château d'Erik? pour le visiter
6. Au début du conte, le narrateur ne sait pas pourquoi la bibliothèque est fermée. À quel moment le comprend-il? Pourquoi n'y avait-il pas pensé plus tôt, à votre avis?

Questions de langue

1. Toutes les situations ne demandent pas un style aussi soigné que le premier échange entre le narrateur et Louis (lignes 8 à 19). Inventez un dialogue pour les situations proposées, en utilisant le niveau de langue approprié.
    a) Un enfant veut entrer dans la chambre de sa sœur. Sa mère lui explique qu'il ne peut pas. L'enfant insiste; la mère reste ferme.
    b) Un touriste en visite dans une maison historique veut entrer dans une pièce fermée. Le guide lui explique que c'est défendu. Le touriste insiste.
2. Le style de la lettre d'Erik au narrateur, lui aussi, est assez soigné (lignes 30 à 34). Quelles expressions vous semblent particulièrement châtiées? Reformulez la lettre pour rendre le style moins soigné.
3. À la ligne 117, l'expression du narrateur est, encore une fois, très soignée. Reformulez la question de façon moins soignée.

Questions de discussion

1. À quel moment avez-vous commencé à sentir le suspense? Expliquez, et comparez votre réaction à celles des autres.
2. Pour bien des lecteurs, le narrateur et Erik sont les «bons» et Erika la «méchante».
    a) Était-ce votre réaction aussi? Justifiez votre réponse.
    b) Erik a pourtant tué Erika : pourquoi n'aurait-elle pas le droit de se venger?
3. Pourquoi, à votre avis, est-ce que la mère d'Erik a giflé le narrateur lorsqu'il a crié «Erika est là! Erik est en danger!» (ligne 82)?
4. Est-ce que l'intervalle de quatre ans a une signification particulière (comme le chiffre 7) en dehors de ce récit?

5. Comment expliquez-vous qu'Erik soit entré dans la bibliothèque alors qu'il avait défendu aux gens d'y entrer à cause du danger?

6. Pensez-vous que ce récit aurait le même ton si la scène ne se déroulait pas dans un château?

7. On dit que les jumeaux ont un rapport très spécial. Donnez quelques exemples pour appuyer cette thèse.

Projets

1. Imaginez ce qui se passerait quatre ans après la fin du récit. Racontez cette histoire, en essayant de créer un bon suspense. Ensuite, comparez vos récits.

2. Racontez l'histoire en prenant la perspective d'Erika.

La conscience québécoise

Le Québec, province francophone, se situe au sein d'une Amérique du Nord majoritairement anglophone. Descendants de colons français venus au Canada au cours des XVIIe et XVIIIe siècles, les Québécois forment aujourd'hui un peuple ayant sa propre culture.

Les quatre textes qui suivent traitent tous de la question «Être Québécois, qu'est-ce que cela veut dire?» sans toutefois offrir de réponse définitive car, comme toute culture, le peuple québécois se crée, s'invente une identité qui évolue constamment.

Le mouvement nationaliste au Québec

Comme vous le savez sans doute, un mouvement indépendantiste existe au Québec depuis les années 1960. Un groupe de partisans réclament en effet une indépendance politique et économique; leur rêve est de voir le Québec devenir un pays.

Vous savez également que le Québec n'est pas, jusqu'à présent, un pays indépendant, mais une province canadienne. Un référendum a pourtant eu lieu au Québec en 1980. Le texte de ce référendum, qui était extrêmement long, proposait essentiellement d'autoriser le gouvernement québécois à négocier avec le gouvernement fédéral, en vue d'obtenir un statut de souverain, en association avec le Canada. La majorité des Québécois ont voté contre le référendum, mais le mouvement nationaliste au Québec n'est pas mort pour autant; il existe encore des partisans ardents d'un Québec libre, mais ils ne sont pas en majorité.

Pour les non-Québécois, il est probablement bien plus facile d'imaginer les arguments *contre* l'indépendance que ceux en sa faveur. C'est pourquoi nous avons choisi de présenter deux textes écrits par des militants indépendantistes, afin de vous aider à voir les raisons pour lesquelles bon nombre de Québécois auraient cherché à réaliser un Québec indépendant.

Avant de lire ces textes, essayez d'imaginer les arguments probables *pour* et *contre* l'indépendance du Québec. (Prenez des notes de cette discussion afin de pouvoir vous y référer plus tard.)

Les Nègres blancs d'Amérique

~

Pierre Vallières

Anticipation

Pierre Vallières a été l'un des membres les plus militants du Front de Libération du Québec (F.L.Q.), organisation engagée au cours des années 60 et 70 à réaliser l'indépendance du Québec.

Vallières a été arrêté à New York en 1966, alors qu'il participait à une manifestation devant les Nations-Unies pour attirer l'attention sur la lutte pour la libération au Québec. Déporté au Québec, accusé d'avoir participé à un attentat à la bombe qui avait eu lieu en 1966, il a été condamné à l'emprisonnement à perpétuité. Libéré en 1970, il a été emprisonné de nouveau pendant la Crise d'octobre en 1970.

Vallières a écrit son livre *Les Nègres blancs d'Amérique: autobiographie précoce d'un «terroriste» québécois* alors qu'il était en prison (publié en 1968). Nous en présentons ici deux extraits. Dans la première partie (lignes 1 à 27), l'auteur explique ce qu'il entend par «nègres blancs d'Amérique». Dans la seconde, il décrit la situation socio-économique de sa famille, et les attitudes de ses parents face à la misère.

Les Nègres blancs d'Amérique

[...] Être un «nègre», ce n'est pas être un homme en Amérique, mais être l'esclave de quelqu'un. Pour le riche Blanc de l'Amérique yankee, le «nègre» est un sous-homme. Même les pauvres Blancs considèrent le «nègre» comme inférieur à eux. Ils disent : «travailler dur comme un nègre», «sentir mauvais comme un nègre», «être dangereux
5   comme un nègre», «être ignorant comme un nègre»... Très souvent, ils ne se doutent même pas qu'ils sont, eux aussi, des nègres, des esclaves, des «nègres blancs». Le racisme blanc leur cache la réalité, en leur donnant l'occasion de mépriser un inférieur, de l'écraser mentalement, ou de le prendre en pitié. Mais les pauvres blancs qui méprisent ainsi le Noir sont doublement nègres, car ils sont victimes d'une aliénation
10   de plus, le racisme, qui, loin de les libérer, les emprisonne dans un filet de haines ou les paralyse dans la peur d'avoir un jour à affronter le noir dans une guerre civile.

Au Québec, les Canadiens français ne connaissent pas ce racisme irrationnel qui a

136

causé tant de tort aux travailleurs blancs et aux travailleurs noirs des États-Unis. Ils n'ont aucun mérite à cela, puisqu'il n'y a pas, au Québec, de «problème noir». La lutte
15 de libération entreprise par les Noirs américains n'en suscite pas moins un intérêt croissant parmi la population canadienne-française, car les travailleurs du Québec ont conscience de leur condition de nègres, d'exploités, de citoyens de seconde classe. Ne sont-ils pas, depuis l'établissement de la Nouvelle-France, au XVIIe siècle, les valets des impérialistes, les «nègres blancs d'Amérique»? N'ont-ils pas, tout comme les Noirs
20 américains, été importés pour servir de main-d'œuvre à bon marché dans le Nouveau Monde? Ce qui les différencie : uniquement la couleur de la peau et le continent d'origine. Après trois siècles, leur condition est demeurée la même. Ils constituent toujours un réservoir de main-d'œuvre à bon marché que les détenteurs de capitaux ont toute liberté de faire travailler ou de réduire au chômage, au gré de leurs intérêts financiers,
25 qu'ils ont toute liberté de mal payer, de maltraiter et de fouler aux pieds, qu'ils ont toute liberté, selon la loi, de faire matraquer par la police et emprisonner par les juges «dans l'intérêt public», quand leurs profits semblent en danger. [...]

[...] C'était un drôle de mariage que celui du désenchantement de ma mère et du timide mais tenace espoir de mon père. J'ignore si ce mariage fut heureux. Mais je ne
30 me souviens pas d'avoir perçu chez mes parents cette joie de vivre que l'on peut constater chez ceux qui connaissent la sécurité, qui ont confiance en eux et qui croient sans difficulté en la vie.

J'ai toujours vu mes parents soucieux, incertains, angoissés... même quand il leur arrivait de rire. Les condamnés à mort sont, eux aussi, pris d'un fou rire, parfois. Cela
35 ne veut rien dire. Et surtout cela ne *change* rien.

Ce que furent leurs problèmes quotidiens, je le sais, car j'ai vécu tous leurs soucis. Mais que fut leur vie amoureuse? Cela, je ne peux que le soupçonner, le déduire de ce que j'ai pu connaître après plusieurs années de conflits douloureux.

Les premières années de leur mariage furent sans doute différentes de celles qui
40 suivirent, de celles que j'ai connues, alors qu'avec «trois garçons sur les bras» mes parents vivaient continuellement dans la peur du *lendemain*, c'est-à-dire du chômage possible, de la maladie possible, de la faim et de la misère possibles... Il n'était pas permis d'échapper à cette peur en se payant de temps à autre, un peu d'insouciance, un peu de laisser-faire, un brin de distraction. Non: il fallait *économiser*. Économiser
45 tout... même l'affection. Il fallait boucler le budget avant de songer à vivre.

Ma mère surtout vivait dans l'insécurité continuelle. Et son angoisse la fermait au monde extérieur. Mon père pouvait se libérer à l'usine, avec ses camarades de travail. Mes frères et moi pouvions nous libérer en jouant avec nos amis ou en allant à l'école. Nous échappions alors à l'enfer «familial». Mais ma mère, elle, ne sortait jamais. Elle
50 aurait pu se faire de vraies amies parmi ses voisines, mais elle s'y refusait. On aurait dit qu'elle ne vivait que pour calculer les revenus et les dépenses, cirer les planchers, laver les vitres des fenêtres, faire la cuisine et la lessive... comme s'il lui était défendu de sortir de sa maison. Rien ne la passionnait. Rien ne l'attirait... que son «devoir d'État» : c'est-à-dire, dans son esprit, l'obligation de veiller continuellement à ce
55 qu'aucun «accident» ne survienne. C'est pourquoi elle ne voulait pas que mon père

137

s'occupe de politique, que mes frères et moi nous nous éloignions des environs immédiats de la maison, etc.

Tout ce qui venait déranger ses habitudes l'angoissait terriblement. Elle ne prenait aucun risque, aucune chance. Elle avait autant peur de ce qui pouvait l'aider que
60 de ce qui pouvait lui nuire, de ce qui pouvait nous aider que de ce qui pouvait nous nuire. Elle voulait être sûre de tout, avoir des garanties nombreuses, ne rien perdre de ce qu'elle avait déjà. Toute perspective de changement l'empêchait de dormir. Elle redoutait toujours *le pire*. «Si l'on changeait pour *pire*?» C'était l'une de ses questions favorites. Elle s'agrippait au peu que nous possédions et refusait de desserrer ses
65 doigts, de relâcher sa «vigilance» tendue à craquer.

En quelques années, elle se transforma en «patron» de notre petite famille dont elle était le premier domestique. Elle devint l'esclave de sa peur et tenta d'asservir mon père, mes frères et moi à son besoin de *sécurité*.

La sécurité passa avant la liberté, l'économie avant l'amour, la résignation avant
70 l'espoir.

Donalda avait fait de «son devoir d'État» une tyrannie, d'où «le sentiment», autant que possible, devait être progressivement liquidé. Tout cela était inconscient chez ma mère, mais extrêmement difficile à supporter pour les autres. Nous étouffions.

75 C'est pourquoi j'ai l'impression que mes parents ne connurent jamais l'amour, mais firent semblant de s'aimer, comme des milliers de Québécois ont fait et font encore.

Ma mère, à n'en pas douter, souffrait beaucoup. Elle était déçue de sa condition, de sa pauvreté et peut-être aussi de son mariage, de son mari et de ses enfants. Elle
80 n'aimait, en tout cas, personne en dehors de son mari et de ses enfants. Mais je ne suis pas certain qu'elle nous aimait comme *nous* aurions voulu être aimés. Je peux même affirmer que son amour n'avait, extérieurement, que l'aspect du *devoir d'État* et ne comportait rien de ce qui rend parfois l'amour humain plus précieux que la vie elle-même.

85 Ma mère souffrait de son insécurité et ne voulait pas qu'une insécurité encore plus grande vienne aggraver sa souffrance… Mon père (qui lui aussi en souffrait chaque jour) aurait préféré s'engager à combattre cette insécurité, au lieu de la subir. Il savait que c'était un problème social, collectif, qui réclamait un engagement social et politique. Mais ma mère n'y voyait qu'un problème individuel ou, tout au plus, fami-
90 lial. Pour elle, les autres n'existaient pas. Elle ne les connaissait pas et ne voulait pas les connaître. Pour mon père, au contraire, les autres existaient : c'était ses camarades d'usine, les voisins avec qui il avait souvent de longues conversations (alors qu'à la maison il était homme très silencieux), ses frères et sœurs pour qui, dès l'âge de 14 ans, il avait quitté l'école et s'était mis à travailler, remplaçant son père paralysé. Mon
95 père lisait les journaux et tout ce qu'ils racontaient l'intéressait. Mais jamais ma mère ne lui aurait «permis» de faire de la politique ou de s'occuper d'affaires sociales.

Malraux[1] fait dire à Kyo dans *La condition humaine* que reconnaître la liberté

---

1. Écrivain français.

d'un autre, c'est lui donner raison contre sa propre souffrance. Mon père donna raison à ma mère contre son propre besoin de combattre l'oppression. Mais à quoi cela lui servit-il? Avec les années, sa vie, se confondant de plus en plus avec son travail d'esclave mal payé, devint une routine faite d'humiliations silencieusement subies, d'inutile soumission au bon plaisir de sa femme inquiète. Peut-on dire qu'il ait, de cette façon, reconnu, «par amour» la liberté de ma mère, en lui donnant raison contre lui-même? Peut-on reconnaître à quelqu'un la liberté de vous annihiler, de vous emprisonner dans une peur irrationnelle et, disons le mot, égoïste?

À mon avis, il n'y a pas d'amour là où il y a abdication. Et mon père a abdiqué. C'est vrai que depuis l'âge de 14 ans il s'usait au travail et que sa santé n'était pas très bonne. Très souvent, durant les fins de semaine, je pressais mon père d'obéir à ses rêves et de se dépêcher de faire quelque chose. Mais j'eus tôt fait de m'apercevoir que, le lendemain, mon père avait renoncé. Entre nous deux, il y avait toujours le «NON» de ma mère.

Comme j'aurais voulu que ma mère fût une femme capable d'un certain courage et d'un espoir au moins semblable à celui de mon père. Je suis certain qu'alors mon père aurait mieux vécu et donné un sens à sa vie, parce qu'il aurait combattu ce qui l'écrasait au lieu de le subir sans dire un mot.

Je ne sais comment se comportait mon père à l'usine. D'après les conversations que j'eus avec lui, ses camarades de travail et lui discutaient souvent de leurs problèmes communs et n'avaient pas oublié l'enseignement des communistes. Depuis la fin de la guerre, on n'en entendait plus parler, mais leurs idées demeuraient dans l'air. Tout le monde dans l'usine était d'accord avec ces idées et cherchait désespérément un parti pour les réaliser immédiatement. On discutait des réformes opérées par le C.C.F.[2] en Saskatchewan, mais le C.C.F. ignorait que des milliers de travailleurs québécois auraient aimé entendre ses leaders leur dire en français que leur parti était prêt à leur donner un coup de main, à eux aussi. Les gars étaient seuls. Ils votaient obligatoirement pour Duplessis[3], comme ils allaient à la messe, le dimanche… en attendant qu'on leur offre un choix véritable. Il n'y avait pas d'alternative.

Probablement que mon père était très passionné à l'usine. Il était très aimé de ses camarades, en tout cas. Mais à la maison, c'était un vaincu.

Il n'était pas seul dans cette situation. Plusieurs des amis de mon père avaient été vaincus par leur femme. Mais, contrairement à mon père, ils réagissaient violemment, «le soir de la paye», en s'enivrant, en battant leur femme et en chassant toute la famille de la maison. Le lendemain, cependant, ils allaient se confesser et redevenaient ces doux maris silencieux. Silencieux, à la maison, mais constamment *enragés* à l'usine où ils ne cessaient de dénoncer et de maudire leur situation.

Pourquoi mes parents s'étaient-ils donc épousés, si ce n'est pour échapper ensemble à leur condition? Ils s'étaient mariés à une époque où il était presque impossible aux familles ouvrières de subvenir à leurs besoins essentiels. La faim ne laissait pas de répit pour l'amour et le plaisir. Gagner de l'argent, le plus d'argent possible

---

2. Cooperative Commonwealth Federation: parti politique précurseur du Nouveau Parti Démocratique (parti social-démocrate).
3. Chef de l'Union nationale, parti au pouvoir de 1936 à 1960 au Québec.

(car il y en avait peu), prenait tout le temps de l'homme. Tandis que la femme, occupée à compter les sous, à s'occuper des vivres, à décrasser les enfants, à frotter les planchers, toujours SEULE (même quand son mari était couché, raide de fatigue, à côté d'elle), pouvait difficilement imaginer d'autre issue à sa misère qu'un long acharnement *individuel*, un acharnement incertain, pénible, cent fois compromis par la maladie ou le chômage. Un acharnement qui demeurait tout de même une volonté de vivre et de prospérer, mais qui ne comptait pas sur l'aide des autres. Un acharnement solitaire qui, très souvent, tournait en rond dans les tâches quotidiennes : lessive, cuisine, ménage... Qui très souvent aussi se pervertissait, dégénérait en avarice, en égoïsme, en étroitesse d'esprit et en durcissement du cœur.

La misère engendrée par le système poussa mes parents à se marier après de brèves fréquentations. Cette misère ne disparut pas par la vertu du Sacrement. Elle demeura inchangée, lourde, exigeante. Elle sépara mari et femme, les enferma en deux univers qui s'opposaient. Le système enferma mon père à l'usine et ma mère dans un logement étroit. À l'usine, mon père connaissait la fraternité dans le travail ; le travail avait beau être dur, *ils* étaient plusieurs à l'exécuter et unanimes à vouloir s'en libérer. À la maison, au contraire, ma mère était seule avec les enfants et toujours la même corvée se présentait à elle ; la tradition ne lui permettait pas de chercher à «fuir ses tâches» de mère-de-famille-chrétienne-soumise-à-la-volonté-du-bon-Dieu...

Premières impressions

Qu'est-ce que l'auteur entend par «nègres blancs d'Amérique»? (Résumez votre pensée en une phrase, puis essayez de vous mettre d'accord sur une formulation.)

Approfondissement

1. Quelle était la situation de la mère dans cette famille? Que faisait-elle? Qu'est-ce qui la préoccupait?
À votre avis, est-ce que «mère-de-famille-chrétienne-soumise-à-la-volonté-du-bon-Dieu » résume bien sa situation?
2. Comment expliquez-vous la phrase: «En quelques années, elle [la mère] se transforma en "patron" de notre petite famille dont elle était le premier domestique.»?
3. Quelle était l'attitude de la mère face à leur situation socio-économique? Pourquoi?
4. En quoi l'attitude du père était-elle différente au travail et à la maison? Comment est-ce que Vallières l'explique?
5. En quoi le père de Vallières se comportait-il différemment des autres pères de famille dont il parle?
6. Si le C.C.F. représentait les idées du père de Vallières et de ses collègues au travail, pourquoi ne se sont-ils pas joints à ce parti?
7. Quelles attitudes Vallières aurait-il aimé voir chez son père et sa mère?

Questions de langue

Après en avoir étudié le contexte, proposez une paraphrase des expressions en italique suivantes. Comparez ensuite vos réponses; il y a sûrement plus d'une formulation possible.

1. «Très souvent, *ils ne se doutent même pas qu*'ils sont, eux aussi, des nègres, des esclaves, des "nègres blancs".» (lignes 5 et 6)
2. «La lutte de libération entreprise par les Noirs américains *n'en suscite pas moins* un intérêt croissant parmi la population canadienne-française [...]» (lignes 14 à 16)
3. «C'était *un drôle de* mariage que celui du désenchantement de ma mère et du timide mais tenace espoir de mon père. *J'ignore* si ce mariage fut heureux.» (lignes 28 et 29)
4. «[...] même quand *il leur arrivait de rire*.» (lignes 33 et 34)
5. «[...] l'obligation de *veiller* continuellement *à ce qu'aucun "accident" ne survienne*.» (lignes 54 et 55)
6. «Ma mère, *à n'en pas douter*, souffrait beaucoup.» (ligne 78)
7. «[...] le travail *avait beau être dur* [...]» (lignes 153 et 154)

Questions de discussion

1. Quel semble avoir été le rôle de l'Église dans la famille Vallières? Pensez-vous que l'auteur serait d'accord avec le jugement de Marx: «La religion, c'est l'opium du peuple»? Expliquez.
2. En quoi l'enfance de Vallières aurait-elle pu le pousser à devenir révolutionnaire?

Oui à l'indépendance du Québec

~

Pierre Bourgault

Anticipation

Pierre Bourgault a toujours été engagé dans le mouvement nationaliste au Québec. Après avoir fait carrière en politique pendant 15 ans, il a repris son métier de journaliste.

Son livre, *Oui à l'indépendance du Québec*, dont vous allez lire un extrait, est paru en 1977. L'auteur y explique en détail les raisons pour lesquelles il travaille à l'indépendance du Québec. Parmi toutes les raisons qu'il donne, nous en avons choisi deux qui ont rapport à l'aspect central de la langue et de la culture «françaises» au Québec.

Oui à l'indépendance du Québec

Première partie. *Si je réponds «oui» à l'indépendance du Québec, c'est qu'elle permettra l'établissement, en Amérique du Nord, d'un pays où les francophones seront majoritaires.*

Malgré l'angélisme de tous ces bons missionnaires qui voudraient nous faire croire le contraire, les minorités, quelles qu'elles soient (ethniques, religieuses, sexuelles...) n'ont jamais hélas ! de véritables droits acquis. Elles n'ont que les droits que veulent bien leur consentir les majorités et se trouvent toujours à la merci de l'humeur changeante de celles-ci.

5   On peut certes le déplorer et tenter de réformer les mœurs des citoyens, mais en attendant, les minorités ont le droit et le devoir de tenter par tous les moyens de se placer en position plus confortable. Pour elles, la meilleure façon d'y arriver, c'est de se transformer, quand c'est possible, en majorités. Si les minorités idéologiques peuvent

10   espérer se transformer en majorités en convainquant les autres du bien-fondé de leurs

142

thèses, les minorités ethniques doivent, pour leur part, compter sur d'autres moyens.

Le Canada est un pays où les francophones sont en minorité. Le Québec est un pays où les francophones sont en majorité. Il ne reste plus qu'à choisir entre l'un et l'autre pays.

15 Au moment de la Conquête[1], les francophones étaient largement majoritaires. Ils le sont restés longtemps. Lors de l'union des deux Canadas[2], en 1841, ils l'étaient encore. C'est à partir de 1850 que les proportions s'inversèrent. Le mouvement n'a fait que s'accélérer depuis, d'abord par l'addition, à partir de 1867, des provinces anglaises, puis par les vagues successives d'immigrants ralliés en grande majorité à la

20 collectivé anglophone du Canada.

Aujourd'hui, les francophones du Canada ne forment plus que 27 p. cent de la population du pays. Mais ils forment 82 p. cent de la population du Québec. Or, à moins de vouloir passer vingt-quatre heures par jour au lit, ils n'ont absolument aucune chance de réussir à rétablir l'équilibre à l'intérieur des frontières canadiennes.

25 Certains n'ont pas encore compris la différence qu'il y a entre un Canadien français et un Québécois. C'est pourtant simple. Le Canadien français habite un pays qui s'appelle le Canada, où les francophones sont en minorité. Le Québécois habite un «pays» qui s'appelle le Québec, où les francophones sont en majorité.

On ne peut pas être à la fois Canadien, Canadien français et Québécois, comme

30 certains le voudraient. Ces trois termes recouvrent des réalités politiques fort différentes.

Ainsi, Pierre Elliott Trudeau est un Canadien francophone d'origine québécoise. Mais il n'est ni Canadien français ni Québécois. Pour être Canadien français, il faudrait qu'il accepte de faire partie d'une nation canadienne-française (minoritaire) au sein du

35 Canada. Que répondrait-on au citoyen qui se dirait Français tout en niant l'existence de la nation française ? Pour être Québécois, il faudrait qu'il accepte de faire partie d'une nation québécoise (à majorité francophone). Or il ne veut considérer le Québec que comme une province comme les autres. Que répondrait-on au citoyen qui se dirait Allemand tout en niant l'existence de la nation allemande?

40 Ainsi, Roch Lasalle, député de Joliette, est un Canadien français d'origine québécoise. Mais s'il est Canadien, il n'est pas Québécois et pour les mêmes raisons invoquées dans le cas de M. Trudeau. Pour lui, il existe deux nations canadiennes (l'une française, l'autre anglaise) qui se partagent le même pays : le Canada. Il fait partie de la nation minoritaire et il accepte ce fait. Par contre, s'il veut bien d'un statut particu-

45 lier pour le Québec, il n'accepte pas la notion de nation québécoise et partant il ne peut pas être Québécois.

Ainsi, John Smith (nom fictif) est un Québécois à part entière, anglophone et d'origine australienne. Il croit en l'existence d'une nation québécoise majoritairement francophone, il veut s'y intégrer et contribuer à son épanouissement. Son pays, c'est

50 le Québec, et non pas le Canada. Il n'est ni Canadien anglais ni Canadien.

D'où l'on voit qu'il ne suffit pas d'être né au Québec pour pouvoir se définir

---

1. Conquète de la Nouvelle-France par l'Angleterre (Québec est tombé en 1759, et la Nouvelle-France est passée sous contrôle anglais en 1763).

2. Le Haut-Canada (Ontario) et le Bas-Canada (Québec).

comme Québécois. D'où l'on voit également que la notion de «frère de sang» si chère à
Pierre Trudeau est une déformation qui se veut méprisante de la composition de la col-
lectivité québécoise. Ce n'est pas par leurs origines que se définissent les Québécois
55   mais par leurs objectifs et leurs aspirations collectives.

La *nation québécoise* est composée de citoyens de diverses origines dont la majorité est francophone. Ils ont comme pays le Québec.

La *nation canadienne* (pour ceux qui croient en son existence exclusive) est
composée de citoyens de diverses origines dont la majorité est anglophone. Ils ont
60   comme pays le Canada.

La *nation canadienne-française* (pour ceux qui adhèrent à cette notion) est composée de citoyens de diverses origines dont la majorité est francophone. Ils partagent
un pays, le Canada, avec une autre nation, majoritairement anglaise.

La *nation canadienne-anglaise* (pour ceux qui adhèrent à cette notion) est com-
65   posée de citoyens de diverses origines dont la majorité est anglophone. Ils partagent
un pays, le Canada, avec une autre nation, majoritairement francophone.

D'où l'on voit encore que M. Trudeau a tort d'affirmer que s'il y a deux nations au
Canada, il y a également deux nations au Québec.

Le Canada et le Québec sont deux réalités différentes. Opposons, pour les besoins
70   de la cause, *nation canadienne-anglaise* et *nation canadienne-française*. Territoire:
le Canada. La nation canadienne-anglaise est concentrée dans neuf provinces canadiennes et se prolonge dans une minorité anglophone au Québec. La nation canadienne-française est concentrée au Québec et se prolonge en minorités françaises dans
les autres provinces.

75   Maintenant, opposons *nation canadienne* et *nation québécoise*. Territoire : le
Canada et le Québec. La nation canadienne est tout entière à l'intérieur des limites du
Canada. Cependant, on peut trouver des citoyens d'origine québécoise dans nombre de
pays, dont le Canada.

La nation française est en France et ce n'est pas parce qu'on trouve des citoyens
80   français en Allemagne qu'on peut conclure qu'il existe une nation française en ce
pays.

Si donc je dis «oui» à l'indépendance du Québec, c'est que j'ai choisi d'appartenir
à la nation québécoise, qui comprend une majorité de francophones. Je préfère le statut de majoritaire à celui de minoritaire. Que d'autres préfèrent se trouver en situation
85   de minoritaires dans leur propre pays, c'est leur droit et je ne le leur dispute pas.

Que d'autres affirment encore que les Canadiens français sont la minorité la
mieux traitée du monde, c'est encore leur droit. Moi, ce que je sais, c'est que je ne
veux plus faire partie d'une minorité, bien ou mal traitée. Les majorités définissent
leurs propres droits. Les minorités doivent toujours aux autres la définition des leurs.

Deuxième partie. *Si je réponds «oui» à l'indépendance du Québec, c'est qu'elle nous
permettra de redécouvrir nos origines et de nous débarrasser de notre francophobie
maladive.*

90   On a longtemps réussi à faire croire aux Noirs américains qu'ils étaient les descendants de peuples barbares et de civilisations primitives. Comme les Blancs ne voulaient

144

pas passer pour racistes chez eux, ils s'en prenaient aux Africains pour mieux mépriser secrètement leurs descendants transplantés en terre d'Amérique.

Les Noirs américains, tenus volontairement dans l'ignorance, finirent par penser qu'il y avait du vrai là-dedans. En conséquence, ils se mirent à mépriser leurs pères africains tout en tentant désespérément de nier leurs origines. Ils ne se rendaient pas compte que, ce faisant, ils se niaient et se méprisaient eux-mêmes. Il aura fallu deux cents ans pour qu'ils renouent avec l'Afrique et s'aperçoivent que celle-ci avait connu de grandes civilisations dont ils n'avaient pas à rougir. Et à travers la revalorisation de leurs racines, ils se redécouvraient eux-mêmes, bien meilleurs qu'on ne le leur avait laissé croire. On connaît la suite. Ils ne sont plus Africains, bien sûr, mais c'est en grande partie parce qu'ils ne renient plus l'Afrique qu'ils peuvent désormais se consacrer sans gêne à leur épanouissement collectif.

On ne peut nier ses origines sans se renier soi-même.

Voilà la grande leçon qu'ils devraient nous avoir appris.

Ne sommes-nous pas nous-mêmes maladivement francophobes ? On nous a appris à haïr les «maudits Français» et nous les haïssons. Les conquérants anglais ont eu tôt fait de nous démontrer que nous n'avions plus rien à attendre de la France et que la liberté et la démocratie étaient des inventions britanniques. Nous l'avons cru sans réserve. Puis le clergé français chassé par la Révolution eut tôt fait de nous convaincre que la France était «païenne» et qu'il fallait se détacher de ses influences néfastes. Vinrent ensuite les impérialistes américains, qui eurent tôt fait de nous prouver que science, technologie, progrès et business étaient leur apanage exclusif et que la France était bonne tout au plus à fabriquer des parfums et des fromages.

Qu'est-ce que la France pour nous aujourd'hui? Un pays frivole, arriéré, complètement dépassé par tous les peuples du monde y compris le peuple québécois, pauvre et impuissant. Pensez donc, les Français ne sont même pas capables de faire du bon rock, ça prend-t-y des imbéciles ? Et cette langue qu'ils veulent nous imposer... comme si nous n'en avions pas inventé une autre, plus belle, plus directe, plus efficace !

Et alors même que nous sommes littéralement envahis par les Américains et par les Japonais, alors même que les Anglais du Canada nous dominent grâce à leurs institutions et à leur puissance financière, alors même que la Conquête nous a à peu près complètement coupés de la France depuis deux cents ans, notre francophobie va jusqu'à nous faire dénoncer l'«impérialisme culturel français».

C'est une belle réussite. Les voisins sont dans la place et nous volent, mais nous les ignorons pour mieux nous attacher à dénoncer ceux qui nous ont mis au monde et qu'on a chassés par la force des armes.

Notre francophobie vient aussi de notre complexe d'infériorité. Nous savons bien, au fond de nous-mêmes, qu'il n'y a pas grand-chose que les Français ne pourraient pas nous apprendre. Concorde, Mirage[1], Citroën, Jean-Paul Sartre[2], Dior, la Tour

---

1. Avion militaire français.
2. Philosophe et écrivain français.

d'Argent[3], le Louvre, Paris, la Côte d'Azur, le Château-Lafite[4], Lacan[5], Monod[6], la S.N.C.F.[7], les sous-marins nucléaires, les mathématiques modernes, Secam[8], l'aéro-train, Jean Rostand[9], etc., sont bien français pourtant.

135 Mais nous préférons ne retenir de la France que son service téléphonique pourri et sa musique populaire un peu désuète.

Les Américains sont tout, les Français ne sont rien. La France est pourtant la cinquième puissance du monde. Mais notre petit complexe d'infériorité nous pousse à croire que le Québec l'a dépassée depuis longtemps.

140 Or je ne cesserai jamais de dire que notre francophobie maladive nous fait beaucoup plus de mal à nous-mêmes qu'elle n'en fait aux Français. *En niant nos origines, nous nous renions nous-mêmes.*

Nous ne nous retrouverons nous-mêmes que lorsque nous accepterons la réalité dans toute sa vérité : *nous sommes des Français transplantés en terre d'Amérique.*

145 Et nous ne pouvons pas plus nier notre appartenance à l'Amérique que nous pouvons nier nos origines françaises. Notre «différence» vient de l'équilibre entre ces deux pôles.

Charlemagne et Jeanne d'Arc m'appartiennent autant qu'ils appartiennent à la France. Ils font partie de mon histoire et je ne vois aucune raison de m'en dissocier

150 pour mieux me rapprocher de Davy Crocket.

Je dis encore que nous avons toutes les raisons d'entretenir les meilleures relations possibles avec la France. Les Français, parce que nous en venons, nous ressemblent beaucoup plus qu'il ne nous plaît de l'imaginer. Et plus nous devenons Québécois, plus nous nous reconnaissons en eux. Nous sommes différents, certes, comme

155 l'est un enfant de ses parents, mais la ressemblance reste pour qui ne nous regarde pas avec les yeux du colonisé.

L'indépendance du Québec nous rendra pleine confiance en nous-mêmes. Elle nous permettra de devenir enfin un peuple adulte. Or c'est à l'âge adulte que ceux qui, pendant leur adolescence, méprisaient leurs parents, les retrouvent tels qu'en eux-

160 mêmes. C'est à l'âge adulte qu'on renoue les liens familiaux qui s'étaient brisés au moment de la prise en charge de la liberté.

L'adolescence est un phénomène normal (et la francophobie s'y rattache) mais, prolongée trop longtemps, elle devient maladie.

Nous entrerons bientôt dans l'âge adulte avec toutes les responsabilités que cela

165 implique.

La première de ces responsabilités consiste à reconnaître et à revaloriser nos origines. C'est en nous aimant nous-mêmes que nous aimerons davantage la France... et vice versa.

---

3. Restaurant réputé à Paris.
4. Cru renommé des vins rouges du Bordelais (Médoc).
5. Psychiatre et psychanalyste français.
6. Biochimiste français (Prix Nobel de médecine en 1965).
7. Société nationale des chemins de fer en France.
8. Brevet français d'un procédé qui perfectionne l'image télévisée.
9. Biologiste et écrivain français.

Premières impressions

Est-ce que Bourgault, dans l'extrait que vous venez de lire, semble avoir les même raisons que Vallières pour désirer un Québec indépendant? Expliquez.

Approfondissement

Partie I
1.   Pourquoi Bourgault ne veut-il pas faire partie d'une minorité? (Est-ce parce que les minorités sont toujours mal traitées, ou pour une autre raison?)
2.   Quelle différence voit-il entre une minorité ethnique et une minorité idéologique? Donnez quelques exemples.
3.   Formulez, en vos propres mots, une définition de «Canadien français» et de «Québécois» tels que Bourgault les comprend.
Cette distinction terminologique date de 1977. Pierre Vallières, dans le texte précédent (publié en 1968), faisait référence aux «Canadiens français». Selon les définitions de Bourgault, pensez-vous qu'il s'agissait de Canadiens français ou de Québécois?
4.   Bourgault distingue quatre «nations» (lignes 56 à 66). Laquelle préfère-t-il?

Partie II
1.   Quel parallèle Bourgault établit-il entre les Noirs d'Amérique et les Québécois? Est-ce le même que celui de Vallières?
2.   Qu'est-ce que les éléments de la liste de «produits de France» (lignes 131 à 134) ont de commun?
3.   Quels exemples Bourgault donne-t-il de ce qu'il appelle la «francophobie maladive» des Québécois? Quel en est le danger, selon lui?

Questions de langue

A.   Après en avoir étudié le contexte, proposez une paraphrase des expressions en italique suivantes. Ensuite, comparez vos réponses pour voir le nombre de formulations que vous avez trouvées.
   1.   «*Malgré* l'angélisme de tous ces bons missionnaires qui voudraient nous *faire croire* le contraire [...]» (lignes 1 et 2)
   2.   «Le mouvement *n'a fait que* s'accélérer depuis [...]» (lignes 17 et 18)
   3.   «*Or, à moins de* vouloir passer vingt-quatre heures par jour au lit [...]» (lignes 22 et 23)
   4.   «On ne peut pas être *à la fois* Canadien, Canadien français et Québécois [...]» (ligne 29)
   5.   «Ils *ont comme pays* le Québec.» (ligne 57)
   6.   «[...] ils *s'en prenaient aux* Africains pour mieux mépriser secrètement leurs descendants transplantés en terre d'Amérique.» (lignes 92 et 93)
   7.   «*En conséquence*, ils se mirent à mépriser [...]» (ligne 95)

B. Certaines expressions reviennent souvent dans ce texte. Quel vous semble être l'effet des répétitions dans les cas indiqués? (Pourquoi l'auteur a-t-il répété la même expression au lieu de choisir un synonyme?)

  1. *ont eu tôt fait de* (lignes 107 et 108); *eut tôt fait de* (ligne 110); *eurent tôt fait de* (ligne 112).

  2. *alors même que* (lignes 121, 122 et 123).

Projets

1. Écrivez un article ayant pour but de convaincre le lecteur qu'il faut voter *contre* l'indépendance du Québec.

2. Le texte de Vallières ne consiste pas en une série d'arguments en faveur de l'indépendance du Québec. C'est plutôt une analyse de la situation de sa famille, et une explication de son terme «les nègres blancs d'Amérique». Essayez d'adopter son point de vue, et écrivez un article qu'il aurait pu écrire, pour convaincre le lecteur de voter pour l'indépendance.

3. Le livre de Bourgault donne des arguments sur différents aspects de la question de l'indépendance du Québec. Voici les titres des autres sections de son livre. Choisissez un ou deux de ces titres, et résumez les arguments de l'auteur tels que vous les imaginez:

Si je réponds «oui» à l'indépendance du Québec, c'est:
  • qu'elle nous permettra enfin de nous attaquer à nos vrais problèmes.
  • qu'il vaut toujours mieux se gouverner soi-même que d'être gouverné par les autres.
  • que le Québec est le seul endroit au monde où je puisse me sentir chez moi.
  • qu'elle s'inscrit dans le sens de l'histoire.
  • qu'elle nous permettra de recouvrer notre normalité collective.
  • qu'elle nous permettra enfin de parler le français... et quelques autres langues.
  • qu'elle nous permettra d'abattre les frontières pour nous ouvrir au reste du monde.
  • qu'elle permettra enfin à tous les Québécois, de quelque origine qu'ils soient, de choisir leur pays.
  • qu'elle nous donnera le droit à l'échec.
  • qu'elle nous donnera le droit au succès.
  • que nous sommes prêts à l'assumer.
  • que nous avons amplement les moyens de l'assumer.
  • qu'elle nous permettra enfin de définir nos priorités.
  • qu'elle nous permettra de reprendre en main notre économie.
  • qu'elle nous permettra de rationaliser notre développement économique et social.
  • qu'elle nous permettra de réaliser une véritable association économique avec le Canada... et quelques autres pays.

- qu'elle nous permettra de nous débarrasser de notre psychose collective.
- qu'elle nous permettra de nous débarrasser de notre vanité.
- qu'elle nous permettra de nous débarrasser de notre xénophobie.
- qu'elle nous permettra de lutter plus efficacement contre l'unification forcée du monde.
- qu'elle nous permettra de freiner l'expansion du racisme.
- qu'elle nous permettra de mieux résister à l'influence américaine.
- qu'elle constitue la dernière chance du Canada anglais.
- qu'elle redonnera confiance aux minorités françaises du Canada.
- qu'elle nous forcera à repenser le sort que nous faisons aux autochtones du Québec.
- qu'elle nous forcera tous à nous dépasser nous-mêmes.
- qu'elle permettra aux jeunes Québécois d'inventer leur propre projet de société.

Mon pays

~

Gilles Vigneault

Anticipation

Gilles Vigneault est un des poètes et chansonniers les plus populaires au Québec. Il est né en 1928 à Natashquan, au Québec.

1.   À quoi pensez-vous quand vous réfléchissez aux expressions *mon pays*, *ma patrie*, *l'hiver*? Comparez vos associations à celles de quelques autres étudiants, en essayant de comprendre leur perspective.

2.   Quelles associations différentes imaginez-vous venant d'une personne de Québec? de Miami? de Banff? de Paris?

3.   Cherchez les différents sens donnés aux mots *pays*, *patrie* et *hiver*. (Regardez, si possible, dans un dictionnaire québécois et dans un ou plusieurs dictionnaires français.)

   a) Comparez les définitions entre elles, et discutez des différences.

   b) Quelles différences remarquez-vous entre les définitions et vos associations? Discutez.

Mon pays

Mon pays ce n'est pas un pays c'est l'hiver
Mon jardin ce n'est pas un jardin c'est la plaine
Mon chemin ce n'est pas un chemin c'est la neige
Mon pays ce n'est pas un pays c'est l'hiver

5   Dans la blanche cérémonie
Où la neige au vent se marie
Dans ce pays de poudrerie[1]
Mon père a fait bâtir maison
Et je m'en vais être fidèle
10 À sa manière à son modèle
La chambre d'amis sera telle
Qu'on viendra des autres saisons
Pour se bâtir à côté d'elle

Mon pays ce n'est pas un pays c'est l'hiver
15 Mon jardin ce n'est pas un jardin c'est la plaine
Mon chemin ce n'est pas un chemin c'est la neige
Mon pays ce n'est pas un pays c'est l'hiver

De mon grand pays solitaire
Je crie avant que de me taire
20 À tous les hommes de la terre
Ma maison c'est votre maison
Entre mes quatre murs de glace
J'ai mis mon temps et mon espace
À préparer le feu, la place
25 Pour les humains de l'horizon
Et les humains sont de ma race

Mon pays ce n'est pas un pays c'est l'hiver
Mon jardin ce n'est pas un jardin c'est la plaine
Mon chemin ce n'est pas un chemin c'est la neige
30 Mon pays ce n'est pas un pays c'est l'hiver

Mon pays ce n'est pas un pays c'est l'envers
D'un pays qui n'était ni pays ni patrie
Ma chanson ce n'est pas ma chanson c'est ma vie
C'est pour toi que je veux posséder mes hivers

---

1.   Tempête de neige où on ne voit ni ciel ni terre.

Premières impressions

Pensez-vous que, dans cette chanson, les mots *pays* et *hiver* ont le même sens que l'une des définitions que vous avez vues? Les associations que vous avez faites ou que vous avez imaginées pour un Québécois se retrouvent-elles dans cette chanson? (Indiquez ici seulement votre première impression.)

Approfondissement

1.   Faites un inventaire des mots du poème (noms, verbes, adjectifs, etc.), et discutez de ce que vous trouvez. Ensuite, faites une catégorisation thématique des mots du poème: lesquels vous semblent aller ensemble? Pourquoi?

2.   Préparez, à la maison, une liste de questions à propos des aspects du poème que vous trouvez intéressants, curieux, troublants ou difficiles à comprendre. Choisissez ensuite, par groupes de deux ou trois, celles que vous aimeriez travailler ensemble. Proposez un plan pour y répondre, puis essayez d'y répondre.

Question de discussion

Est-ce que ce poème reflète des idées nationalistes, à votre avis? Expliquez.

Projets

1.   Si vous en avez la possibilité, écoutez les deux enregistrements du poème, l'un chanté par le poète Gilles Vigneault et l'autre par Monique Leyrac. Quelles différences remarquez-vous dans les émotions évoquées par les deux?

2.   Remplacez le mot *pays* du premier vers par un autre mot de votre choix; en suivant le modèle du poème, composez votre propre poème.

Exemple: Ma vie, ce n'est pas ma vie, c'est un rêve...

Ma mère, ce n'est pas ma mère, c'est mon amie...

3.   Écrivez un texte (sous forme de poème si vous le voulez), à partir du thème «Mon pays». Ensuite, comparez et discutez des différents textes.

L'origine de la devise «Je me souviens» sur les armoiries du Québec

Anticipation

Une devise est une expression qui résume une idée de manière concise. Les provinces canadiennes et les États américains en ont une sur les plaques d'immatriculation des voitures: *Canada's Ocean Playground* (Nouvelle-Écosse), *The Show Me State* (Missouri) *The Golden State* (Californie), etc.

1. Quelle est la devise de votre province ou État?
    a) Connaissez vous son origine?
    b) Pensez-vous qu'elle reflète bien les caractéristiques essentielles de votre province ou État? Pourquoi? Y a-t-il une autre devise qui caractériserait mieux votre État ou province?
2. Quelle est la devise de certains autres États ou provinces que vous connaissez? Qu'en pensez-vous?
3. La devise de la province du Québec est «Je me souviens».
    a) D'après ce que vous savez du Québec, quel pourrait être le sens de cette devise?
    b) Autrefois, la devise était, sur les plaques d'immatriculation, «La belle province». Discutez de la différence de message que transmettent ces deux devises du Québec.

L'origine de la devise «Je me souviens» sur les armoiries du Québec

Plusieurs lecteurs s'interrogent sur l'origine et le sens historique de la devise «Je me souviens» qu'on retrouve au bas des armoiries du Québec. L'explication généralement acceptée est celle donnée par M. Hormidas Magnan dans son livre *Cinquantenaire de notre hymne national*, publié à Québec en 1929.

5   S'appuyant sur l'opinion de l'historien et archiviste Pierre-Georges Roy, M. Magnan attribue la paternité de cette devise à M. Eugène Taché, architecte et sous-ministre des Terres et Forêts du Québec, qui l'ajouta au bas des armes du Québec en 1883 lorsqu'il dressa les plans de construction du Palais législatif. La devise figure

10 alors pour la première fois, sculptée en saillie dans la pierre sous l'écu, au centre de l'entablement du portique de la façade principale. Bien qu'elle n'ait jamais reçu l'approbation royale, son adoption par arrêté ministériel a suffi à lui conférer un caractère officiel.

Quant aux mots «Je me souviens», ils rappellent aux Québécois que c'est grâce à leur fidélité à la langue et aux traditions françaises apportées par leurs ancêtres en
15 Nouvelle-France qu'ils ont pu préserver leur identité au sein d'une Amérique du Nord majoritairement anglophone.

Premières impressions

Résumez en une phrase le texte sur *L'origine de la devise «Je me souviens»*. Comparez ensuite les différentes formulations proposées et essayez de vous mettre d'accord sur une version.

Approfondissement

1. Qui a créé la devise du Québec?
   a) Pierre-Georges Roy;
   b) Hormidas Magnan;
   c) Eugène Taché.
2. La devise a-t-elle été adoptée par
   a) décision législative?
   b) décision ministérielle?
   c) décision royale?
3. Expliquez dans vos propres mots le sens de la devise du Québec.

Questions de langue

A. Un *lecteur* est un homme qui lit.
   1. Comment désigne-t-on une femme qui lit?
   2. Comment s'appelle un texte que l'on lit?
   3. Comment s'appelle un discours prononcé par un professeur?

B. Lesquelles des paraphrases suivantes expriment bien le sens de la phrase «Bien qu'elle n'ait jamais reçu l'approbation royale, son adoption par arrêté ministériel a suffi à lui conférer un caractère officiel»?
   a) Elle n'a jamais reçu l'approbation royale; cependant, son adoption par arrêté ministériel a suffi à lui conférer un caractère officiel.
   b) Elle n'a jamais reçu l'approbation royale, et son adoption par arrêté ministériel a suffi à lui conférer un caractère officiel.

c) Malgré le fait qu'elle n'a jamais reçu l'approbation royale, son adoption par arrêté ministériel a suffi à lui conférer un caractère officiel.

d) Quoiqu'elle n'ait jamais reçu l'approbation royale, son adoption par arrêté ministériel a suffi à lui conférer un caractère officiel.

e) En dépit du fait qu'elle n'a jamais reçu l'approbation royale, son adoption par arrêté ministériel a suffi à lui conférer un caractère officiel.

Comparez la structure des paraphrases que vous avez choisies comme synonymes de la phrase originale.

Questions de discussion

1. Que pensez-vous de la devise du Québec? Quelles en sont les implications? (Comparez-la, par exemple, à celle de quelques autres provinces canadiennes ou États Américains.)

2. D'après ce que vous savez du Québec, quelles autres devises pouvez-vous imaginer pour la province de Québec? Quels messages «essentiels» devraient être communiqués par ces devises possibles?

Projets

1. Faites quelques recherches pour découvrir l'origine:
   a) de votre hymne national.
   b) de la devise de votre province ou État.
   c) du drapeau de votre province ou État.
   d) du drapeau du Québec.

2. La fleur de lys est le symbole du Québec, le coq est celui de la France; la feuille d'érable représente le Canada et l'aigle chauve les États-Unis. (Saviez-vous que Benjamin Franklin avait proposé la dinde comme symbole des États-Unis?)
Recherchez l'origine de l'un de ces symboles, et discutez des connotations de ce symbole.

Un peu de tout

Jouets

~

Roland Barthes

Anticipation

Roland Barthes (1915-1980) est un essayiste et un critique français dont les idées continuent à exercer une grande influence sur la critique littéraire en France et en Amérique du Nord. Ses écrits ont amené les chercheurs à s'interroger sur divers aspects nouveaux de la littérature. En plus de l'analyse littéraire, Barthes a encouragé une réflexion sur le rôle social de divers éléments de la société: les vêtements, la nourriture, etc. Dans le texte suivant, extrait de *Mythologies*, Barthes discute du rôle social des jouets.

Essayez de vous souvenir des jouets que vous aviez pendant votre enfance et comparez vos souvenirs avec ceux d'un ou deux autres étudiants.

1. Quelle forme avaient-ils?
2. De quelles matières étaient-ils faits?
3. Qu'est-ce que vous faisiez avec ces jouets?
4. Lesquels de vos jouets préfériez-vous? Savez-vous pourquoi?
5. Vous souvenez-vous de certains jouets de vos sœurs, frères et amis d'enfance? Étaient-ils semblables aux vôtres ou bien différents?
6. Y avait-il des jouets que vous vouliez posséder, et qui vous étaient refusés? Lesquels? Pourquoi les vouliez-vous? Pourquoi ne pouviez-vous pas les avoir?

Jouets

Que l'adulte français voit l'Enfant comme un autre lui-même, il n'y en a pas de meilleur exemple que le jouet français. Les jouets courants sont essentiellement un microcosme adulte; ils sont tous reproductions amoindries d'objets humains, comme si aux yeux du public l'enfant n'était en somme qu'un homme plus petit, un *homunculus* à qui il faut fournir des objets à sa taille.

5

Les formes inventées sont très rares: quelques jeux de construction, fondés sur le génie de la bricole, proposent seuls des formes dynamiques. Pour le reste, le jouet français signifie toujours quelque chose, et ce quelque chose est toujours entièrement socialisé, constitué par les mythes ou les techniques de la vie moderne adulte : l'Armée, la Radio, les Postes, la Médecine (trousses miniatures de médecin, salles d'opération pour poupées), l'École, la Coiffure d'Art (casques à onduler), l'Aviation (parachutistes), les Transports (trains, Citroëns, vedettes[1], Vespas[2], stations-service), la Science (jouets martiens).

Que les jouets français préfigurent littéralement l'univers des fonctions adultes ne peut évidemment que préparer l'enfant à les accepter toutes, en lui constituant avant même qu'il réfléchisse l'alibi d'une nature qui a créé de tous temps des soldats, des postiers et des vespas. Le jouet livre ici le catalogue de tout ce dont l'adulte ne s'étonne pas : la guerre, la bureaucratie, la laideur, les Martiens, etc. Ce n'est pas tant, d'ailleurs, l'imitation qui est signe d'abdication, que sa littéralité : le jouet français est comme une tête réduite de Jivaro[3], où l'on retrouve à la taille d'une pomme les rides et les cheveux de l'adulte. Il existe par exemple des poupées qui urinent ; elles ont un œsophage, on leur donne le biberon, elles mouillent leurs langes ; bientôt, sans nul doute, le lait dans leur ventre se transformera en eau. On veut par là préparer la petite fille à la causalité ménagère, la «conditionner» à son futur rôle de mère. Seulement, devant cet univers d'objets fidèles et compliqués, l'enfant ne peut se constituer qu'en propriétaire, en usager, jamais en créateur ; il n'invente pas le monde, il l'utilise : on lui prépare des gestes sans aventure, sans étonnement et sans joie. On fait de lui un petit propriétaire pantouflard qui n'a même pas à inventer les ressorts de la causalité adulte ; on les lui fournit tout prêts ; il n'a qu'à se servir, on ne lui donne jamais rien à parcourir. Le moindre jeu de construction, pourvu qu'il ne soit pas trop raffiné, implique un apprentissage du monde bien différent ; l'enfant n'y crée nullement des objets significatifs, il lui importe peu qu'ils aient un nom adulte ; ce qu'il exerce, ce n'est pas un usage, c'est une démiurgie : il crée des formes qui marchent, qui roulent, il crée une vie, non une propriété : les objets s'y conduisent eux-mêmes, ils n'y sont plus une matière inerte et compliquée dans le creux de la main. Mais cela est plus rare : le jouet français est d'ordinaire un jouet d'imitation, il veut faire des enfants usagers, non des enfants créateurs.

L'embourgeoisement du jouet ne se reconnaît pas seulement à ses formes, toutes fonctionnelles, mais aussi à sa substance. Les jouets courants sont d'une matière ingrate, produits d'une chimie, non d'une nature. Beaucoup sont maintenant moulés dans des pâtes compliquées ; la matière plastique y a une apparence à la fois grossière et hygiénique, elle éteint le plaisir, la douceur, l'humanité du toucher. Un signe consternant, c'est la disparition progressive du bois, matière pourtant idéale par sa fermeté et sa tendreur, la chaleur naturelle de son contact ; le bois ôte, de toute forme qu'il soutient, la blessure des angles trop vifs, le froid chimique du métal ; lorsque l'enfant le manie et le cogne, il ne vibre ni ne grince, il a un son sourd et net à la fois ; c'est une substance familière et poétique, qui laisse l'enfant dans une continuité de contact avec l'arbre, la table, le plancher. Le bois ne blesse, ni ne se détraque ; il ne se casse pas, il s'use, peut durer longtemps, vivre avec l'enfant, modifier peu à peu les rapports de

---

1. Bateau à moteur très rapide utilisé par la police et pour le tourisme.
2. Petite motocyclette (Scooter).
3. Tribu de coupeurs de têtes en Amazonie.

50 l'objet et de la main ; s'il meurt, c'est en diminuant, non en se gonflant, comme ces jouets mécaniques qui disparaissent sous la hernie d'un ressort détraqué. Le bois fait des objets essentiels, des objets de toujours. Or il n'y a presque plus de ces jouets en bois, de ces bergeries vosgiennes, possibles, il est vrai, dans un temps d'artisanat. Le jouet est désormais chimique, de substance et de couleur ; son matériau même intro-
55 duit à une cénesthésie de l'usage, non du plaisir. Ces jouets meurent d'ailleurs très vite, et une fois morts, ils n'ont pour l'enfant aucune vie posthume.

Premières impressions

Quel est, à votre avis, l'objectif de l'auteur?
  a) Expliquer le conditionnement social des jouets.
  b) Expliquer et condamner le conditionnement social des jouets.
  c) Savoir si les jouets contribuent au conditionnement social.

Approfondissement

1. Résumez, en une phrase, l'idée centrale de chaque paragraphe de cet article. Comparez et discutez des différentes formulations et essayez de vous mettre d'accord sur une version.
2. Quelle progression voyez-vous dans les idées? (Par exemple, passe-t-on du général au spécifique?) Quel serait l'effet produit par un changement dans l'ordre des paragraphes?
3. Les deux premiers paragraphes sont courts, alors que les deux derniers sont très longs. Qu'est-ce qu'il y a de plus dans ces paragraphes? (Des exemples pour soutenir ses idées? des contre-exemples? une expansion, un élargissement de la question? une présentation d'un point de vue différent?)
Comparez la première et la dernière phrase de ces deux derniers paragraphes.

Questions de langue

Examinez la liste suivante des mots en «-ment» apparaissant dans le texte, puis répondez aux questions qui suivent.

  • essentiellement (ligne 2)   • seulement (ligne 24)
  • entièrement (ligne 8)   • étonnement (ligne 27) *ettone*
  • littéralement (ligne 14)   • nullement (ligne 31)
  • évidemment (ligne 15)   • embourgeoisement (ligne 38)

1. Séparez les noms des adverbes. *evident*
2. Indiquez, sous forme de tableau, les adjectifs masculin et féminin correspondant à chaque adverbe.

160

Exemple

Adverbe	Adjectif (masc.)	Adjectif (fém.)
essentiellement	essentiel	essentielle

Sont-ils tous formés de la même façon? Sinon, quelles sont les exceptions?

3.   Indiquez, sous forme de tableau, le verbe auquel est associé chacun des noms de la liste.

4.   À quel nom est associé chacun des verbes du tableau suivant?

Nom	Verbe
fondement	fonder
conditionnement	conditionner
raffinement	raffiner
maniement	manier
grincement	grincer

5.   À quel adverbe est associé chacun des adjectifs du tableau suivant? Notez qu'il n'est pas toujours possible de créer un adverbe à partir de l'adjectif (voir les deux premiers exemples).

Ligne	Adjectif *	Adverbe
1	autre	autrement
3	adulte	de façon (de manière) adulte
6	rares	rarement
7	dynamiques	dynamiquement
9	moderne	de façon moderne
10	miniatures	de façon miniature
25	fidèles	fidèlement
25	compliqués	de façon compliqué
30	raffiné	de façon raffiné
31	différent	de façon différent
32	significatifs	de façon significative
35	inerte	de façon inerte
39	fonctionnelles	fonctionnellement
41	grossière	grossièrement
42	hygiénique	
43	progressive	
43	idéale	
44	naturelle	
45	vifs	
46	sourd	
46	net	
47	familière	
47	poétique	
53	possibles	
56	aucune	

* Les adjectifs apparaissent ici comme dans le texte.

Questions de discussion

1.   Quelle orientation politique est exprimée dans cet article, à votre avis? (Indiquez des références au texte.)
2.   Que pensez-vous des idées de Barthes sur le matériau des jouets (bois, plastique, métal, etc.)?
3.   Êtes-vous d'accord que les jouets conditionnent les enfants à accepter certaines réalités sociales qui pourraient être questionnées (la guerre, le rôle des hommes et des femmes, etc.) ? Donnez des exemples pour appuyer votre réponse. Si vous êtes d'accord, croyez-vous que cet état de choses est mauvais, ou normal et nécessaire?
4.   Décrivez un jouet qui existe sur le marché (ou bien inventez-en un) faisant appel à la créativité de l'enfant.
5.   En groupes de deux ou trois (mixtes), comparez vos jouets d'enfance. Comment expliquez-vous leurs ressemblances ou différences?
Analysez quelques-uns de ces jouets. Quelle fonction semblent-ils avoir? (Éveillent-ils simplement le plaisir et la créativité, ou entraînent-ils un conditionnement social?)
6.   Avez-vous l'impression que les jouets actuels sont de nature très différente de ceux de votre enfance? Expliquez.
7.   Discutez de quelques jouets (ou jeux) pour adultes que vous connaissez. Ont-ils une fonction de conditionnement social, à votre avis? Expliquez.

Projets

1.   Plusieurs index bibliographiques offrent des résumés d'articles afin d'aider les utilisateurs à trouver ceux qui les intéressent le plus. Imaginez que vous travaillez pour un éditeur publiant des résumés en sociologie, et que vous devez résumer l'article de Barthes. Rédigez votre texte, puis comparez-le à celui de quelques autres étudiants (l'équipe de rédaction) et mettez-vous d'accord sur une version finale.
2.   Rédigez un article traitant d'un autre aspect de la question des jouets.
3.   Cherchez, dans des magazines anglais et français, des publicités traitant de jouets. L'analyse de Barthes s'applique-t-elle aux jouets que vous avez trouvés? Si oui, expliquez. Sinon, faites votre propre analyse.
4.   Demandez à vos parents ou à vos grands-parents de vous décrire leurs jouets d'enfance. Présentez ce que vous apprenez et discutez-en.
5.   Demandez à vos parents quels étaient leurs critères en choisissant des jouets pour vous et vos frères et sœurs. Présentez ce que vous apprenez et discutez-en.

La Mère Noël (conte de Noël)

~

Michel Tournier

Anticipation

Michel Tournier (né en 1924) est un écrivain français. Après avoir fait des études de lettres et de philosophie, il a travaillé pour la maison d'édition Plon pendant dix ans comme chef du service littéraire. Il a donc commencé à écrire un peu tardivement (son premier roman, *Vendredi ou les limbes du Pacifique*, a été publié en 1967). Son succès n'a pas tardé, cependant. Ce premier ouvrage lui a mérité le prix du roman de l'Académie française, et un roman subséquent (*Le Roi des aulnes*) a remporté le prix Goncourt en 1970.

Le récit que vous allez lire, *La Mère Noël*, fait partie de son recueil de contes, *Le coq de bruyère* (1978).

Qu'est-ce que le titre de ce conte évoque pour vous?

La Mère Noël (conte de Noël)

Le village de Pouldreuzic allait-il connaître une période de paix? Depuis des lustres, il était déchiré par l'opposition des cléricaux et des radicaux, de l'école libre des Frères et de la communale laïque, du curé et de l'instituteur. Les hostilités qui empruntaient les couleurs des saisons viraient à l'enluminure légendaire avec les fêtes de fin d'an-
5 née. La messe de minuit avait lieu pour des raisons pratiques le 24 décembre à six heures du soir. À la même heure, l'instituteur, déguisé en Père Noël, distribuait des jouets aux élèves de l'école laïque. Ainsi le Père Noël devenait-il par ses soins un héros païen, radical et anticlérical, et le curé lui opposait le Petit Jésus de sa crèche vivante—célèbre dans tout le canton—comme on jette une ondée d'eau bénite à la face
10 du Diable.

Oui, Pouldreuzic allait-il connaître une trêve? C'est que l'instituteur, ayant pris sa retraite, avait été remplacé par une institutrice étrangère au pays, et tout le monde l'observait pour savoir de quel bois elle était faite. Mme Oiselin, mère de deux enfants— dont un bébé de trois mois—était divorcée, ce qui paraissait un gage de fidélité laïque.
15 Mais le parti clérical triompha dès le premier dimanche, lorsqu'on vit la nouvelle maîtresse faire une entrée remarquée à l'église.

Les dés paraissaient jetés. Il n'y aurait plus d'arbre de Noël sacrilège à l'heure de la messe de «minuit», et le curé resterait seul maître du terrain. Aussi la surprise fut-elle grande quand Mme Oiselin annonça à ses écoliers que rien ne serait changé à la tra-

20 dition, et que le Père Noël distribuerait ses cadeaux à l'heure habituelle. Quel jeu jouait-elle? Et qui allait tenir le rôle du Père Noël? Le facteur et le garde champêtre, auxquels tout le monde songeait en raison de leurs opinions socialistes, affirmaient n'être au courant de rien. L'étonnement fut à son comble quand on apprit que Mme Oiselin prêtait son bébé au curé pour faire le Petit Jésus de sa crèche vivante.

25 Au début tout alla bien. Le petit Oiselin dormait à poings fermés quand les fidèles défilèrent devant la crèche, les yeux affûtés par la curiosité. Le bœuf et l'âne—un vrai bœuf, un vrai âne—paraissaient attendris devant le bébé laïque si miraculeusement métamorphosé en Sauveur.

Malheureusement il commença à s'agiter dès l'Évangile, et ses hurlements éclatè-
30 rent au moment où le curé montait en chaire. Jamais on n'avait entendu une voix de bébé aussi éclatante. En vain la fillette qui jouait la Vierge Marie le berça-t-elle contre sa maigre poitrine. Le marmot, rouge de colère, trépignant des bras et des jambes, fai-sait retentir les voûtes de l'église de ses cris furieux, et le curé ne pouvait placer un mot.

Finalement il appela l'un des enfants de chœur et lui glissa un ordre à l'oreille.
35 Sans quitter son surplis, le jeune garçon sortit, et on entendit le bruit de ses galoches décroître au-dehors.

Quelques minutes plus tard, la moitié cléricale du village, tout entière réunie dans la nef, eut une vision inouïe qui s'inscrivit à tout jamais dans la légende dorée du Pays bigouden[1]. On vit le Père Noël en personne faire irruption dans l'église. Il se dirigea à
40 grands pas vers la crèche. Puis il écarta sa grande barbe de coton blanc, il déboutonna sa houppelande rouge et tendit un sein généreux au Petit Jésus soudain apaisé.

"La Mère Noël", by Michel Tournier, from *Le coq de bruyère*, reproduced courtesy of Éditions Gallimard (Paris).

Premières impressions

Que répondriez-vous à la question «Le village de Pouldreuzic allait-il connaître une période de paix?»

Approfondissement

1. Quelles sortes de personnes appartiennent à chaque camp du village de Pouldreu-zic? (Qui sont les «cléricaux»? les «radicaux»?)
2. Pourquoi la fête de Noël symbolise-t-elle l'opposition entre les deux camps?
3. Quelles indications font croire à une possibilité de «paix» entre les deux groupes?
4. Est-ce que Mme Oiselin s'est rangée du côté des «cléricaux» ou des «radicaux»?
5. Qu'est-ce qu'il y a d'insolite dans la dernière scène du récit?

1. Région en Bretagne.

Questions de langue

Après en avoir étudié le contexte, proposez une paraphrase des expressions en italique. Ensuite, comparez vos formulations; il y a sans doute plusieurs possibilités de réponse.

1. «*Depuis des lustres*, il était [...]» (lignes 1 et 2)
2. «Les hostilités qui *empruntaient* les couleurs des saisons [...]» (lignes 3 et 4)
3. «La messe de minuit *avait lieu* [...]» (ligne 5)
4. «Oui, Pouldreuzic allait-il *connaître une trêve?*» (ligne 11)
5. «[...] tout le monde l'observait pour savoir *de quel bois elle était faite*.» (lignes 12 et 13)
6. «[...] ce qui paraissait *un gage de fidélité laïque*.» (ligne 14)
7. «[...] auxquels tout le monde *songeait en raison de leurs opinions socialistes* [...]» (ligne 22)
8. «[...] *ses hurlements éclatèrent* au moment où le curé montait en chaire.» (lignes 29 et 30)
9. «*En vain la fillette* [...] le berça-t-elle contre sa maigre poitrine.» (lignes 31 et 32)
10. «[...] eut *une vision inouïe qui s'inscrivit à tout jamais* [...]» (ligne 38)
11. «Il *se dirigea à grands pas* vers la crèche.» (lignes 39 et 40)

Questions de discussion

1. Imaginez la réaction des villageois lorsque Mme Oiselin (mère de deux enfants, divorcée) est arrivée au village. Qu'est-ce que les «cléricaux» en pensaient? les «radicaux»?
2. Comment imaginez-vous le personnage de Mme Oiselin (apparence physique, âge, idées, etc.)?
3. Comment imaginez-vous la réaction des gens à l'église durant la dernière scène?
4. Est-ce que l'un ou l'autre camp au village a connu une victoire, à votre avis? Est-ce qu'il y a eu, au contraire, un compromis? une réconciliation?
5. Pourrait-on qualifier ce récit de «féministe» à votre avis? Expliquez.
6. Existe-t-il, dans votre région, un conflit entre les communautés cléricale et laïque? Comment se manifeste-t-il?
7. Est-ce que la tradition du père Noël est contraire à la pratique chrétienne, à votre avis?
8. Est-ce que la crèche de Noël est une tradition chez vous? Si oui, s'agit-il d'une crèche vivante, ou d'une crèche de figures inanimées? Où voit-on ces crèches? (À l'église seulement? dans les maisons individuelles?)
9. Dans quelle mesure la religion devrait-elle être enseignée à l'école, à votre avis?

Projets

1. Trouvez l'origine de la tradition du père Noël, et donnez les détails de cette tradition dans quelques pays différents.
2. Décrivez une autre fête religieuse (il peut s'agir d'une religion autre que le christianisme).

du 16 au 21 octobre

**LE THEATRE NATIONAL
DANIEL SORANO DE DAKAR
présente**

LE MALADE IMAGINAIRE

Comédie-ballet de MOLIERE

**avec
Serigne NDIAYE GONZALES
dans le rôle d'ARGAN**

Mise en scène et dispositif
Raymond HERMANTIER et
Maurice Sonar SENGHOR

Pantomime:
Aliou CISSE, Charles FORSTER,
Daouda LAM, SIMAROU

Costumes:
Line SENGHOR

Directeur Général de la Compagnie
du Théâtre National Daniel Sorano:
Maurice Sonar SENGHOR

Directeur de
la Troupe Nationale Dramatique:
Serigne NDIAYE GONZALES

DISTRIBUTION

Toinette
  Jacqueline SCOTT LEMOINE
Angélique
  Bator GUEYE
Béline
  Line SENGHOR
Le Notaire
  Coly MBAYE
Polichinelle
  Daouda LAM
Le Matamore
des Archers
  Aliou CISSE
Les Archers
  Souleymane NDIAYE,
  Daniel LOPY,
  Charles FORSTER,
  Samba WANE,
  François DIENE
Cléante
  Massamaba MBOUP
M. Diafoirus père
  Boubacar GUIRO
Thomas Diafoirus
  Sadibou DIOUF
Louison
  N'Dack GUEYE
Béralde
  Mamadou DIOUM
M. Purgon
  Charles FORSTER
M. Fleurant
  Samba WANE
Praeces
  Ismaïla CISSE
Primus Doctor
  Charles FORSTER
Secondius Doctor
  Abdoulaye DIOP Jr.
Tertius Doctor
  Samba WANE

Le programme du ''Malade Imaginaire'', de Molière, comédie-ballet présentée au Théâtre de l'Odéon, à Dakar (Sénégal) pendant la saison 79/80.

166

Rencontres de cultures

La rencontre de deux ou plusieurs cultures ne se fait pas toujours sans heurts. On dit que c'est avec la deuxième culture que la première apparaît, autrement dit, que c'est au contact des autres qu'on apprend à connaître sa propre culture.

Les textes suivants, qui offrent plusieurs exemples de types de rencontres, traitent de l'immigration, du racisme, et des stéréotypes.

Lettres à sa famille

~

Louis Hémon

Anticipation

Louis Hémon, né en France en 1880, est parti étudier l'anglais en Angleterre à l'âge de 19 ans. En 1911, il s'est établi au Canada, d'abord à Montréal, puis dans la région du lac Saint-Jean. Il est mort d'un accident deux ans plus tard, âgé alors de 33 ans. Il est l'auteur de *Maria Chapdelaine*, roman célèbre publié après sa mort (en 1916 au Canada, et en 1921 en France).

Voici trois des lettres qu'il a écrites à sa famille durant ses voyages. La première, adressée à son père, a été écrite bientôt après son arrivée en Angleterre; la deuxième, à sa mère, a été écrite dès son arrivée au Canada et la troisième, à sa sœur, un an plus tard. Toutes trois révèlent certaines de ses premières impressions de la vie à l'étranger.

Quels souhaits et inquiétudes aurait pu avoir sa famille au sujet de ces voyages? Pensez à l'âge qu'avait Louis Hémon et à l'époque.

rebel- de révolte

À son Père

Oxford (juillet 1899)

Mon cher papa,

Tu me souhaites dans ta lettre un tas d'horribles événements, comme de changer de caractère, ou de mûrir, ou de me transformer moralement, et autres aventures.
5 J'imagine que ce doit être très pénible quand on a passé 19 ans à s'habituer à un caractère, d'en changer brusquement pour un autre qu'on ne connaît pas, au même moment où l'on commençait à se faire au premier. J'imagine encore que si tu entends par «mûrissement» le progrès qui consiste à se couler dans le moule de la majorité de ses concitoyens, à faire toutes choses avec poids, raison et mesure, à éviter ce qui «ne
10 se fait pas», et à rechercher au contraire les faits, gestes et paroles qui ont servi avant vous à un grand nombre d'êtres à peu près humains, pour en faire soi-même le même usage soigneusement déterminé par la Raison, ce doit être également une chose très

168

désagréable de sentir se faire en soi une transformation de ce genre. Enfin si le «pro-grès moral» que tu me souhaites, et dont tu crois avoir remarqué les débuts, ô illusion,
15 t'a donné la douce espérance de voir éclore en moi le jeune homme rangé, pondéré et tranquille propre à devenir avec l'âge un parfait M. Prudhomme[1] ou le modèle des fonctionnaires, je crois, hélas, qu'il te faut rayer cela de tes papiers. Mais si tu enve-loppes seulement de ces périphrases l'espoir que des études quelconques pourront désormais trouver place dans ma vie, et que j'irai m'affermissant dans la conviction
20 qu'il n'est pas nécessaire pour être original de considérer plusieurs années, avant de les franchir, les obstacles dont l'Université parsème annuellement la carrière, je crois qu'il y a en effet quelque chose de ce genre dans l'air, mais qu'il faudra voir cela à l'épreuve avant de s'en réjouir. Et ceci forme mon premier point.

Ensuite tu veux bien m'apprendre que je suis en Angleterre pour apprendre l'an-
25 glais, et tu m'exprimes l'espoir que je ne passerai pas mes vacances à voltiger de ville en ville à travers le Royaume-Uni. D'accord, mais il y a un point beaucoup plus impor-tant pour moi que pour vous, c'est que je dois m'arranger ici pour me tanner le moins possible pendant les deux mois et demi de mon séjour. Or, je serai ici très bien pour y passer un mois ou cinq semaines, mais pour rien au monde je ne voudrais y rester
30 toutes les vacances, pour cette raison que je suis seul jeune homme entre quatre ou cinq dames, et que je donnerais pour pas grand'chose un honneur aussi singulier. Miss Swann est extrêmement aimable, et fait tout ce qu'elle peut pour me procurer des divertissements de tous genres, mais enfin la société des vieilles dames n'est pas mon fait, et je crois qu'au bout de deux mois je pourrais en avoir assez; d'autant plus
35 qu'Oxford, qui est en ce moment une ville abandonnée, les collèges étant vides, a plu-sieurs des inconvénients de la ville sans en avoir les avantages. Miss Swann habite une maison, assez gentille, qui lui appartient, dans un jardin au bout d'un des faubourgs d'Oxford. Il y a ici, outre Mlle Swann et sa sœur, deux jeunes misses suédoises, et je crois qu'on attend quelques Allemands, ou Allemandes. Je suppose que ça intéressera
40 maman de savoir que les repas sont ainsi réglés. À 9 h déjeuner—thé, rôties, œufs et jambon, ou bien du saumon, et de la confiture. 1 h 30 dîner—quelques kilos de viande, un plat quelconque et le dessert. Thé à 4 h 30 et souper à 8 h—avec de la viande encore, et des légumes. Détail particulier, toutes les viandes sont archi-cuites, j'en viens presque à rêver de roastbeefs saignants; ce régime me convient d'ailleurs
45 parfaitement, je me porte à merveille. Miss Swann m'a «introduit» à sa sœur, qui a une maison de campagne près d'Oxford. J'y suis allé deux jours après, jouer au tennis et prendre le thé; et aujourd'hui j'y ai dîné, promenade en bateau, thé dans une île de la Tamise[2], c'était charmant. L'hospitalité anglaise est une chose prodigieuse. Hier j'ai été assister à des courses sur la Tamise dans la barge d'un collège, invité encore par
50 une amie de Miss Swann, dont le fils ramait; j'y ai rencontré avec quel plaisir, une jeune Française qui est en Angleterre depuis quelques mois; nous avons «chiné» avec délices les Anglo-Saxons. Ma distraction principale est le canotage. La Tamise n'est qu'à 10 minutes à peine. Je pense y joindre bientôt les bains froids dès que le soleil, qui s'est éclipsé ce matin pour faire place à la pluie, sera revenu. Voilà, je suppose,

1. Caricature du conformisme bourgeois, créée vers le milieu du XIXe siècle.
2. Grand fleuve anglais qui traverse la ville de Londres.

169

55 tous les détails souhaitables sur mon genre d'existence, il en est de plus désagréables.
Parlons maintenant de choses sérieuses. Il s'ouvre à Oxford à la fin du mois un grand
«meeting» qui attire pas mal d'Anglais et même d'étrangers. Ceci consiste en une cin-
quantaine de lectures[3] et conférences sur la littérature, anglaise, française... etc. On y
voit même une lecture sur Loti et Daudet[4], sur l'histoire, voire même quelques sujets
60 touchant vaguement à la politique. Il y a aussi des excursions dans les vieux châteaux
des environs, même plusieurs fêtes et garden-parties. Le prix du ticket donnant droit
au tout est élevé, 30 shillings, mais ça dure un mois et je crois que ce ne pourrait que
me faire du bien d'entendre parler fréquemment un anglais autre que l'anglais de conversation, qui est forcément un peu restreint. D'ailleurs ça vous regarde absolument.
65 Je vous prierai de m'envoyer l'argent nécessaire pour le supplément de blanchissage et
mon quart de bière de chaque repas. S'il vous est possible d'y joindre quelque monnaie
pour l'achat d'un caleçon de bain et mes dépenses presque quotidiennes de bateau, je
vous en serais très reconnaissant. Tâche de te soigner et de ne pas faire de bêtises.
Envoyez-moi des nouvelles.

Ton fils,

L. Hémon

Premières impressions

1. À votre avis, comment se sentait Louis Hémon au moment où il a écrit cette lettre
(sentimental, irrité, affectueux, etc.)? Expliquez brièvement.
2. Avez-vous l'impression que Louis Hémon et son père s'entendaient bien? Y avait-
il, au contraire, des tensions entre eux?
3. Pensez-vous que Louis Hémon aimait l'Angleterre?

Approfondissement

A. Indiquez si les phrases suivantes sont *vraies* ou *fausses*. Si la phrase est fausse,
reformulez-la pour qu'elle reflète le sens de la lettre.
   1. Louis Hémon suit des cours d'anglais à Oxford.
   2. Louis Hémon a l'intention d'obtenir un diplôme universitaire.
   3. Le père de Louis Hémon voudrait qu'il reste à Oxford pendant toutes
   ses vacances.

---

3. Conférence (anglicisme).
4. Écrivains français du XIXe siècle.

4. Louis Hémon se croit chanceux d'être le seul homme logé chez Miss Swann.
5. Louis Hémon mange plus de viande chez Miss Swann qu'en France.
6. Louis Hémon souffre de la cuisine anglaise.
7. Louis Hémon trouve les Anglais peu hospitaliers.
8. Louis Hémon trouve son existence à Oxford désagréable.
9. Louis Hémon voudrait assister au grand «meeting» parce que les sujets proposés le passionnent.
10. Les parents de Louis Hémon paient les frais de son séjour.

B. Répondez aux questions qui suivent, puis discutez des réponses.
1. Dans la première partie de la lettre, Louis Hémon répond à son père. Qu'est-ce que son père avait bien pu lui dire?
2. Quels aspects de la vie anglaise décrit-il à son père?
    a) Parmi ceux-ci, lesquels Louis Hémon semblait-il trouver agréables? désagréables? semblables à ceux de la vie en France? différents?
    b) Y a-t-il d'autres aspects de sa vie dont vous vous attendiez à lire la description?
3. Louis Hémon dit avoir «chiné» les Anglo-Saxons avec une Française. De quoi se sont-ils moqués, à votre avis?
4. Diriez-vous que Louis Hémon est conformiste ou non-conformiste? Expliquez.

Questions de langue

1. Trois des phrases du texte sont très longues (lignes 7 à 23). Résumez brièvement l'idée centrale de chacune.
2. Trouvez, dans la lettre, un synonyme des expressions suivantes et indiquez à quelle ligne il apparaît:

a) s'habituer à *à se faire (à) linc 7.*
b) vouloir dire *entendre par une 7-8 unes*
c) se conformer à *se caller dans un moule (12.)*
d) aussi *également (12.)*
e) pénible *désagreable*
f) type *genre*
g) à partir de maintenant *désormais (19.)*
h) être très heureux *se réjouir (23)*
i) s'ennuyer *se tanner (27)*
j) à la fin de *au bout de (34)*
k) en plus de ~~tout au plus~~ *outre (38)*
l) limité *restreint*
m) concerner *soigner*

Questions de discussion

1. Connaissez-vous Oxford, ou une autre ville anglaise? Si oui, comparez votre impression de cette ville à celle qu'en a Louis Hémon.
2. Avez-vous déjà visité ou vécu dans une région francophone? Si oui, quels aspects de cette culture avez-vous trouvés frappants? Quels conseils vos parents vous ont-ils donnés avant votre départ?
3. Quels détails changeraient si la lettre était écrite aujourd'hui? Quels sont ceux qui resteraient les mêmes, ou semblables?

À sa Mère

Boîte Postale 1131
Montréal
mardi 28 nov. 1911.

Ma chère maman,

5   Je trouve aujourd'hui ton câble, mais n'arrive pas bien à comprendre ce qui t'inquiète. Tu as eu plusieurs fois des nouvelles de moi depuis que j'ai passé l'eau, et comme il n'y a ici ni tremblements de terre, ni épidémie, et que les Indiens ont cessé leurs attaques subites depuis un bon siècle ou deux, je suis aussi parfaitement en sûreté ici qu'à Mornington Crescent ou rue Vauquelin.

10   Mais je tâcherai d'écrire plus fréquemment en attendant que vous vous habituiez à l'idée que l'Amérique est partiellement civilisée.

    J'ai bien reçu la lettre de Poule et la tienne la semaine dernière.

    Tout à fait inutile d'envoyer le moindre argent, ni maintenant, ni pour le jour de l'an, ni plus tard. Je n'ai pas éprouvé grande difficulté à m'assurer le pain quotidien,
15 accompagné d'une quantité raisonnable de steaks et de côtelettes. Heureusement, car le climat porte à la santé: j'ai d'ailleurs promptement adopté les mœurs locales sur ce point, et si tu me voyais prendre pour «petit déjeuner» du matin deux côtelettes de veau avec des pommes de terre et des petits pains chauds, tes inquiétudes subsisteraient peut-être, mais sous une autre forme. Je connais un restaurant bienheureux où
20 l'on a tout cela, avec du café, pour quinze sous. Car la nourriture est bon marché, si le reste est cher.

    Comme j'avais acheté à Londres avant de partir tout ce qu'il me faut comme vête-

172

ments de dessus et de dessous, me voilà prêt à tout, et sans besoins aucuns.

D'ailleurs il n'a pas fait bien froid jusqu'ici, deux ou trois périodes de quelques
25 jours où le thermomètre est descendu à 8 ou 10 au-dessous, pour remonter bientôt; et
pas mal de neige dans les rues, neige qui y est restée depuis trois semaines sous des
formes diverses, glace, boue, etc... Le vrai hiver canadien n'est pas encore venu.

Montréal n'est pas une ville bien plaisante, malgré sa taille (500 000 habitants).
D'abord elle ressemble trop à l'Europe, et je crois bien que je m'en irai plus loin dans
30 l'Ouest au printemps. Mais en attendant me voilà installé en plein luxe pour l'hiver.

Les photographies que tu m'a envoyées m'intriguent. Je ne suis plus bien sûr des
petites cousines. Est-ce la petite Marguerite qui a poussé comme ça et qui porte des
cheveux sur le devant; et est-ce Louise ou Anne qui est à côté? Mais mon cœur a sauté
de joie en reconnaissant Eugène avec une casquette d'amiral.
35 Affectueusement à tous trois.

Ton fils qui t'aime,

L. Hémon

Premières impressions

1. Comment décririez-vous le ton de cette lettre (sentimental, irrité, affectueux)?
2. Avez-vous l'impression que Louis Hémon et sa mère s'entendaient bien? Y avait-
il, au contraire, des tensions entre eux?

Approfondissement

Indiquez si les phrases suivantes sont *vraies* ou *fausses*. Si la phrase est fausse, corrigez-la pour qu'elle traduise bien le sens de la lettre.
1. Louis Hémon pense que sa mère s'inquiète inutilement.
2. Louis Hémon dit qu'il écrira plus souvent, pour rassurer sa famille.
3. Louis Hémon serait heureux que sa mère lui envoie de l'argent.
4. Louis Hémon dit qu'il a du mal à gagner assez d'argent.
5. Louis Hémon trouve que le climat à Montréal lui convient bien.
6. L'expression *petit déjeuner* est écrite entre guillemets (« »), parce qu'il s'agit du
nom québécois du repas du matin.
7. Louis Hémon trouve que la nourriture ne coûte pas cher à Montréal.
8. Louis Hémon va acheter des vêtements d'hiver à Montréal.
9. Louis Hémon compte rester à Montréal quelques années.
10. Les photos que sa mère lui avait envoyées lui semblent amusantes.

Questions de langue

En réfléchissant au contexte, proposez une paraphrase des expressions en italique. Comparez ensuite vos formulations; il y a sûrement plusieurs possibilités correctes et logiques.

1. «Je trouve aujourd'hui ton *câble* [...]» (ligne 5) telegram
2. «Tu as eu plusieurs fois des nouvelles de moi *depuis que j'ai passé l'eau* [...]» (ligne 6) traverser l'Atlantique
3. «Mais je *tâcherai* d'écrire plus fréquemment [...]» (ligne 10) essayer
4. «*Je n'ai pas éprouvé grande difficulté à m'assurer le pain quotidien* [...]» (ligne 14) Il n'avait pas la difficulté a trouver l'emploi
5. «[...] j'ai d'ailleurs promptement adopté les *mœurs* locales sur ce point [...]» (lignes 16 et 17) coutumes / habitudes
6. «[...] et *pas mal de* neige dans les rues [...]» (lignes 25 et 26) assez
7. «Montréal n'est pas une ville bien plaisante, *malgré* sa taille [...]» (ligne 28)
8. «Est-ce la petite Marguerite qui *a poussé* comme ça [...]» (ligne 32) grandir

Questions de discussion

1. Qu'est-ce que la mère de Louis Hémon a dû lui dire dans sa lettre?
2. Louis Hémon dit qu'il n'aime pas énormément Montréal parce que la ville «ressemble trop à l'Europe». Qu'est-ce qu'il cherche, à votre avis?
3. Si vous quittiez votre ville pour vous établir ailleurs, où iriez-vous? Pourquoi?
4. Quels aspects de la vie à Montréal Louis Hémon décrit-il à sa mère? Y a-t-il d'autres aspects de sa nouvelle vie dont vous vous attendiez à lire la description? Lesquels? Comment les imaginez-vous?
5. Avez-vous l'impression que sa famille lui manque? Si oui, où voyez-vous cela?

174

À Marie Hémon

Péribonka (Lac St-Jean)
Qué. Canada
5 sept. 1912.

Bonne Poule,

Merci de ta lettre, qui m'a couvert de confusion, puisque j'avais omis de t'écrire pour le 15 août. Après tes divers déplacements à St-Lo et St-Brieuc, te voilà, je suppose, à Beg-Meil. Je ne suis pas au bord de la mer, moi, mais je suis encore plus «à la campagne» que toi. C'est une campagne peu ratissée et qui ne ressemble pas du tout à un décor d'opéra-comique; les champs ont une manière à eux de se terminer brusquement dans le bois; et une fois dans le bois, on peut s'en aller jusqu'à la baie d'Hudson sans être incommodé par les voisins ni faire de mauvaises rencontres, à part les ours et les Indiens, qui sont également inoffensifs.

Cela n'empêche pas que nous sommes hautement civilisés ici à Péribonka. Il y a un petit bateau à vapeur qui vient au village tous les deux jours, quand l'eau est navigable. Si le bateau se mettait en grève il faudrait pour aller au chemin de fer à Roberval faire le tour par la route du tour du lac, c'est-à-dire quatre-vingts kilomètres environ.

Ce qui me plaît ici, Poule, c'est que les manières sont simples et dépourvues de toute affectation. Quand on a quelque chose dans le fond de sa tasse on le vide poliment par-dessus son épaule; et quant aux mouches dans la soupe il n'y a que les gens des villes, maniaques, un peu poseurs, qui les ôtent. On couche tout habillé, pour ne pas avoir la peine de faire sa toilette le matin, et on se lave à grande eau le dimanche matin. C'est tout.

La «patronne», m'entendant dire un jour en mangeant ses crêpes qu'il y avait des pays où l'on mettait des tranches de pomme dans les crêpes, m'a dit d'un air songeur: «Oh oui! Je pense bien que dans les grands restaurants à Paris on doit vous donner des mangers pas ordinaires!» Et un brave homme qui se trouvait là m'a raconté avec une nuance d'orgueil comme quoi il avait été un jour à Chicoutimi (la grande ville du comté) et était entré dans un restaurant pour y manger, au moins une fois dans sa vie, tout son saoul de saucisses. Il en avait mangé pour une piastre (5 francs) paraît-il… Ah, nous vivons bien! Nous avons tué le cochon la semaine dernière, et nous avons eu du foie de cochon quatre fois en deux jours; cette semaine c'est du boudin à raison de deux fois par jour. Ensuite ce sera du fromage de tête, et d'autres compositions succulentes.

J'arrête là, pour ne pas te donner envie.

Amitiés à tous les gens de là-bas que je connais, à papa et maman, et toi. J'ai appris avec plaisir que l'agrégation n'avait pas trop fatigué Papa; si vous avez beau temps à Beg-Meil vous devrez en revenir tous trois en parfaite santé.

Ton frère,

L. Hémon

P.–S. Je crois avoir oublié d'accuser réception de plusieurs lots de journaux, qui m'ont fait grand plaisir.

Premières impressions

1. Quel vous semble être le ton de cette lettre?
2. Avez-vous l'impression que Louis Hémon se sent proche de sa sœur?

Approfondissement

1. Pourquoi, à votre avis, est-ce que Louis Hémon est confus d'avoir oublié d'écrire à sa sœur pour le 15 août?
2. Louis Hémon se trouve dans une région peu habitée. Avez-vous l'impression qu'il se sent isolé, que la ville lui manque?
3. Louis Hémon décrit certaines manières et attitudes des habitants de Péribonka. Avez-vous l'impression qu'il se moque d'eux, ou qu'au contraire, il les admire?
4. Pourquoi l'agrégation aurait-elle pu fatiguer son père (lignes 35 et 36)?

Questions de langue

En réfléchissant au contexte, proposez une paraphrase des expressions en italique. Comparez ensuite vos formulations pour voir combien de paraphrases vous avez trouvées.
1. «[...] on peut s'en aller jusqu'à la baie d'Hudson sans être incommodé par les voisins ni faire de mauvaises rencontres, *à part* les ours et les Indiens [...]» (lignes 10 à 12)
2. «Ce qui me plaît ici, Poule, c'est que les manières sont simples et *dépourvues de* toute affectation.» (lignes 17 et 18)
3. «[...] et *quant* aux mouches dans la soupe, il n'y a que les gens des villes [...] qui les ôtent.» (lignes 19 et 20)
4. «[...] était entré dans un restaurant pour y manger, au moins une fois dans sa vie, *tout son saoul* de saucisses.» (lignes 28 et 29)
5. «[...] cette semaine c'est du boudin *à raison de* deux fois par jour.»(lignes 31 et 32)
6. «Je crois avoir oublié d'*accuser réception* de plusieurs lots de journaux [...]» (lignes 38 et 39)

Questions de discussion

1. Lequel des trois endroits visités Louis Hémon a-t-il préféré? Pourquoi?
2. Quelles différences de ton remarquez-vous entre les trois lettres? Comment expliquez-vous cela?
3. Dans ces trois lettres, Louis Hémon soulève la question générale de la vie rurale et de la vie citadine. Quels sont les avantages et inconvénients de ces modes de vie selon vous? Lequel préférez-vous?

4. Louis Hémon a rencontré une jeune Française qui passait l'été à Oxford. Pensez-vous que ses parents lui auraient donné les mêmes conseils et qu'ils auraient eu les mêmes inquiétudes à son égard? Expliquez. Serait-ce différent de nos jours, à votre avis?

Projets

1. Louis Hémon a travaillé pendant quelque temps comme journaliste. Imaginez l'article qu'il aurait pu écrire sur l'Angleterre, ou sur le Québec, pour un journal parisien.
2. Écrivez la lettre que le père, la mère, ou la sœur de Louis Hémon aurait pu lui écrire—avant ou après avoir reçu sa lettre.
3. Écrivez une lettre à un membre de votre famille, décrivant un séjour (réel ou imaginaire) que vous avez fait dans un autre pays.
4. Écrivez la lettre qu'une personne venant de France, en visite chez vous, pourrait écrire à un membre de sa famille. Quels aspects de votre société seraient surprenants ou remarquables pour cette personne?
5. À quel moment est-ce que vos ancêtres se sont installés en Amérique du Nord? D'où venaient-ils? Où se sont-ils établis? Imaginez la lettre que l'un d'eux aurait pu écrire à son arrivée ici, à un membre de sa famille.

Vin et coca-cola, castor et caniches

~

Nathalie Petrowski

Anticipation

Nous avons tous une vue stéréotypée de certains peuples; cette image stéréotypée du moins existe dans la société.

1.   À quelles images stéréotypées pensez-vous lorsque vous réfléchissez aux groupes ethniques ou régionaux suivants:
    a) un groupe de touristes japonais?
    b) les Mexicains?
    c) les New-Yorkais?
    d) les cow-boys du Wyoming ou d'Alberta?
    e) les Californiens?
    f) les Québécois?
    g) les Acadiens?
    h) les Français?
    i) les Canadiens anglophones?
    j) les Américains?
    k) les Italiens?
2.   Discutez de ces stéréotypes: quelle en est l'origine? ont-ils un élément de vrai? quel en est le danger?
3.   Vous avez sûrement deviné qu'il s'agit de stéréotypes dans le texte suivant. En réfléchissant au titre, de quels groupes s'agit-il probablement?

Vin et coca-cola, castor et caniches

13 h 05. Latitude 47 degrés 05 nord. Longitude: 060 degrés 23 ouest. Nous sommes
au large du Cap Nord. Le fleuve est loin derrière; la haute mer nous encercle. Après le
détroit de Cabot, nous piquons vers l'est en direction des îles de Saint-Pierre et
Miquelon. Le navire tangue tranquillement. Sur le pont du gril, le vent est cinglant et
5   la luminosité est chancelante. 600 jeunes attendent l'éclipse. Interdiction formelle
de la regarder droit dans l'oeil. Cris et protestations. «Pourquoi nous faire monter
sur le pont alors?» Aucune réponse.

     Les autorités les ont laissés dans le brouillard et celui-ci s'abat maintenant impla-
cablement sur eux.

10   Hier après-midi à Gaspé, deux passagers clandestins ont été invités à discrètement
quitter le Mermoz. Le plus tapageur des deux, un jeune fonctionnaire de Québec avait
vendu la mèche en se méritant un statut d'indésirable. Le cas de la jeune Montréalaise
partie sur un coup de tête sans passeport était plus problématique. Elle ne dérangeait
personne. Elle aurait même pu devenir la mascotte clandestine du voyage. Certaines
15   gens de l'OFQJ[1] étaient prêts à jouer le jeu. Le commandant a refusé pour une question d'assurances. La clandestine a compris que son avenir n'était pas assuré. Le destin l'a abandonnée sur le quai de Gaspé en lui rappelant que Français et Québécois
n'avaient pas le même rapport à la clandestinité.

     Ce matin un atelier sur les stéréotypes culturels de la France et du Québec a fait
20   ressortir toutes les disparités qui les séparent. Elles sont nombreuses malgré l'absence
de contrastes physiques entre les participants. En apparence, les deux jeunesses se
confondent dans l'habillement et le comportement. Même leurs visages sont interchan-
geables. Mais une distance implicite et culturelle les distingue. Le cabinage a d'ailleurs
été conçu pour que chacun reste chez soi. Même phénomène aux repas. Les jeunes
25   s'attablent en cliques nationales sans forcer la fraternisation. Les échanges ont lieu
dans le cadre officiel des ateliers.

     Ce matin, Québécois et Français ont dressé la liste des clichés qu'ils s'associent
mutuellement. Chacun s'est ensuite expliqué devant l'autre. Ces associations libres
ont ouvert le procès. Les Québécois ont sorti leurs couteaux pour reprocher à leurs
30   ancêtres leur snobisme intellectuel, leur prétention, leur nombrilisme, leur agressivité
et leurs interminables babillages. Les Français se sont montrés conciliants en retenant
avec diplomatie leurs sarcasmes latents. Ce qui les a frappés au Québec tourne autour
de l'éternelle caisse de bière, la nourriture lourde et sucrée, les Indiens, les castors et
la neige. Ils trouvent les Québécois par ailleurs chaleureux, disponibles, spontanés,
35   directs et un peu complexés.

     Fait intéressant: les jeunes Français en voyage ne perdent jamais de l'auto-flagel-
lation. Un Français, disent-ils, est un homme caustique, critique, qui en met plein la
vue et qui croit détenir la vérité. Une Française est une femme qui aime se montrer. Un
Québécois par contre est un homme confiant, un homme d'action ou encore un Améri-
40   cain relaxe qui parle français. Une Québécoise est pleine d'énergie. Elle est offensive,

---

1.   Office Franco-Québécois pour la Jeunesse.

expressive et dynamique jusqu'à ce qu'elle se fixe devant ses casseroles.

D'un côté comme de l'autre, les clichés abondaient. C'était évidemment le but de l'exercice. Révéler au grand jour les préjugés qui traversent les cultures. Révéler sans plus. Aux visions folkloriques françaises, les Québécois ont opposé la révérence et l'hostilité des petits cousins colonisés. Et les castors des uns valaient bien les caniches des autres.

45

Premières impressions

Quel vous semble être le but principal de cet article paru dans le journal montréalais *Le Devoir?*

Approfondissement

Indiquez si les phrases suivantes sont *vraies* ou *fausses*; si la phrase est fausse, corrigez-la pour qu'elle soit juste.
1.   Le navire se trouvait dans le nord de l'océan Atlantique.
2.   Le fleuve dont il s'agit est le Saint-Laurent.
3.   Les habitants de Saint-Pierre et Miquelon sont de nationalité canadienne.
4.   Gaspé se trouve à Saint-Pierre.
5.   Le Mermoz est le nom du navire.
6.   Les passagers auraient aimé que la Montréalaise (passagère clandestine) puisse rester à bord.
7.   Les jeunes Québécois et Français ne se ressemblaient pas physiquement.
8.   Les Québécois partageaient des cabines avec les Français.
9.   Les Québécois ne mangeaient pas à la même table que les Français.
10. Lorsqu'ils discutaient de clichés, les Québécois montraient de l'hostilité envers les Français.
11. Les Québécois trouvaient les Français prétentieux et snobs.
12. Les Québécois trouvaient positif le stéréotype du Français loquace.
13. Les Français avaient surtout des clichés négatifs à propos des Québécois.
14. Les Français avaient une bonne impression de la cuisine québécoise.
15. Les Français se sont montrés assez critiques envers eux-mêmes.

Questions de langue

Cet article contient plusieurs expressions idiomatiques ou imagées. Proposez au moins une paraphrase pour chaque expression en italique, après en avoir étudié le contexte. Comparez ensuite les différentes versions.
1.   «[…] un jeune fonctionnaire de Québec *avait vendu la mèche* en se méritant un statut d'indésirable.» (lignes 11 et 12)

2.   «Le cas de la jeune Montréalaise partie *sur un coup de tête* sans passeport était plus problématique.» (lignes 12 et 13)

3.   «Les Québécois *ont sorti leurs couteaux* pour reprocher à leurs ancêtres leur snobisme intellectuel, leur prétention, leur *nombrilisme* [...]» (lignes 29 et 30)

4.   «Un Français, disent-ils, est un homme caustique, critique, qui *en met plein la vue* et qui croit détenir la vérité.» (lignes 37 et 38)

Questions de discussion

1.   Est-ce que vos stéréotypes des Français diffèrent de ceux des jeunes Québécois? Discutez de ces différences, s'il y a lieu, et essayez de les comprendre.

2.   Est-ce que vos stéréotypes des Québécois diffèrent de ceux des jeunes Français? Discutez de ces différences, s'il y a lieu, et essayez de les comprendre.

3.   Trouvez-vous le titre bien choisi? Expliquez.

4.   Discutez des deux dernières phrases du texte.
   a) En quoi est-ce que les visions des Français étaient «folkloriques»?
   b) En quoi est-ce que les Québécois ont montré «la révérence et l'hostilité des petits cousins colonisés»?
   c) Que veut dire la dernière phrase du texte?

5.   S'il y avait une rencontre entre Canadiens et Américains, pensez-vous que le résultat serait semblable à celui entre les Québécois et les Français? (Les Américains auraient-ils une vision «folklorique» des Canadiens? Les Canadiens montreraient-ils «la révérence et l'hostilité des petits cousins colonisés»?) Expliquez.

6.   Aimeriez-vous participer à une rencontre de jeunes, comme celle décrite dans cet article? Si oui, quelle(s) autre(s) nationalité(s) aimeriez-vous rencontrer en particulier?

Projet

Faites un petit sondage sur les stéréotypes associés à un certain groupe ethnique. Ensuite, écrivez un rapport sur ce sondage: présentez vos résultats et discutez-en. (Ceci pourrait être le résultat de votre discussion en classe.)

Xénophobie

~

Raymond Devos

Anticipation

Raymond Devos (né en 1922) est un acteur comique belge. Au début de sa carrière, il a joué dans de nombreux films et pièces de théâtre. Depuis une vingtaine d'années, il travaille surtout à la création et à l'interprétation de monologues humoristiques, qu'il présente à Paris et en tournée.

Xénophobie

On en lit des choses sur les murs !…
Récemment, j'ai lu sur un mur :
«Le Portugal aux Portugais !»
Le Portugal aux Portugais !
5   C'est comme si l'on mettait :
«La Suisse aux Suisses !»
Ou :
«La France aux Français !»
Ce ne serait plus la France !
10   Le racisme, on vous fait une tête
comme ça avec le racisme !
Écoutez…
J'ai un ami qui est xénophobe.
Il ne peut pas supporter
15   les étrangers !
Il déteste les étrangers !
Il déteste à tel point les étrangers
que lorsqu'il va dans leur pays
il ne peut pas se supporter !

"Xénophobie", by Raymond Devos, from *Sens dessus-dessous*, reproduced courtesy of Éditions Stock.

Premières impressions

L'humour est souvent très lié à la culture. En effet, ce qui semble extrêmement drôle aux Français peut paraître sans humour à quelqu'un d'un autre pays, et vice-versa.

    a)   Avez-vous trouvé ce sketch amusant?

    b)   Quels acteurs et actrices comiques trouvez-vous particulièrement amusants? Pouvez-vous expliquer ce qui vous plaît spécialement dans leur humour?

Approfondissement

1.   Comment interprétez-vous les slogans «Le Portugal aux Portugais», «La Suisse aux Suisses», «La France aux Français»?

2.   En quoi s'agit-il de racisme?

3.   Comment expliquez-vous la phrase «Ce ne serait plus la France!»?

Questions de langue

1.   Que veut dire la première ligne: «On en lit des choses sur les murs!… »?

    a) On lit certaines choses sur les murs.

    b) On lit beaucoup de choses sur les murs.

    c) On lit peu de choses sur les murs.

    d) On lit des choses surprenantes sur les murs.

    Avec quelle intonation dirait-on cette phrase?

2.   Que veut dire la phrase des lignes 10 et 11: «Le racisme, on vous fait une tête comme ça avec le racisme!»?

    a) On parle tellement de racisme que cela vous donne mal à la tête.

    b) On parle tellement de racisme que cela vous rend plein de confusion.

    c) On parle tellement de racisme que cela vous met en colère.

    Avec quelle intonation dirait-on cette phrase?

3.   Il y a un geste typique qui accompagne en général l'expression «une tête comme ça». Si vous ne savez pas de quoi il s'agit, demandez à votre professeur.

    a) Quels autres gestes «français» connaissez-vous?

    b) Ont-ils le même sens chez vous?

4.   À la ligne 13, l'auteur dit: «J'ai un ami qui est xénophobe.» Immédiatement après, il donne deux paraphrases de la même expression:

    – «Il ne peut pas supporter les étrangers!»

    – «Il déteste les étrangers!»

    a) Comment dirait-on ces trois phrases, à votre avis? (Avec la même intonation? une intonation différente?)

    b) Essayez de trouver une ou deux autres paraphrases de la même expression.

Questions de discussion

1.   Est-ce que le racisme se manifeste dans votre société? Si oui, quels groupes en sont victimes? S'agit-il uniquement de races différentes, ou parfois de groupes ethniques?
2.   Quels seraient, à votre avis, les groupes cibles du racisme en France? Pourquoi ceux-là?

Projets

1.   Préparez une lecture orale et comique de ce sketch. Ensuite, comparez les différentes interprétations proposées.
2.   Essayez d'écrire un sketch humoristique sur un autre thème sérieux.
3.   Écrivez un article en adoptant un des points de vue proposés; vous devez convaincre le lecteur que vous avez raison.

   • Vous êtes pour une politique d'immigration ouverte.

   • Vous pensez que l'immigration devrait être strictement contrôlée, surtout en ce qui concerne certains groupes ethniques.

   • Vous pensez que l'idée du «melting pot» américain est mauvaise, et qu'il vaudrait mieux chercher à créer une société pluriculturelle.

   • Vous défendez le principe du «melting pot».

Où iras-tu Sam Lee Wong?

~

Gabrielle Roy

Anticipation

1.   Si vous connaissez une personne récemment venue de l'étranger, interviewez-la. De quel pays vient-elle? Quel était son métier avant d'émigrer? Quel métier exerce-t-elle maintenant? À quelles difficultés a-t-elle dû faire face? Où a-t-elle trouvé de l'aide? Comparez ensuite les expériences des personnes interviewées. Y a-t-il des points communs entre les personnes d'une même origine ethnique? Comment expliquez-vous les similarités et les différences d'expérience?

2.   En réfléchissant au titre de ce texte, pensez-vous qu'il s'agit d'un article de journal? d'un poème? d'un récit fictif? d'un essai? Pourquoi?

3.   La première question nous indique qu'il s'agit d'immigration dans ce texte. Imaginez l'histoire de Sam Lee Wong (Qui est-il? D'où vient-il? Où va-t-il? Pourquoi? Qu'est-ce qui lui arrive? etc.).

Où iras-tu Sam Lee Wong?

Sa vie avait-elle pris naissance entre des collines? Il croyait parfois en retrouver le con-
tour en lui-même, intime comme son souffle. Alors il penchait la tête pour mieux les
voir dans le recueillement de la mémoire. De vagues formes rondes, à moitié estom-
pées, s'assemblaient sur une imprécise ligne d'horizon, puis se défaisaient. L'image lui
venait-elle du souvenir de vraies collines très lointaines ou de quelque estampe qui
avait frappé son imagination? En un sens elles étaient pourtant plus réelles que ne
l'avait jamais été à ses yeux sa propre existence, que ce fût à Canton, à Foutchéou ou
ailleurs : une face jaune au sein d'une infinité de faces jaunes; parfois une face seulement portée sur la mer des foules, des bruits et de la faim; et aussi, il est vrai, au
milieu du flot humain, une petite voix à peine distincte qui osait dire de lui-même :
Moi.

Portefaix parmi des nuées de portefaix, puis, sur les quais, grain d'humanité,
poussière d'existence, qu'y avait-il donc à se rappeler étant à soi, sinon peut-être son
nom, mais encore son nom était répandu à la volée sur les docks. Seulement dans la
soupente obscure—un trou dans le mur—où il dormait échappait-il à la multitude qui
le charriait.

Enfin, un jour, il en vint à une sorte de conclusion personnelle : Nous sommes
trop nombreux en Chine. Ailleurs dans le monde est-ce qu'on ne serait pas plus à
l'aise? Il entendit parler d'un pays aussi vaste que plusieurs provinces de la Chine réunies et pourtant presque vide de présence humaine. Autant d'espace et si peu habité,
était-ce seulement possible! Sam Lee Wong laissait dire… Il avait peine à croire…

Néanmoins, quelques mois plus tard, avec près d'un millier de ses compatriotes, il
s'embarqua sur un navire en partance vers ce pays du jeune espoir. Rassemblés sur le
pont, les Asiatiques attendaient de le voir surgir, ils en guettaient l'apparition de toute
leur âme, mais dans leur humble contenance habituelle et avec des yeux si las qu'on
aurait pu les croire dénués d'intérêt même pour leur propre sort.

C'est alors pourtant que Sam Lee Wong, accoudé au parapet, saisit un peu mieux
le fil ténu qui le reliait aux vieilles collines du fond de sa mémoire. Il se souvint de bols
de riz emplis à ras bord. Il se rappela un petit manteau fait de plusieurs couches de
coton piqué. Il crut même apercevoir, à l'aise dans le chaud manteau, un petit garçon
aux joues rebondies. Y avait-il quelque lien entre Sam Lee Wong et cet enfant selon
toute apparence bien nourri? Sam Lee Wong le demandait d'un regard perplexe à l'eau
mouvante. Mais l'océan qui lui avait par le plus grand mystère restitué une image perdue, à présent la roulait au loin avec sa houle.

Enfin apparut une côte bordée de hautes montagnes. Leur aspect fit renaître à
nouveau dans le souvenir de Sam Lee Wong le relief d'anciennes collines. Il les voyait
inclinées toutes dans le même sens comme une rangée de vieux arbres sous le vent. Il
voyait, sans comprendre comment tout cela se tenait, un bol de riz offert, des cimes
protectrices, un manteau de coton piqué, et il mit pied à Vancouver, les pas dans les
pas de celui qui le précédait, toujours enserré par les siens, et loin encore d'être per-
suadé qu'il y avait ici de l'espace à en perdre le souffle, et cependant peu de bouches à
nourrir.

186

À Vancouver, la Société d'Aide aux Fils d'Orient les prit en charge. À chacun, elle s'efforçait de découvrir, dans l'ampleur du pays quasi désert, la petite place qui pourrait convenir. Elle leur faisait suivre un cours de quelques semaines pour apprendre au moins les rudiments de la langue anglaise. À chaque immigrant elle consentait aussi un prêt d'argent aux fins de son installation. Remboursé petit à petit, l'argent était de nouveau prêté à un autre fils d'Orient qui arrivait pour ainsi dire sur les talons de son prédécesseur. Ne tarissait ni le mince débit d'argent ni le mince filet, contrôlé étroitement, des immigrés Chinois.

En vérité, la Société d'Aide disposait de très peu d'emplois à offrir aux petits hommes jaunes arrivant de Canton, de Pékin ou de Mandchourie. Cela aboutissait pour ainsi dire presque toujours à la même occupation insolite. Au loin de la plaine infinie, plate et sans contours, d'infimes villages avaient pris naissance dix ou quinze ans auparavant. S'ils étaient devenus assez importants pour accueillir un Chinois, c'était pour en faire un restaurateur. Si le village, plus prospère encore, pouvait se permettre d'accueillir un deuxième Chinois, celui-ci, par la force des choses, en devenait le blanchisseur. Ainsi en allait-il dans ces pauvres villages presque sans tradition aucune, hors celle de trouver à leurs arrivants d'Asie un emploi toujours le même. L'étonnant est que les blanchisseurs chinois y acquérèrent [sic] vite la réputation d'être les meilleurs du monde. Pour ce qui est des restaurateurs, rien de moins sûr qu'ils fussent premiers dans leur domaine. Mais hors un Chinois n'ayant rien à perdre qui donc se serait fait cafetier dans un de ces chétifs villages où d'attraper un client était déjà un tour de force!

Au siège social de la Société d'Aide aux Fils d'Orient, Sam Lee Wong étudiait avec patience la carte de l'immense pays aux noms inconnus, à travers lesquels il avait un choix presque aussi déroutant que cette carte elle-même. Comment serait donc maintenant le visage de la solitude? Plus intense encore que dans les foules monstrueuses? Ou pareil à lui-même toujours? Sam Lee Wong promenait le regard sur l'inconnu de la carte et ne savait vraiment où arrêter son choix.

—Choisis! lui disait-on. Ici! là! n'importe où! tu as le choix, Sam Lee Wong. Il n'y a pas d'entraves.

Peut-être, las d'hésiter, allait-il à tout hasard mettre le doigt sur l'un ou l'autre de ces signes répandus sur la carte, lorsqu'un de ses compatriotes l'avertit charitablement que telle région n'était tout de même pas à conseiller. Une petite chaîne de collines, sauvages et incultes, y barrait la plaine. Vraisemblablement, le sol devait être pauvre par là, et les affaires s'en ressentir.

Des collines!

Les paupières de Sam Lee Wong battirent comme s'il s'était entendu appeler doucement par son nom.

Il se donna l'air d'étudier avec insistance cette portion de la carte à déconseiller. En vérité, il cherchait plutôt les collines à peine saisissables du fond de son souvenir. Elles seules parvenaient à lui conserver une sorte d'identité et le sentiment que, projeté au Canada, il était encore un peu Sam Lee Wong. Un instant auparavant, il en avait pour ainsi dire douté, alors qu'il scrutait sans espoir les indéchiffrables noms de la carte. Il avait éprouvé l'impression de n'être plus vraiment personne, qu'une parcelle d'être, rien d'autre qu'une pensée errante échouée ici, sans soutien de corps ou d'âme.

À présent, il se situait un peu dans sa personnalité et sa vie à cause d'une ligne
90 d'horizon et du souvenir ressurgi d'un bol de riz fumant.

Alors il mit le doigt sur ce point de la carte qu'on venait de lui décrire traversé inopinément d'une chaîne de petites collines.

Ainsi apprit-il qu'il avait choisi la Saskatchewan, et, en Saskatchewan, de lier sa vie à un village qui, curieusement, s'appelait Horizon.

95 En fait, ce n'était pour ainsi dire que cela : un horizon si éloigné, si seul, si poignant, qu'on en avait encore et encore le cœur saisi.

Heureusement, une chaîne de petites collines, assez loin sur la droite, arrêtait enfin, de ce côté, la fuite du pays. En plaine rase comme était le village, on ne pouvait manquer, en tous temps, d'avoir les yeux fixés sur ces surprenantes collines, et, les
100 retrouvant chaque matin, de retrouver aussi une sorte de refuge contre la sensation de vertige que suscitait, à la longue, la plate immobilité.

Quand le soleil s'abaissait dans leurs replis, c'est alors que, pleines d'une lumière étrange, elles exerçaient la plus grande fascination sur les gens d'en bas, au village stagnant. Ainsi en était-il des collines et du village lorsque, par un jour de septembre,
105 sa valise de paille à la main, Sam Lee Wong descendit du train et mit pied à Horizon.

La journée était chaude et venteuse. Le train déjà reparti, Sam Lee Wong, seul sur la plate-forme de bois, eut l'air d'un être humain arrivé ici comme par un tour de passe-passe.

La Société l'avait habillé à l'occidentale. Sous un feutre noir à larges bords, dans
110 une gabardine claire, le cou frêle serré par une cravate fleurie, Sam Lee Wong moins que jamais semblait s'appartenir. Il donnait presque l'impression d'attendre que la fatalité voulût bien une fois encore lui mettre la main au collet.

Le vent poussait en tourbillons la terre poudreuse. Personne au village ne bougeait. Même le chef de gare derrière sa vitre sale de poussière ne se donnait pas la
115 peine de lever le nez du rapport qu'il parcourait.

Sam Lee Wong, archi visible au beau milieu de la petite plate-forme de bois entre la gare et la citerne en rouge sombre, paraissait n'être vu de personne. Il resta un bon moment immobile, sans même songer à déposer sa valise. Il contemplait les espaces qui l'enveloppaient. Enfin, après avoir posé sa valise au pied du banc vide devant la
120 gare, il traversa la voie ferrée, sa bordure de hautes mauvaises herbes sifflantes, ensuite la route et aboutit au trottoir de planches.

Il hésita un instant sur le côté à prendre, puis partit en direction de la plaine droite. Il marchait lentement, sans bruit, en regardant tout autour de lui mais à coups d'œil furtifs, comme s'il n'eût rien encore osé s'approprier d'un regard entier.

125 À part l'amorce d'une rue latérale tournant court—deux maisons seulement y ayant façade—tout le village se tenait le long de la grand-route, et sans cesse le vent s'y engouffrait, ne rencontrant rien qui pût briser son élan.

Parvenu au bout du trottoir, Sam Lee Wong contempla la plaine qui continuait, sans un pli, sans une ondulation. Encore deux maisons, assez éloignées, appartenaient
130 peut-être au village, après quoi c'était le vide.

188

Sam Lee Wong rebroussa chemin. Maintenant il faisait face aux petites collines distantes de deux ou trois milles. Dès lors qu'elles étaient dans le paysage, il devenait moins morne, moins accablant. Un peu de fantaisie, une certaine grâce, on eût dit, touchait enfin le plat et redoutable déroulement.

135 De retour, Sam Lee Wong marchait un peu plus vite et regardait plus courageusement de chaque côté. De toute façon, il avait maintenant une bonne idée de ce village où l'avait conduit sa destinée. Ce que Horizon comptait de plus important était indubitablement ces deux espèces de tours, à odeur de céréales, près de la gare, sur lesquelles se détachaient d'énormes lettres en blanc. Sam Lee Wong avait déjà compris

140 que le village y enfermait ses richesses, de quoi amplement franchir les disettes, et le descendant des générations affamées regarda avec infiniment de respect les hautes lettres qui composaient les mots Saskatchewan Wheat Pool.

Curieusement, hors la gare, la citerne à eau et les autres dépendances du chemin de fer également de couleur rouge sombre, tout le village se tenait, non seulement le

145 long de la grand-route, mais encore sur le même côté de cette grand-route, face aux champs sans limites, et comme disposé pour attendre un lever de rideau jusqu'à ce que éternité s'ensuive.

Sam Lee Wong absorbait maintenant des détails qu'il avait tout juste notés du coin de l'œil au premier coup. Il reconnut une haute maison surmontée d'une croix.

150 Devant la porte allait et venait un homme en robe noire, lisant dans un livre, qui n'interrompit pas sa lecture pour lever les yeux sur celui qui passait. À moins qu'il ne l'eût fait à la dérobée, tout comme Sam Lee Wong lui-même qui semblait aujourd'hui ne regarder librement autour de lui qu'au moment où les gens avaient les yeux ailleurs.

Ensuite l'école livra au dehors une troupe d'enfants agités qui se mirent à jouer

155 au ballon. Cette fois Sam Lee Wong s'arrêta, franc intérêt soudain. Il resta un bon moment au bord du trottoir à suivre du regard le jeu des enfants, cependant que son rire muet accompagnait leur tapage. C'était la première fois depuis son arrivée sur ce continent qu'il s'arrêtait à considérer un spectacle qui ne l'excluait pas totalement. Pourtant les enfants joueurs ne semblaient même pas prendre conscience de sa pré-

160 sence qui devait sauter aux yeux. Mais c'était peut-être parce qu'elle sautait aux yeux qu'elle intimidait. Après un peu de temps parut sur le seuil une jeune fille qui agita une cloche. Les enfants rentrèrent. Sam Lee Wong continua sa route. Il se mit à chercher pour de bon ce qu'il espérait.

En vérité, peu de chose : une maison abandonnée, peut-être même un peu décré-

165 pite afin de l'avoir à meilleur compte, pas plus qu'un abri en somme, bien situé toutefois. Or cela n'était pas aussi facile à trouver qu'on aurait pu le supposer, car, une fois les enfants rentrés, le bruit de leurs voix éteint, tout ici paraissait vide.

Avec le temps, Sam Lee Wong devait se faire à l'idée d'un village englouti dans le silence à en paraître déserté; à de petites maisons de bois grises, moroses, où un son

170 s'en échappait-il, aussitôt le vent s'en emparait, l'étouffait dans sa plainte perpétuelle; il devait se faire à cette autre forme de solitude, mais pour l'instant il crut presque tout le monde parti.

Pour s'en assurer il colla son mince visage à une fenêtre d'une maison particulièrement inanimée. Les mains pressées au bord des yeux pour intercepter la lumière et

175 mieux distinguer à l'intérieur, il le fouillait du regard, lorsque, à sa profonde stupéfac-

tion, il rencontra un regard le fixant avec une surprise égale à la sienne, peut-être même de l'indignation. Il recula d'instinct, puis avança de nouveau le visage pour offrir en guise d'excuse, à la vitre sombre ou au regard stupéfait, un immense sourire très humble.

180   Or ce sourire allait maintenant devenir une partie de Sam Lee Wong et paraître à tout propos sur son visage triste. En lieu et place de langage? Parce qu'il ne savait autrement se faire comprendre? Quoi qu'il en soit, cet immense sourire du Chinois mélancolique ne devait étonner personne ici. C'est plutôt d'un Chinois n'ayant pas toujours le sourire que l'on eût été choqué.

185   Après avoir parcouru une deuxième fois le village en entier, Sam Lee Wong put faire le compte des masures réellement désertes : trois en tout. Une d'elles le tentait un peu plus que les autres, quoique en piteux état. Sa façade à fronton était curieusement rebondie comme si elle avait naguère à demi cédé sous une pression du dedans. Sans doute avait-elle servi de grainerie, car une odeur de céréales s'en dégageait. D'ailleurs
190 Sam Lee Wong put constater à travers la vitre qu'il restait du grain en tas sur le plancher. Mais cette maison à odeur de blé était située à peu près en face de la gare, à l'endroit le plus passant du village, advenant qu'il y eût jamais des passants. De plus, elle était munie d'une extraordinaire vitre prenant bien une moitié de la façade. Sam Lee Wong ne détestait pas non plus le fronton découpé qui donnait à la masure une allure
195 du Far West telle que la lui avait représentée des cartes postales.

    Méditatif, Sam Lee Wong se voyait reflété en partie dans la vitre crasseuse, et il voyait aussi comme une sorte d'avenir s'y dessiner. Car les affaires pourraient n'être pas trop mauvaises, même en un village aussi endormi, avec cette large vitre pour attirer. Quand Sam Lee Wong apprendrait l'histoire de la masure, il lui trouverait encore
200 plus d'attrait, car avant de servir de grainerie, au temps où le village avait failli connaître un boom sensationnel, elle avait bel et bien abrité une succursale de banque, et c'est pourquoi elle possédait cette grande ouverture. Ensuite y avait logé le secrétariat de la municipalité, et c'est alors qu'on l'avait munie d'une sorte de comptoir coupant la pièce dans sa largeur. Lorsque Sam Lee Wong, s'habituant à la pénombre, l'eut
205 découvert du regard, il en éprouva presque plus de contentement encore que de la grande vitre. Il n'y avait pas à chercher plus loin. Il avait, sous la main, tout ce qu'il lui fallait.

    Le difficile, cependant, fut d'élucider la question : à qui pouvait bien appartenir l'ancien bureau des affaires municipales; puis, ayant repéré l'actuel propriétaire, un
210 fermier qui habitait à la sortie du village, de lui faire comprendre qu'il désirait louer cette ruine. Enfin le marché se fit. Moyennant dix dollars par mois, toutes les réparations à ses frais, le bureau-grainerie était à Sam Lee Wong.

    Avant la nuit, il s'y installa. En revenant de chez le propriétaire, il s'était acheté un seau, du savon, un balai. Tard ce soir-là, une pauvre lampe posée sur le comptoir
215 éclaira les allées et venues de Sam Lee Wong qui, ses beaux effets enlevés et remplacés par une sorte de robe-tablier, balayait et rangeait comme déjà mystérieusement chez lui. Était-ce parce que la salle au fur et à mesure qu'il la dégageait paraissait de plus en plus grande et vide, était-ce la curieuse ombre sur les murs, cela ou autre chose, toujours est-il que les quelques villageois qui en passant jetèrent un coup d'oeil

220 à l'intérieur, reculèrent à leur tour, dans la gêne, peut-être pour avoir surpris une image trop franche de la solitude. Pourquoi tout d'un coup, au milieu d'eux qui étaient bien assez seuls, ce Chinois sans attache, sans rien? Ils rentrèrent chez eux et s'efforcèrent d'oublier l'image qu'ils avaient saisie au passage d'un homme s'installant à peu près comme un oiseau fait son nid, au hasard du monde.

225 Sur ses hardes roulées en oreiller au fond de la grande salle vide, Sam Lee Wong posa la tête et s'endormit. Ailleurs, dans le village, on se retirait aussi pour la nuit, et la réflexion vint à chacun, aiguisée comme elle l'est souvent avant que ne s'éloignent les regrets et les mauvais souvenirs de la journée. Car, au moment où elle avait agité la cloche, la maîtresse d'école avait bien vu le Chinois arrêté au milieu du trottoir; de 230 même entre deux phrases du bréviaire, le curé, du coin de l'œil; mais mieux que tous l'acheteur de blé pour le compte de la Saskatchewan Wheat Pool qui, du haut de l'élévateur à blé, s'était trouvé des mieux placés pour suivre les allées et venues de l'étranger; aussi Pete Finlisson, chef de section du chemin de fer, du wagon désaffecté posé à plat parmi les chardons qui lui servait de demeure, tout à côté du rail; bien d'autres 235 encore que l'effarement du Chinois avait peut-être comme figés, ou qu'est-ce alors qui les avait retenus de marquer un mouvement de sympathie? Peu à peu la nuit s'allongea sur le village isolé au lointain de la plaine nue. Les collines tracèrent la nette découpure de leur profil sur le bleu un peu moins accentué du ciel. Le vent s'éleva, ébranla les frêles maisons de planches, souffla la poussière le long de la grand-rue où 240 veillaient, très espacés, trois réverbères, comme pensifs. Que signifiait la présence à Horizon de Sam Lee Wong? Parmi tant d'énigmes déjà? Enfin tous sans doute perdirent pied bienheureusement dans le sommeil, Sam Lee Wong au milieu d'eux, la tête sur son paquet de hardes.

Quelques jours plus tard, au centre de la grande vitre lavée et toute propre, on 245 put lire, tracée au savon, l'annonce que voici:

RESTAURANT SAM LEE WONG

GOOD FOOD.

MEALS AT ALL HOURS.

Premières impressions

À votre avis, quel est le thème principal de cette histoire?
  a)   La solitude;
  b)   Le choix / la destinée;
  c)   Les problèmes des immigrants chinois au Canada;
  d)   La vie dans un village de la Saskatchewan;
  e)   Autre chose (Précisez.)

Approfondissement

1. Pourquoi Sam Lee Wong a-t-il décidé de quitter la Chine? (Indiquez les references au texte.)
2. Quelle est la première impression de Sam Lee Wong de la ville de Vancouver?
3. Quels services offre la Société d'Aide aux Fils d'Orient?
4. Pourquoi Sam Lee Wong choisit-il de s'installer à Horizon alors qu'un compatriote lui avait déconseillé cette région? *Il y a des callines*
5. Quels métiers les immigrants chinois trouvaient-ils? Pourquoi, à votre avis?
6. Quelle est la première impression de Sam Lee Wong du village d'Horizon?
7. Imaginez ce qu'a pu penser la personne à l'intérieur de la maison que Sam Lee Wong regardait (lignes 173 à 179).
8. Quel genre d'accueil les habitants d'Horizon donnent-ils à Sam Lee Wong?
9. Comment se sentait Sam Lee Wong, à votre avis, durant sa première journée à Horizon?
10. Qu'est-ce qui a motivé Sam Lee Wong à choisir cette maison?

Questions de langue

A. Sans regarder dans le dictionnaire, et après en avoir étudié le contexte, proposez une paraphrase du texte original, en y remplaçant les mots ou expressions qui suivent. Comparez ensuite les diverses paraphrases proposées.

1. *dénués d'intérêt* (ligne 26). *Qui ne s'intérresent à rien*
2. *importants* (ligne 55). *bien connus*
3. *chétifs* (ligne 63).
4. *pareil* (ligne 69). *semblable (seems)*
5. *entraves* (ligne 72).
6. *las* (ligne 73). *weary*
7. *un tour de passe-passe* (lignes 107 et 108).
8. *rebroussa chemin* (ligne 131).
9. *les disettes* (ligne 140).
10. *sautait aux yeux* (ligne 160).
11. *repéré* (ligne 209).
12. *hardes* (ligne 225).

B. Proposez un mot pour chaque lacune du texte suivant, tiré de l'histoire de Sam Lee Wong. Comparez ensuite les mots suggérés.

À quelque temps de là, par un beau matin sec, vint à passer devant le café le vieux Smouillya. Depuis vingt ans peut-être il _____ une oreille compatissante pour y _____ le récit par trop étrange de _____ vie absolument sans queue ni tête. _____ tout jeune homme de son village _____ Pyrénées françaises, il s'était réveillé _____ jour à Horizon sans avoir jamais _____ à fait compris comment cela avait _____ se produire. Un homme de montagne _____ dans la plaine nue! Tous ses _____ dès lors avaient porté vers l'_____ de s'en sortir. Mais les mal-

192

heurs s'étaient accumulés sur sa tête. _____ il avait tout perdu: sa terre _____
ses bâtiments pour dettes; puis sa _____, de maladie; enfin les enfants. _____ lui
restait une cabane au bout _____ village. Il y vivait l'hiver, _____ le beau temps
revenu, comme la _____ était sale à n'y plus _____, il déménageait poêle et mar-
mites et _____ à deux pas de sa maison, _____ plus y mettre le pied pendant
_____ trois ou quatre mois de la _____ clémente.

Questions de discussion

1.   Comparez la motivation de Sam Lee Wong à celle d'autres immigrants que vous
connaissez. (Pourquoi ont-ils quitté leur pays d'origine? Pourquoi ont-ils décidé de
venir dans votre pays?)
2.   Y a-t-il encore aujourd'hui des métiers associés à certains groupes ethniques? Si
oui, comment expliquez-vous ce phénomène?
3.   Quelle est l'attitude générale des habitants de votre ville envers les immigrants?
Cette attitude varie-t-elle d'un groupe ethnique à un autre?
4.   Comment décririez-vous le personnage de Sam Lee Wong?
5.   Qu'est-ce que le titre veut dire, à votre avis?
6.   Que signifient les collines pour Sam Lee Wong? (Référez-vous à des passages
particuliers.)
7.   Quelle impression a dû faire l'arrivée de Sam Lee Wong sur les habitants d'Horizon? Pourquoi?

Projets

1.   Sam Lee Wong est venu seul au Canada. Imaginez la lettre qu'il aurait pu écrire à
sa famille après son arrivée à Horizon.
2.   Imaginez la lettre que l'un des habitants d'Horizon aurait pu écrire pour raconter
l'arrivée de Sam Lee Wong.
3.   Racontez les expériences d'un immigrant ou d'une immigrante dans votre région.
(Vous pouvez raconter une expérience vraie ou en inventer une.)
4.   Gabrielle Roy ne termine pas là l'histoire de Sam Lee Wong. Imaginez la suite, et
décrivez la vie que Sam Lee Wong mène à Horizon. (Se fait-il des amis? Se marie-t-il?
Reste-t-il à Horizon? Est-il heureux? etc.)

Un peu de tout

Les Choses

~

Georges Pérec

Anticipation

Georges Pérec (né en 1936) est un écrivain français . Après avoir fait des études de
sociologie, il a travaillé comme documentaliste au Centre national de la recherche
scientifique. Il a collaboré à diverses revues en France.

Son roman *Les Choses* (1965), dont le texte suivant est extrait, lui a mérité le
prix Renaudot.

Les Choses

[…] Jérôme avait vingt-quatre ans. Sylvie en avait vingt-deux. Ils étaient tous deux
psychosociologues. Ce travail, qui n'était pas exactement un métier, ni même une profession, consistait à interviewer des gens, selon diverses techniques, sur des sujets
variés. C'était un travail difficile, qui exigeait, pour le moins, une forte concentration
5 nerveuse, mais il ne manquait pas d'intérêt, était relativement bien payé, et leur laissait
un temps libre appréciable.

Comme presque tous leurs collègues, Jérôme et Sylvie étaient devenus psychosociologues par nécessité, non par choix. Nul ne sait d'ailleurs où les aurait menés le
libre développement d'inclinations tout à fait indolentes. L'histoire, là encore, avait
10 choisi pour eux. Ils auraient aimé, certes, comme tout le monde, se consacrer à
quelque chose, sentir en eux un besoin puissant, qu'ils auraient appelé vocation, une
ambition qui les aurait soulevés, une passion qui les aurait comblés. Hélas, ils ne s'en
connaissaient qu'une: celle du mieux-vivre, et elle les épuisait. Étudiants, la perspective d'une pauvre licence, d'un poste à Nogent-sur-Seine, à Château-Thierry ou à
15 Étampes, et d'un salaire petit, les épouvanta au point qu'à peine se furent-ils rencontrés—Jérôme avait alors vingt et un ans, Sylvie dix-neuf—ils abandonnèrent, sans
presque avoir besoin de se concerter, des études qu'ils n'avaient jamais vraiment com-
mencées. Le désir de savoir ne les dévorait pas; beaucoup plus humblement, et sans se
dissimuler qu'ils avaient sans doute tort, et que, tôt ou tard, viendrait le jour où ils le

20 regretteraient, ils ressentaient le besoin d'une chambre un peu plus grande, d'eau courante, d'une douche, de repas plus variés, ou simplement plus copieux que ceux des restaurants universitaires, d'une voiture peut-être, de disques, de vacances, de vêtements.

Depuis plusieurs années déjà, les études de motivation avaient fait leur apparition
25 en France. Cette année-là, elles étaient encore en pleine expansion. De nouvelles agences se créaient chaque mois, à partir de rien, ou presque. On y trouvait facilement du travail. Il s'agissait, la plupart du temps, d'aller dans les jardins publics, à la sortie des écoles, ou dans les H.L.M.[1] de banlieue, demander à des mères de famille si elles avaient remarqué quelque publicité récente, et ce qu'elles en pensaient. Ces sondages-
30 express, appelés testings ou enquêtes-minute, étaient payés cent francs. C'était peu, mais c'était mieux que le baby-sitting, que les gardes de nuit, que la plonge, que tous les emplois dérisoires—distribution de prospectus, écritures, minutage d'émissions publicitaires, vente à la sauvette, lumpen-tapirat—traditionnellement réservés aux étudiants. Et puis, la jeunesse même des agences, leur stade presque artisanal, la nou-
35 veauté des méthodes, la pénurie encore totale d'éléments qualifiés pouvaient laisser entrevoir l'espoir de promotions rapides, d'ascensions vertigineuses.

Ce n'était pas un mauvais calcul. Ils passèrent quelques mois à administrer des questionnaires. Puis il se trouva un directeur d'agence qui, pressé par le temps, leur fit confiance: ils partirent en province, un magnétophone sous le bras; quelques-uns de
40 leurs compagnons de route, à peine leurs aînés, les initièrent aux techniques, à vrai dire moins difficiles que ce que l'on suppose généralement, des interviews ouvertes et fermées: ils apprirent à faire parler les autres, et à mesurer leurs propres paroles: ils surent déceler, sous les hésitations embrouillées, sous les silences confus, sous les allusions timides, les chemins qu'il fallait explorer; ils percèrent les secrets de ce «hm»
45 universel, véritable intonation magique, par lequel l'interviewer ponctue le discours de l'interviewé, le met en confiance, le comprend, l'encourage, l'interroge, le menace même parfois.

Leurs résultats furent honorables. Ils continuèrent sur leur lancée. Ils ramassèrent un peu partout des bribes de sociologie, de psychologie, de statistiques; ils assimi-
50 lèrent le vocabulaire et les signes, les trucs qui faisaient bien: une certaine manière, pour Sylvie, de mettre ou d'enlever ses lunettes, une certaine manière de prendre des notes, de feuilleter un rapport, une certaine manière de parler, d'intercaler dans leurs conversations avec les patrons, sur un ton à peine interrogateur, des locutions du genre de: «... n'est-ce pas... », «... je pense peut-être... », «... dans une certaine
55 mesure... », «... c'est une question que je pose... », une certaine manière de citer, aux moments opportuns, Wright Mills[2], William Whyte[3], ou, mieux encore, Lazarsfeld[4], Cantril ou Herbert Hyman[5], dont ils n'avaient pas lu trois pages.

Ils montrèrent pour ces acquisitions strictement nécessaires, qui étaient l'*a b c* du

---

1. Habitation à loyer modéré: immeubles que le gouvernement loue aux familles à revenu modeste.
2. Critique social américain.
3. Sociologue américain qui s'intéressait surtout aux dangers des grandes entreprises pour l'individu.
4. Sociologue américian, spécialiste en méthodes quantitatives.
5. Socio-psychologues américains.

métier, d'excellentes dispositions et, un an à peine après leurs premiers contacts avec
60 les études de motivation, on leur confïa la lourde responsabilité d'une «analyse de contenu»: c'était immédiatement au-dessous de la direction générale d'une étude, obligatoirement réservée à un cadre sédentaire, le poste le plus élevé, donc le plus cher et
partant le plus noble, de toute la hiérarchie. Au cours des années qui suivirent, ils ne
descendirent plus guère de ces hauteurs.

65 Et pendant quatre ans, peut-être plus, ils explorèrent, interviewèrent, analysèrent.
Pourquoi les aspirateurs-traîneaux se vendent-ils si mal? Que pense-t-on, dans les
milieux de modeste extraction, de la chicorée? Aime-t-on la purée toute faite[6], et pourquoi? Parce qu'elle est légère? Parce qu'elle est onctueuse? Parce qu'elle est si facile à
faire: un geste et hop? Trouve-t-on vraiment que les voitures d'enfants sont chères?
70 N'est-on pas toujours prêt à faire un sacrifice pour le confort des petits? Comment
votera la Française? Aime-t-on le fromage en tube? Est-on pour ou contre les transports en commun? À quoi fait-on d'abord attention en mangeant un yaourt: à la couleur? à la consistance? au goût? au parfum naturel? Lisez-vous beaucoup, un peu, pas
du tout? Allez-vous au restaurant? Aimeriez-vous, madame, donner en location votre
75 chambre à un Noir? Que pense-t-on, franchement, de la retraite des vieux? Que pense
la jeunesse? Que pensent les cadres? Que pense la femme de trente ans? Que pensez-
vous des vacances? Où passez-vous vos vacances? Aimez-vous les plats surgelés?
Combien pensez-vous que ça coûte un briquet comme ça? Quelles qualités demandez-
vous à votre matelas? Pouvez-vous me décrire un homme qui aime les pâtes? Que pen-
80 sez-vous de votre machine à laver? Est-ce que vous en êtes satisfaite? Est-ce qu'elle ne
mousse pas trop? Est-ce qu'elle lave bien? Est-ce qu'elle déchire le linge? Est-ce qu'elle
sèche le linge? Est-ce que vous préféreriez une machine à laver qui sécherait votre
linge aussi? Et la sécurité à la mine, est-elle bien faite, ou pas assez selon vous? (Faire
parler le sujet: demandez-lui de raconter des exemples personnels; des choses qu'il a
85 vues; est-ce qu'il a déjà été blessé lui-même? comment ça s'est passé? Et son fils, est-ce
qu'il sera mineur comme son père, ou bien quoi?)

Il y eut la lessive, le linge qui sèche, le repassage. Le gaz, l'électricité, le téléphone. Les enfants. Les vêtements et les sous-vêtements. La moutarde. Les soupes en
sachets, les soupes en boîtes. Les cheveux: comment les laver, comment les teindre,
90 comment les faire tenir, comment les faire briller. Les étudiants, les ongles, les sirops
pour la toux, les machines à écrire, les engrais, les tracteurs, les loisirs, les cadeaux, la
papeterie, le blanc, la politique, les autoroutes, les boissons alcoolisées, les eaux miné-
rales, les fromages et les conserves, les lampes et les rideaux, les assurances, le jardi-
nage.
95 Rien de ce qui était humain ne leur fut étranger.

Pour la première fois, ils gagnèrent quelque argent. Leur travail ne leur plaisait
pas: aurait-il pu leur plaire? Il ne les ennuyait pas trop non plus. Ils avaient l'impression de beaucoup y apprendre. D'année en année , il les transforma.

Ce furent les grandes heures de leur conquête. Ils n'avaient rien, ils découvraient
100 les richesses du monde.[...]

---

6.   Il s'agit de la purée de pommes de terre en poudre.

Premières impressions

Jérôme et Sylvie travaillent pour connaître la motivation des autres. Quelle est, selon vous, leur propre motivation dans la vie?

Approfondissement

1. Pourquoi Jérôme et Sylvie ont-ils abandonné leurs études?
2. En quoi consiste le travail de psychosociologue?
3. Qu'est-ce qui attirait Jérôme et Sylvie dans ce métier?
4. Ont-ils une solide formation en psychologie ou en sociologie?
5. Ont-ils réussi dans leur métier? Expliquez.
6. Pourquoi ont-ils continué dans ce métier?

Questions de langue

Dans les lignes 65 à 86, on cite certaines des questions posées dans les sondages. Elles sont présentées en «discours direct», c'est-à-dire de la façon dont elles auraient été posées oralement. S'il s'agissait d'un rapport, ces questions seraient présentées en «discours indirect».

Exemples
– Ils ont cherché à savoir pourquoi les aspirateurs-traîneaux se vendaient si mal.
– Ils ont demandé aux gens de milieu modeste ce qu'ils pensaient de la chicorée.
– Ils ont demandé si on aimait la purée toute faite, et pourquoi.

1. Étudiez les trois exemples ci-dessus pour voir quelles sortes de changements sont nécessaires pour passer au discours indirect.
2. Transformez toutes les questions du paragraphe dans le style rapporté, c'est-à-dire indirect. Commencez par la question «Trouve-t-on vraiment que les voitures d'enfants sont chères?»

Questions de discussion

1. À quelle carrière vous destinez-vous? Y a-t-il certaines carrières que vous aviez envisagées, puis que vous avez rejetées?
2. Avez-vous déjà participé à un sondage? Si oui, quelle a été votre première réaction lorsqu'on vous a demandé de passer l'entrevue? (Intérêt? irritation? autre?) Sinon, comment imaginez-vous votre réaction?
3. Discutez de certains des sujets du sondage mentionnés dans le texte. Qui aurait demandé le sondage et pourquoi? Est-ce que certains des sujets vous surprennent? Expliquez.

4.   Faites une catégorisation des sujets mentionnés. Êtes-vous d'accord que Jérôme et Sylvie enquêtaient sur tout ce qui était «humain»? Expliquez.
5.   On dit quelquefois que les sondages sont dangereux parce qu'ils influencent l'opinion publique plutôt que de la refléter. Qu'en pensez-vous? (Donnez quelques exemples.)
6.   Aimeriez-vous travailler comme psychosociologue? Pourquoi?
7.   Avez-vous l'impression que Jérôme et Sylvie sont heureux? Quels sont, pour vous, les facteurs qui déterminent le bonheur?

Projets

1.   Interviewez une personne qui exerce un métier qui vous intéresse. Essayez d'apprendre tout ce que vous pouvez sur le métier en question (les responsabilités, etc.), ses avantages et ses inconvénients, les raisons qui ont poussé cette personne vers ce métier, etc. Ensuite, faites un compte rendu des informations recueillies et discutez-en.
2.   Décrivez votre vie telle que vous l'imaginez *idéalement* dans 15 ans. Que ferez-vous? Qu'est-ce qui sera essentiel à votre bonheur?

Mon chien, c'est quelqu'un

~

Raymond Devos

Anticipation

Voici un autre sketch de l'humoriste belge Raymond Devos.

Mon chien, c'est quelqu'un

Depuis quelque temps, mon chien m'inquiète...
Il se prend pour un être humain, et
je n'arrive pas à l'en dissuader.
Ce n'est pas tellement que je prenne mon chien
5 pour plus bête qu'il n'est...
Mais que lui se prenne pour quelqu'un,
c'est un peu abusif!
Est-ce que je me prends pour un chien, moi?
Quoique... Quoique...
10 Dernièrement,
il s'est passé une chose troublante
qui m'a mis la puce à l'oreille[1]!
Je me promenais avec mon chien
que je tenais en laisse...
15 Je rencontre une dame avec sa petite fille
et j'entends la dame qui dit à sa petite fille:
«Va! Va caresser le chien!»
Et la petite fille est venue...
me caresser la main!

---

1. Mettre la puce à l'oreille: éveiller l'attention de quelqu'un.

20   J'avais beau lui faire signe qu'il y avait
        erreur sur la personne,
        que le chien, c'était l'autre...
        la petite fille a continué de me
        caresser gentiment la main...

25   Et la dame a dit:
        —   Tu vois qu'il n'est pas méchant!
        Et mon chien, lui, qui ne rate jamais
        une occasion de se taire...
        a cru bon d'ajouter:

30   —   Il ne lui manque que la parole, madame!
        Ça vous étonne, hein?
        Eh bien, moi, ce qui m'a le plus étonné,
        ce n'est pas que ces dames m'aient
        pris pour un chien...

35   Tout le monde peut se tromper!
        ... Mais qu'elles n'aient pas été autrement
        surprises d'entendre mon chien parler...!
        Alors là...
        Les gens ne s'étonnent plus de rien.

40   Moi, la première fois que j'ai entendu
        mon chien parler,
        j'aime mieux vous dire que j'ai été surpris!
        C'était un soir... après dîner.
        J'étais allongé sur le tapis,

45   je somnolais...
        Je n'étais pas de très bon poil[2]!
        Mon chien était assis dans mon fauteuil,
        il regardait la télévision...
        Il n'était pas dans son assiette non plus[3]!

50   Je le sentais!
        J'ai un flair terrible...
        À force de vivre avec mon chien,
        le chien... je le sens!
        Et, subitement, mon chien me dit:

55   —   On pourrait peut-être de temps en temps
        changer de chaîne?
        Moi, je n'ai pas réalisé tout de suite!
        Je lui ai dit:
        —   C'est la première fois que tu me

---

2.   Être de bon poil: être de bonne humeur.
3.   Être dans son assiette: être dans sa meilleure forme.

60 parles sur ce ton!
Il me dit:
— Oui! Jusqu'à présent, je n'ai rien dit,
mais je n'en pense pas moins!
Je lui dis:
65 — Quoi? qu'est-ce qu'il y a ?
Il me dit:
— Ta soupe n'est pas bonne!
Je lui dis:
— Ta pâtée non plus!
70 Et, subitement, j'ai réalisé
que je parlais à un chien…
J'ai dit:
— Tiens! Tu n'es qu'une bête,
je ne veux pas discuter avec toi!
75 Enfin quoi…
Un chien qui parle!
Est-ce que j'aboie, moi?
Quoique… Quoique…
Dernièrement, mon chien était sorti
80 sans me prévenir…
Il était allé aux Puces[4]
et moi j'étais resté
pour garder la maison.
Soudain… j'entendis sonner.
85 Je ne sais pas ce qui m'a pris,
au lieu d'aller ouvrir,
je me suis mis à aboyer!
Mais à aboyer!
Le drame, c'est que mon chien,
90 qui avait sonné et qui attendait derrière la porte,
a tout entendu!
Alors, depuis,
je n'en suis plus le maître!
Avant, quand je lui lançais une pierre,
95 il la rapportait!
Maintenant, non seulement il ne la rapporte plus,
mais c'est lui qui la lance!
Et si je ne la rapporte pas dans les délais…
qu'est-ce que j'entends!
100 Je suis devenu sa bête noire, quoi!

---

4. Grand marché où on peut acheter toutes sortes de choses, neuves et d'occasion.

Ah! mon chien, c'est quelqu'un!
C'est dommage qu'il ne soit pas là,
il vous aurait raconté tout ça mieux que moi!
Parce que cette histoire,
105 lorsque c'est moi qui la raconte,
personne n'y croit!
Alors que…
lorsque c'est mon chien…
les gens sont tout ouïe[5]…
110 Les gens croient
n'importe qui!

Premières impressions

À votre avis, quel adjectif décrirait le mieux ce sketch (amusant, stupide, absurde, bizarre, etc.)? Comparez vos réactions entre vous.

Approfondissement

1. Le narrateur dit au début que son chien se prend pour un être humain. Quels exemples donne-t-il de cela?
2. On constate aussi que le narrateur se comporte comme un chien. Relevez quelques exemples dans le texte.

Questions de langue

A. Certains jeux de mots contribuent à l'humour du texte. Pouvez-vous expliquer ceux qui suivent?
  1. «bête» (ligne 5)
  2. «[…] m'a mis la puce à l'oreille!» (ligne 12)
  3. «Je n'étais pas de très bon poil!» (ligne 46)
  4. «Il n'était pas dans son assiette non plus!» (ligne 49)
  5. «le chien… je le sens» (ligne 53)
  6. «Il était allé aux Puces» (ligne 81)
  7. «Je suis devenu sa bête noire, quoi!» (ligne 100)

---

5.   Être tout ouïe: écouter très attentivement.

B. Proposez une paraphrase des expressions suivantes en remplaçant les mots en italique. Comparez ensuite vos versions.

1. «*Quoique... Quoique...* » (ligne 9)
2. «J'*avais beau* lui *faire signe* qu'il y avait erreur sur la personne»
(lignes 20 et 21)
3. «[...] qui *ne rate jamais* une occasion [...]» (lignes 27 et 28)
4. «Et, *subitement*, mon chien me dit» (ligne 54)
5. «Moi, je n'ai pas *réalisé tout de suite*!» (ligne 57)
6. «*je me suis mis à aboyer*!» (ligne 87)

C. Avez-vous remarqué des expressions qui semblent appartenir au français *parlé*? Comment les traduiriez-vous en français écrit?

Questions de discussion

1. Avez-vous trouvé plus amusants les exemples du chien qui se comporte comme un être humain ou les exemples de l'homme qui se comporte comme un chien?
2. On dit que les gens choisissent souvent des animaux qui leur ressemblent. En connaissez-vous des exemples? des contre-exemples?
3. À regarder ce texte, on pourrait penser qu'il s'agit d'un poème. Qu'est-ce qui vous indique que ce n'est pas le cas?

Projets

1. Jouez la scène décrite dans les lignes 13 à 39.
2. Jouez la scène décrite dans les lignes 40 à 74.
3. Préparez une présentation orale du sketch.
4. Supposez que le narrateur devienne si troublé par cette situation qu'il consulte un psychiatre. Imaginez le dialogue entre les deux.
5. Avez-vous un chien ou un chat qui se comporte de façon comique? Racontez une anecdote amusante.

Jeux de mains

~

Raymond Devos

Anticipation

Voici encore un autre sketch de l'humoriste belge Raymond Devos.

Jeux de mains

Un jour, dans un salon… je bavardais… avec des gens.

J'avais les deux mains dans mes poches, et tout à coup… alors que j'avais toujours les deux mains dans mes poches… je me suis surpris en train de me gratter l'oreille.

5 Là, j'ai eu un moment d'angoisse. Je me suis dit: «Raisonnons calmement… De deux choses l'une! Ou j'ai une main de trop… et alors j'aurais dû m'en apercevoir plus tôt… ou il y en a une qui ne m'appartient pas!»

Je compte discrètement mes mains sur mes doigts… et je constate que le monsieur qui était à côté de moi, et qui apparemment avait les deux mains dans ses poches,

10 en avait glissé une dans la mienne par inadvertance…

Que faire?

Je ne pouvais tout de même pas lui dire: «Monsieur! Retirez votre main de ma poche!… » Ça ne se fait pas!

Je me suis dit: «Il n'y a qu'une chose à faire, c'est de lui gratter l'oreille. Il va bien

15 voir qu'il se passe quelque chose d'insolite.»

Je lui gratte l'oreille… et je l'entends qui murmure: «Raisonnons calmement! De deux choses l'une! Ou j'ai une main de trop… et alors j'aurais dû m'en apercevoir plus tôt… ou il y en a une qui ne m'appartient pas!»

Et il a fait ce que j'avais fait.

20 Il a sorti sa main de ma poche… et il s'est mis à me gratter la jambe!

Que faire?

206

Je ne pouvais tout de même pas lui dire: «Monsieur! Cessez de me gratter la jambe!»

Il m'aurait répondu: «Vous me grattez bien l'oreille, vous!»

25   Et il aurait eu raison…

Et puis, ça ne se fait pas!

Et, subitement, j'ai réalisé que ma poche était vide puisqu'il en avait retiré sa main.

Je pouvais donc y remettre la mienne!

30   Lui remettrait la sienne dans sa poche, et chacun y trouverait son compte.

Je retire ma main de son oreille… que je n'avais plus aucune raison de gratter… ça ne se justifiait plus…! et comme je m'apprêtais à la glisser dans ma poche, il retire sa main de ma jambe… et la remet dans ma poche à moi!

Ah! l'entêté!

35   De plus, moi, j'avais une main qui restait en suspens! Hé!… où la mettre? C'est qu'une main, ça ne se place pas comme ça! Ah! j'ai dit: «Tant pis!…» et je l'ai fourrée dans sa poche à lui!

Il est certain que, momentanément, cela équilibrait les choses! Mais!… et c'est ce que je me suis dit: «Tout à l'heure… quand on va se séparer… il va se passer quelque 40   chose!»

Eh bien, mesdames et messieurs, il ne s'est rien passé.

Il est parti avec ma main dans sa poche!

Alors, moi… j'ai couru derrière, je l'ai rattrapé, je l'ai insulté, il m'a insulté… et, petit à petit, on en est venus aux mains!   *je kakkne*

45   Quand il a sorti ma main de sa poche, je l'ai récupérée au passage, et je lui ai flanqué la sienne à travers la figure en lui disant: «Monsieur! Nous sommes quittes!»

"Mon chien c'est quelqu'un" and "Jeux de mains", by Raymond Devos, from *Sens dessus-dessous*, reproduced courtesy of Éditions Stock.

Premières impressions

Par rapport aux deux autres sketches de Devos que vous avez lus (*Xénophobie, Mon chien, c'est quelqu'un*), comment trouvez-vous l'humour de celui-ci? (Plus amusant? moins? de type semblable? différent?)

Questions de langue

A.   Y a-t-il des jeux de mots dans ce sketch? Si vous en trouvez, expliquez-les.

B.   Choisissez la paraphrase qui vous semble la plus juste:
1. «[…] alors que j'avais *toujours* les deux mains dans mes poches […]» (lignes 2 et 3)
    a) éternellement;
    b) encore.

2. «*De deux choses l'une!*» (lignes 5 et 6)
   a) Il y a seulement deux possibilités;
   b) Deux choses ont dû se passer.
3. «*Ça ne se fait pas!*» (ligne 13)
   a) On n'a jamais fait ça;
   b) Ce n'est pas socialement correct.
4. «*Que faire?*» (ligne 21)
   a) Qu'est-ce que je devais faire?
   b) Qu'est-ce que j'avais fait?
5. «[...] *comme* je m'apprêtais à la glisser dans ma poche [...]» (ligne 32)
   a) puisque;
   b) au moment où.
6. «Tout à l'heure [...]» (ligne 39)
   a) Il y a quelques minutes;
   b) Dans quelques minutes.

Questions de discussion

1. Comment interprétez-vous le titre?
2. Est-ce que l'humour de ce sketch repose sur la situation, sur la langue, ou sur les deux?

Projet

Jouez ce sketch: une personne peut lire le texte, et deux autres peuvent mimer l'action.

Le Maghreb

Le terme «Maghreb» désigne certains pays de l'Afrique du Nord: l'Algérie, le Maroc, la Tunisie (voir la carte de la page 225). Ces pays arabes —comme beaucoup de pays africains— ont été colonisés par la France, et sont aujourd'hui des états indépendants.

Vous lirez, dans cette section, trois textes sur le Maghreb, dont deux écrits par des Français et un par un Marocain.

La bonne conscience

~

Albert Camus

Anticipation

Vous savez sans doute que l'Algérie, la Tunisie et le Maroc étaient des colonies françaises avant d'obtenir leur indépendance. En plus de la population indigène (arabe), beaucoup de Français —nés au Maghreb de parents français— vivaient dans ces pays. Albert Camus était un de ces Français du Maghreb, plus précisément de l'Algérie.

Camus était sensible aux problèmes de l'Algérie. Il dénonçait l'exploitation des Arabes, qui avaient un niveau de vie nettement inférieur à celui des Français d'Algérie et surtout à celui des Français de la «métropole» (la France). Cependant, il espérait qu'il y aurait une possibilité de réforme, et souhaitait que l'Algérie puisse continuer à dépendre de la France, mais avec des conditions de vie améliorées.

Au moment où Camus a écrit le texte suivant (1955), certains militants arabes partageaient l'espoir de réforme de Camus, mais d'autres n'en voulaient pas: ils réclamaient l'indépendance totale de l'Algérie.

C'était une période de grande tension politique et sociale. En France, on commençait à voir de plus en plus d'articles critiquant la politique coloniale. Dans l'essai qui suit, Camus exprime ses sentiments en tant que Français d'Algérie.

1.   Cet essai est paru dans la revue *L'Express* en 1955. Pour quel public Camus écrivait-il?
2.   Quelle image vous faites-vous d'un colon français en Algérie? Étaient-ils tous semblables, à votre avis? Cette image diffère-t-elle de celle que vous vous faites des Blancs d'Afrique du Sud? Comparez vos réponses à celles de quelques autres étudiants et discutez-en.

La bonne conscience

Entre la métropole et les Français d'Algérie, le fossé n'a jamais été plus grand. Pour parler d'abord de la métropole, tout se passe comme si le juste procès, fait enfin chez nous à la politique de colonisation, avait été étendu à tous les Français vivant là-bas. À lire une certaine presse, il semblerait vraiment que l'Algérie soit peuplée d'un million de colons à cravache et à cigare, montés sur Cadillac.

Cette image d'Épinal[1] est dangereuse. Englober dans un mépris général, ou passer sous silence avec dédain, un million de nos compatriotes, les écraser sans distinction sous les péchés de quelques-uns, ne peut qu'entraver, au lieu de favoriser, la marche en avant que l'on prétend vouloir. Car cette attitude se répercute naturellement sur celle des Français d'Algérie. À l'heure présente, en effet, l'opinion de la majorité d'entre eux, et je prie le lecteur métropolitain d'en apprécier la gravité, est que la France métropolitaine leur a tiré dans le dos.

J'essaierai de montrer une autre fois, à l'intention des Français d'Algérie, l'excès d'un pareil sentiment. Mais il n'empêche qu'il existe et que les Français de là-bas, réunis dans un amer sentiment de solitude, ne se séparent que pour dériver vers des rêves de répression criminelle ou de démission spectaculaire. Or, ce dont nous avons le plus besoin en Algérie, aujourd'hui, c'est d'une opinion libérale qui puisse précipiter une solution avant que tout le pays soit figé dans le sang. C'est cela, au moins, qui devrait nous forcer à des distinctions nécessaires pour établir, dans un esprit de justice, les responsabilités réciproques de la colonie et de la métropole.

Ces distinctions, après tout, sont bien faciles. 80% des Français d'Algérie ne sont pas des colons, mais des salariés ou des commerçants. Le niveau de vie des salariés, bien que supérieur à celui des Arabes, est inférieur à celui de la métropole. Deux exemples le montreront. Le salaire minimum interprofessionnel garanti est fixé à un taux nettement plus bas que celui des zones les plus défavorisées de la métropole. De plus, en matière d'avantages sociaux, un père de famille de trois enfants perçoit à peu près 7 200 francs contre 19 000 en France. Voilà les profiteurs de la colonisation.

Et pourtant ces mêmes petites gens sont les premières victimes de la situation actuelle. Ils ne figurent pas aux petites annonces de notre presse, pour l'achat de propriétés provençales ou d'appartements parisiens. Ils sont nés là-bas, ils y mourront, et voudraient seulement que ce ne soit pas dans la terreur ou la menace, ni massacrés au fond de leurs mines. Faut-il donc que ces Français laborieux, isolés dans leur bled[2] et leurs villages, soient offerts au massacre pour expier les immenses péchés de la France colonisatrice? Ceux qui pensent ainsi doivent d'abord le dire et ensuite, selon moi, aller s'exposer eux-mêmes en victimes expiatoires. Car ce serait trop facile, et si les Français d'Algérie ont leurs responsabilités, ceux de France ne doivent pas oublier les leurs.

Qui, en effet, depuis trente ans, a naufragé tous les projets de réforme, sinon un

---

1. Les images d'Épinal sont des imageries religieuses. Dans ce contexte, il s'agit plutôt d'une caricature.
2. Petit village perdu et sans grande activité.

Parlement élu par les Français? Qui fermait ses oreilles aux cris de la misère arabe, qui
a permis que la répression de 1945[3] se passe dans l'indifférence, sinon la presse française dans son immense majorité? Qui enfin, sinon la France, a attendu, avec une
dégoûtante bonne conscience, que l'Algérie saigne pour s'apercevoir enfin qu'elle
existe?

Si les Français d'Algérie cultivaient leurs préjugés, n'est-ce pas avec la bénédic-
tion de la métropole? Et le niveau de vie des Français, si insuffisant qu'il fût, n'aurait-il
pas été moindre sans la misère de millions d'Arabes? La France entière s'est engraissée
de cette faim, voilà la vérité. Les seuls innocents sont ces jeunes gens que, précisément, on envoie au combat.

Les gouvernements successifs de la métropole appuyés sur la confortable indifférence de la presse et de l'opinion publique, secondés par la complaisance des législa-
teurs, sont les premiers et les vrais responsables du désastre actuel. Ils sont plus coupables en tout cas que ces centaines de milliers de travailleurs français qui se survivent
en Algérie avec des salaires de misère, qui, trois fois en trente ans, ont pris les armes
pour venir au secours de la métropole et qui se voient récompensés aujourd'hui par le
mépris des secourus. Ils sont plus coupables que ces populations juives, coincées
depuis des années entre l'anti-sémitisme français et la méfiance arabe, et réduites
aujourd'hui, par l'indifférence de notre opinion, à demander refuge à un autre État
que le français.

Reconnaissons donc une bonne fois que la faute est ici collective. Mais n'en tirons
pas l'idée d'une expiation nécessaire. Car cette idée risquerait de devenir répugnante
dès l'instant où les frais de l'expiation seraient laissés à d'autres. En politique, du
reste, on n'expie rien. On répare et on fait justice. Une grande, une éclatante réparation doit être faite, selon moi, au peuple arabe. Mais par la France tout entière et
non avec le sang des Français d'Algérie. Qu'on le dise hautement, et ceux-ci, je le sais,
ne refuseront pas de collaborer, par-dessus leurs préjugés, à la construction d'une
Algérie nouvelle.

"La bonne conscience", by Albert Camus, from *Actuelles III, Chroniques algériennes
1939-58*, reproduced courtesy of Éditions Gallimard (Paris).

Premières impressions

Laquelle des phrases suivantes explique le mieux, à votre avis, le titre *La bonne
conscience*?

a) Le sentiment des Français d'Algérie comme Camus, qui savent que la responsabilité de la situation en Algérie n'est pas entièrement la leur.

b) Le sentiment des Français de la métropole, qui ont fermé les yeux sur la
situation en Algérie pendant si longtemps.

3. En 1945, il y a eu des émeutes du peuple arabe en Algérie. Ces émeutes ont été suivies d'une
répression violente, et de la dissolution des partis à tendance nationaliste.

c) Le sentiment des Arabes en Algérie, qui savent qu'ils ont raison de vouloir leur indépendance.

Expliquez votre choix.

Approfondissement

A. Indiquez si les phrases ci-dessous sont *vraies* ou *fausses*. Si la phrase est fausse, corrigez-la pour qu'elle reflète le sens du texte. Indiquez les lignes du texte où vous avez trouvé la vérification.

1. On commence à critiquer, en France, la colonisation de l'Algérie.

2. Certains critiques de la politique coloniale représentent les Français d'Algérie comme étant très riches.

3. Selon Camus, l'image des Français d'Algérie donnée dans la presse française est juste.

4. Camus partage le sentiment de la majorité des Français d'Algérie, à savoir que «la France métropolitaine leur a tiré dans le dos».

5. Les commerçants en France gagnent beaucoup plus que les commerçants français d'Algérie.

6. La plupart des Français d'Algérie sont des travailleurs pauvres.

7. Les Français d'Algérie ne devraient pas endosser toute la responsabilité de la situation en Algérie.

8. La France a commencé à prendre au sérieux les problèmes en Algérie en 1945.

9. Selon Camus, les Français de France profitent autant du colonialisme que les Français d'Algérie.

10. Selon Camus, les Français d'Algérie sont les victimes innocentes de la politique de colonisation.

11. Les Juifs en Algérie ne se sentent à l'aise ni en Algérie ni en France.

12. Les Français de France et les Français d'Algérie doivent partager la responsabilité de la situation en Algérie.

13. La bonne solution serait de laisser les Français d'Algérie se battre contre les Arabes.

14. La France doit réparer l'injustice faite aux Arabes.

15. Camus croit que les Arabes accepteraient de travailler à des réformes en Algérie.

B. Un essai «classique» doit, dit-on, contenir trois parties principales: une introduction (présentation du problème), un développement (exemples, développement des arguments) et une conclusion.

1. Selon vous, le présent essai suit-il ce modèle? Sinon, quel est son plan d'organisation?

2. Y a-t-il, à votre avis, un paragraphe qui exprime l'essentiel des idées de Camus?

Question de langue

Proposez un mot pour chaque lacune du texte suivant. Vous noterez que le texte est extrait de l'essai que vous venez de lire: *il ne s'agit toutefois pas d'un exercice de mémoire.* Choisissez le mot qui convient du point de vue du sens et de la langue. Une fois que vous aurez terminé, comptez comme «correct» tout mot qui est logique, même si ce n'est pas le mot original.

Ces distinctions, après tout, sont bien faciles. 80% des Français d'Algérie ne sont _____ des colons, mais des salariés ou des _____. Le niveau de vie des salariés, bien _____ supérieur à celui des Arabes, est inférieur _____ celui de la métropole. Deux exemples le _____. Le salaire minimum inter-professionnel garanti est fixé _____ un taux nettement plus bas que celui _____ zones les plus défavorisées de la métropole. _____ plus, en matière d'avantages sociaux, un _____ de famille de trois enfants perçoit à _____ près 7 200 francs contre 19 000 en France. _____ les profiteurs de la colonisation.

Questions de discussion

1. En quoi votre image du colon français en Algérie correspond-elle à celle présentée par Camus?
2. Quelles sortes de réformes et de réparations auraient pu être envisagées par Camus, à votre avis?
3. Pourquoi, à votre avis, la France métropolitaine a-t-elle préféré tourner le dos à l'Algérie?
4. La situation décrite dans le texte vous semble-t-elle similaire à celle des colonies américaines d'avant l'indépendance?

Projets

1. Faites des recherches afin de savoir ce qui s'est passé en Algérie après 1955, date de parution de cet article.
2. Faites des recherches afin de savoir ce qui s'est passé en Tunisie et au Maroc, autres anciennes colonies françaises du Maghreb.

Le Déserteur

Boris Vian

Anticipation

Malgré l'espoir exprimé par Albert Camus et d'autres d'une résolution par négocia-
tions des problèmes en Algérie colonialisée, une guerre a éclaté. Les Algériens arabes
ne voulaient plus être une colonie française: ils réclamaient leur indépendance.

    La Guerre d'Algérie a suscité une controverse en France: bon nombre de Français
s'opposaient à cette guerre, car ils comprenaient le désir d'indépendance des Algériens, et ne voulaient pas se battre contre eux.

    La chanson *Le Déserteur* a été écrite pendant la période turbulente de la guerre
d'Algérie.

En réfléchissant aux indices que vous fournissent le titre et le contexte historique,
comment imaginez-vous la chanson? (Qui parle? À qui? De quoi s'agit-il?)

Le Déserteur

        Monsieur le Président,
        Je vous fais une lettre,
        Que vous lirez peut-être
        Si vous avez le temps.
5   Je viens de recevoir
        Mes papiers militaires
        Pour partir à la guerre
        Avant mercredi soir.

        Monsieur le Président,
10   Je ne veux pas la faire,
        Je ne suis pas sur terre
        Pour tuer des pauvres gens.
        C'est pas pour vous fâcher,
        Il faut que je vous dise
15   Ma décision est prise,
        Je m'en vais déserter.

        Depuis que je suis né,
        J'ai vu mourir mon père,
        J'ai vu partir mes frères,
20   Et pleurer mes enfants.
        Ma mère a tant souffert
        Qu'elle est dedans sa tombe,
        Et se moque des bombes,
        Et se moque des vers.

25   Quand j'étais prisonnier,
        On m'a volé ma femme,
        On m'a volé mon âme,
        Et tout mon cher passé.
        Demain de bon matin
30   Je fermerai ma porte
        Au nez des années mortes.
        J'irai sur les chemins.

        Je mendierai ma vie,
        Sur les routes de France,
35   De Bretagne en Provence,

216

M. l. president
Je ne veux pas aller à la guerre. Je crois que
la guerre n'est pas bonne parce que beaucoup
de gens innocents meurent et la guerre. Je ne
peux pas tuer les gens innocents, et je ne veux
pas mourir à cause d'un innocent stupide
comme la guerre

Et je dirai aux gens:
Refusez d'obéir,
Refusez de la faire,
N'allez pas à la guerre,
40   Refusez de partir.

S'il faut donner son sang,
Allez donner le vôtre,
Vous êtes bon apôtre,
Monsieur le Président.
45   Si vous me poursuivez
Prévenez vos gendarmes,
Que je n'aurai pas d'armes,
Et qu'ils pourront tirer.

Premières impressions

Imaginez que le narrateur de la chanson envoie un télégramme plutôt qu'une longue lettre au Président. Que dirait-il dans ce télégramme? Comparez votre formulation à celle d'autres étudiants et discutez des différences.

Approfondissement

1.   Quelle est l'organisation des idées de la chanson? (Résumez l'idée centrale de chaque strophe et discutez de l'organisation des idées.) Réorganisez ensuite les strophes de façon différente, et discutez de l'impression générale qui en résulte.
2.   Discutez de la troisième strophe. À votre avis, de quoi les parents de l'auteur sont-ils morts? Où sont partis ses frères? Pourquoi ses enfants pleuraient-ils? Expliquez.
3.   Durant quelle guerre a-t-il vraisemblablement été fait prisonnier?

Questions de langue

1.   Repérez, dans la chanson, tous les verbes à l'infinitif. Dans chaque cas, comment expliquez-vous le choix de l'infinitif de préférence à une forme du verbe conjugué?
2.   Quelles prépositions seraient employées si les mots «Bretagne» et «Provence» (ligne 35) étaient remplacés par les suivants:
   a) _____ Saint-Malo _____ Marseille?
   b) _____ nord _____ sud?
   c) _____ ville _____ campagne?
Formulez une explication, une règle décrivant l'emploi de prépositions différentes.

Questions de discussion

1. Voyez-vous des similarités ou des différences entre l'attitude du narrateur de cette chanson et celle des Américains qui refusaient d'aller au Vietnam?
2. Comment imaginez-vous l'attitude de Camus, au moment où la guerre a éclaté?
3. Avez-vous l'impression que le narrateur est un pacifiste contre la guerre en général, ou qu'il s'oppose à une certaine guerre pour des raisons politiques?

Projet

Il y a sans doute certains aspects de la société en général (par exemple, dans votre établissement scolaire) que vous n'aimez pas (une loi, une pratique, un état de choses, etc.). Adressez une lettre à une personne haut placée dans laquelle vous lui exprimez votre point de vue, et décrivez les moyens d'action envisagés pour résoudre le problème.

Le dernier bulletin d'information

~

Abdelkarim Tabal

Anticipation

Abdelkarim Tabal est un poète marocain, né en 1931. Il écrit en arabe, mais plusieurs de ses poèmes ont été traduits en français, comme celui que vous allez lire.

Le Maroc est un état d'Afrique du Nord, qui fait partie du Maghreb (voir la carte de la page 225).

Qu'est-ce que le titre *Le dernier bulletin d'information*, évoque pour vous?

Le dernier bulletin d'information

Le speaker à la merveilleuse voix et au beau visage
a dit dans le dernier bulletin de la journée:
«Nos chers auditeurs bien aimés
vous qui êtes à l'écoute de la radio-prophète
5   Voici notre dernière information:
tout est en parfait état
les quatre saisons arrivent normalement à notre pays
sans mander visa à personne
même pas de l'été frivole
10   le soleil pénètre dans nos foyers tous les matins
avant que le calife[1] ne se réveille
les arbres habitant les plaines et les montagnes
sont dispensés de capitation[2]
Nous n'empêchons pas d'entrer chez nous
15   la voix qui arrive sur les vagues
Nous ne dissimulons pas la terre à la pluie
Nous n'interdisons rien
       même pas à l'homme:
il peut recueillir le soleil ou la lune
20   il peut aussi bien s'arroser de jasmin que de puanteur
il peut avoir faim ou se rassasier de victuailles
s'habiller ou se mettre nu
être en bonne santé ou tomber malade
mourir ou vivre
25   dormir le jour ou la nuit
boire de l'eau ou du thé
se cogner la tête contre les murs
ou briser les murs sur la tête
Mais la seule chose que nous lui interdisons
30   C'est de rêver pendant la journée
Car le rêve mène toujours à la folie
Et enfin:
Nos chers auditeurs bien aimés
nous vous donnons notre dernière information:
35   tout est en parfait état.»

---

1.   Souverain musulman.
2.   Taxe.

220

Premières impressions

Sentez-vous que le poète est d'accord que «tout est en parfait état»?

Approfondissement

1.   Qui, à votre avis, le «nous» des vers 14, 16, 17, 29 et 34 représente-t-il? Discutez des interprétations proposées, en essayant de comprendre le point de vue des autres étudiants.
2.   Quel est, à votre avis, le sens de «il peut» aux vers 19, 20 et 21? (Il est capable de? il a la permission de?)
3.   Pensez-vous que votre première impression était juste? Citez des exemples du poème pour appuyer votre réponse.

Questions de langue

1.   Étudiez le vers 11 : «avant que le calife ne se réveille». Est-ce une négation? Expliquez.
2.   Exprimez la même idée que celle de la phrase modèle, mais en employant le verbe suggéré:
«Nous n'interdisons rien même pas à l'homme.» (vers 17 et 18)
   a) autoriser.
   b) défendre.
3.   Exprimez l'idée opposée des phrases suivantes:
   a) «[...] sans mander visa à personne» (vers 8)
   b) «[...] car le rêve mène toujours à la folie» (vers 31)

Questions de discussion

1.   Quels sont les éléments qui identifient ce poème comme marocain ou maghrébin? Substituez des expressions nord-américaines à ces éléments; avez-vous l'impression de lire un poème nord-américain maintenant? (Ou bien, est-ce que le poème dans son ensemble reflète un thème proprement marocain?)
2.   Selon vous, la presse joue-t-elle un rôle dans la formation de l'opinion publique? Ou bien, est-elle neutre et objective? Donnez quelques exemples pour appuyer votre point de vue. (Pensez, par exemple, au choix de nouvelles à présenter, à la perspective des reporters, etc.)

Projets

1. À partir d'un fait divers des nouvelles (c'est-à-dire l'annonce d'un mariage, d'un décès, d'un accident ou de toute autre aventure humaine), imaginez les aspects humains de la situation qui ne sont *pas* indiqués dans l'article.
2. Composez un poème, ou un petit texte, sur un thème de votre choix. Vous pourriez essayer de suivre, dans ses grandes lignes, le modèle de ce poème.

La francophonie noire

Comme le Maghreb, l'Afrique entière a connu une période de colonisation européenne.
C'est à cause de cela, bien entendu, que le français et l'anglais sont aujourd'hui les
langues officielles de plusieurs pays africains. (Voir la carte de la page 225 pour une
illustration des pays africains de langue française.) Vous trouverez dans l'anticipation
de chaque texte de plus amples renseignements sur le pays d'origine de chaque
auteur.

En plus de l'Afrique, la France et l'Angleterre ont colonisé certaines îles des
Antilles (mer des Caraïbes). La population indigène de ces îles, des Indiens, a été mas-
sacrée pendant la colonisation, et la France et l'Angleterre ont fait venir des esclaves
africains pour travailler dans les plantations. C'est pour cette raison que la grande
majorité de la population des Antilles est noire. (Voir la carte des pays antillais
ci-dessous.)

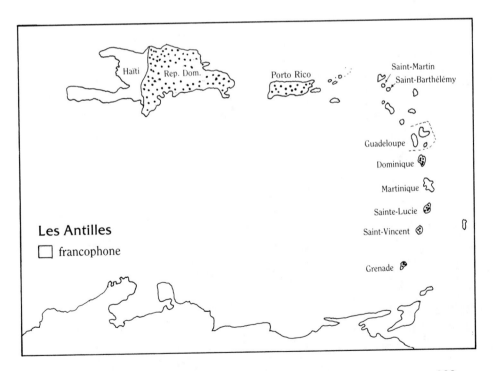

Haïti   Rep. Dom.

Porto Rico

Saint-Martin
Saint-Barthélémy

Guadeloupe

Dominique

Martinique

Sainte-Lucie

Saint-Vincent

Grenade

Les Antilles

☐ francophone

L'Afrique francophone

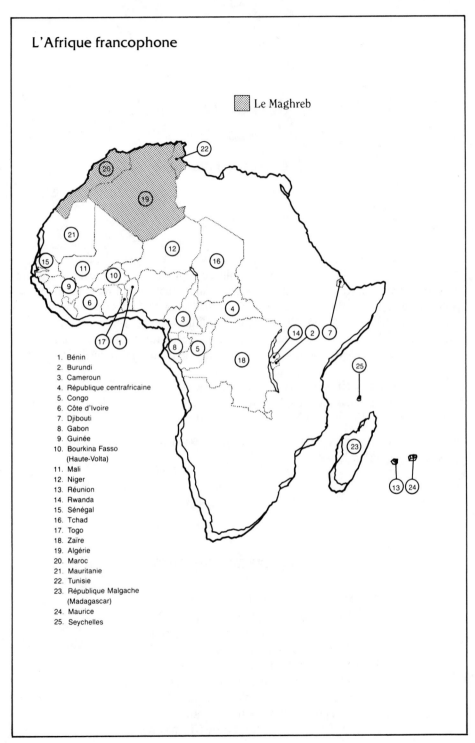

Le Maghreb

1. Bénin
2. Burundi
3. Cameroun
4. République centrafricaine
5. Congo
6. Côte d'Ivoire
7. Djibouti
8. Gabon
9. Guinée
10. Bourkina Fasso
    (Haute-Volta)
11. Mali
12. Niger
13. Réunion
14. Rwanda
15. Sénégal
16. Tchad
17. Togo
18. Zaïre
19. Algérie
20. Maroc
21. Mauritanie
22. Tunisie
23. République Malgache
    (Madagascar)
24. Maurice
25. Seychelles

Invitation au Maghreb

~

I. Célestin Tchého

Anticipation

I. Célestin Tchého est un poète du Cameroun. Pays de l'Afrique de l'Ouest, le Cameroun fut, comme presque tous les pays africains, colonisé par l'Europe. Il a été un protectorat allemand au XIXe siècle; attaqué par les Alliés pendant la Première Guerre mondiale, le pays a été divisé en protectorats anglais et français. Le Cameroun français a obtenu son indépendance en 1960. En 1961, le Cameroun britannique s'est divisé en deux parties: le Nord, qui s'est joint au Nigéria, et le Sud, qui s'est uni au Cameroun. La République fédérale du Cameroun a aujourd'hui deux langues officielles: l'anglais et le français.

Le continent africain se trouve donc actuellement divisé en pays, résultat de la colonisation européenne. En plus de cette division, l'Afrique du Nord s'est souvent trouvée séparée de l'Afrique noire du fait qu'elle est arabe.

Qu'est-ce qui sépare le Maghreb de l'Afrique noire selon vous? (Imaginez tous les facteurs qui séparent les deux.)

Invitation au Maghreb

Maghreb! Maghreb!
À ta porte frappe mon cœur fraternel,
À cette heure de la gestation de l'Afrique.
Du Sud profond je monte,
5   Malgré l'hostilité de l'infini désert.
Ma tenace volonté brave tous les scorpions.
Et l'inconfort du sable embrasé:
À ta porte frappe mon cœur nu,
Que ta sensibilité fasse écho à la mienne.

10   Donne-moi ta main,
      Que je sente dans le battement de ton sang
      Combien tu vas m'aimer en ton âme

      Du Sud lointain je monte
      Pour oublier en ta compagnie
15   La violence des vents contraires

      Sur la foi du temps passé sans doute,
      On m'a prédit ta haine éventuelle.
      Je monte vers toi, malgré tout,
      Et mes pieds plus vigoureux encore
20   Au toucher de ton sol arabe,
      Redoublent mon espérance en ta fraternelle réaction.

      Donne-moi aujourd'hui ta main de Fatma[1],
      Que dans la chaleur des retrouvailles
      Notre sang africain s'enrichisse d'amour sincère
25   Aime-moi du fond de ton cœur arabe,
      Comme moi-même du plus profond de mon âme nègre.

      Maghreb! Oh, Maghreb!
      Noyons ici et pour toujours dans les mers
      Le reste de la rancœur du passé.
30   Mets ta main sur mon cœur d'honneur,
      Que s'élève au sommet de mon verbe
      La gerbe étoilée de nos corps enlacés.

Premières impressions

À quoi est-ce que le poème invite le Maghreb, à votre avis? Comparez vos réponses et discutez-en.

---

1.   Femme de l'Afrique du Nord.

Approfondissement

1. Résumez en une ou deux phrases ce qui vous semble être l'idée principale de chaque strophe, sans employer les expressions du poème.
   a) Discutez, en groupes, de vos formulations et essayez de vous mettre d'accord sur une version.
   b) Comparez, strophe par strophe, le poème et votre résumé.
   c) Discutez de la progression des idées du poème.
2. Le poème contient six strophes de longueur différente.
   a) Existe-t-il un système de rimes?
   b) Voyez-vous un rapport entre la longueur de la strophe et l'idée exprimée?
3. Que signifie, à votre avis, le troisième vers («À cette heure de la gestation de l'Afrique.»)?

Questions de langue

1. Le mot «gerbe» peut signifier «bouquet» et aussi «une réunion de choses similaires». À votre avis, faut-il comprendre, dans le dernier vers, l'un des deux sens? les deux? Expliquez.
2. Les vers 9, 11, 23 et 31 commencent tous par un «que»
   a) Sont-ils tous pareils, ou s'agit-il d'emplois différents?
   b) Est-ce que l'emploi des «que» dans les phrases ci-dessous correspond à ceux du poème? (Considérez le sens aussi bien que la forme.)
      • Je note que vous arrivez.
      • C'est un poète que je connais.
      • Elle voudrait que l'hiver finisse.
      • Il vous envoie un billet pour que vous puissiez aller le voir.

Question de discussion

Supposez que votre classe reçoive la visite d'un Maghrébin ou d'un Camerounais. Dressez ensemble une liste de questions que vous aimeriez poser à cette personne, en expliquant pourquoi les questions vous semblent intéressantes.

Projets

1. Faites des recherches afin de répondre à une ou deux des questions à propos du Maghreb ou du Cameroun que vous avez posées lors de la discussion.
2. Écrivez une réponse (sous forme de lettre, de poème, ou autre) à ce poème.
3. Imaginez que vous êtes ambassadeur ou ambassadrice du Cameroun en Tunisie. Composez une brève lettre invitant le chef du gouvernement tunisien à entreprendre des pourparlers en vue d'un rapprochement entre les deux pays.

Le Salaire

~

Birago Diop

Anticipation

Le Salaire est une légende africaine, racontée ici par le Sénégalais Birago Diop.

1. Quels animaux figurent dans les légendes que l'on vous racontait enfant? (Pensez, par exemple, au «grand méchant loup» du *Petit chaperon rouge*.) À quels autres animaux pensez-vous? Décrivez leurs traits.

2. Pourquoi, à votre avis, les légendes nord-américaines et européennes contiennent-elles ces animaux, parés de tels traits? (Pensez au climat, à la géographie, etc.)

3. Cette légende sénégalaise contient les animaux suivants: un caïman (un alligator), une vache, un cheval, un lièvre (animal qui ressemble au lapin). Quel type de géographie et quels traits associez-vous à ces animaux?

Le Salaire

Diassigue-le-Caïman, raclant le sable de son ventre flasque, s'en retournait vers le marigot après avoir dormi, la journée durant, au chaud soleil, lorsqu'il entendit les femmes qui revenaient de puiser de l'eau, de récurer les calebasses, de laver le linge. Ces femmes, qui avaient certainement plus abattu de besogne avec la langue qu'avec
5 les mains, parlaient et parlaient encore. Elles disaient, en se lamentant, que la fille du roi était tombée dans l'eau et qu'elle s'était noyée, que fort probablement, c'était même certain (une esclave l'avait affirmé), dès l'aurore, Bour-le-Roi allait faire assécher le marigot pour retrouver le corps de sa fille bien-aimée. Diassigue, dont le trou, à flanc de marigot, se trouvait du côté du village, était revenu sur ses pas et s'en était
10 allé loin à l'intérieur des terres dans la nuit noire. Le lendemain, on avait, en effet, asséché le marigot, et on avait, de plus, tué tous les caïmans qui l'habitaient; et, dans

229

le trou du plus vieux, on avait retrouvé le corps de la fille du roi.

Au milieu du jour, un enfant, qui allait chercher du bois mort, avait trouvé Diassigue-le-Caïman dans la brousse.

15 — Que fais-tu là, Diassigue? s'enquit l'enfant.

— Je me suis perdu, répondit le Caïman. Veux-tu me porter chez moi, Goné?

— Il n'y a plus de marigot, lui dit l'enfant.

— Porte-moi alors au fleuve, demande Diassigue-le-Caïman.

Goné-l'enfant alla chercher une natte et des lianes, il enroula Diassigue dans la
20 natte qu'il attacha avec les lianes, puis il la chargea sur sa tête, marcha jusqu'au soir et atteignit le fleuve. Arrivé au bord de l'eau, il déposa son fardeau, coupa les liens et déroula la natte. Diassigue lui dit alors:

— Goné, j'ai les membres tout engourdis de ce long voyage, veux-tu me mettre à l'eau, je te prie?

25 Goné-l'enfant marcha dans l'eau jusqu'aux genoux et il allait déposer Diassigue quand celui-ci lui demanda:

— Va jusqu'à ce que l'eau t'atteigne la ceinture, car ici je ne pourrais pas très bien nager.

Goné s'exécuta et avança jusqu'à ce que l'eau lui fût autour de la taille.

30 — Va encore jusqu'à la poitrine, supplia le Caïman.

L'enfant alla jusqu'à ce que l'eau lui atteignît la poitrine.

— Tu peux bien arriver jusqu'aux épaules, maintenant.

Goné marcha jusqu'aux épaules, et Diassigue lui dit:

— Dépose-moi, maintenant.

35 Goné obéit; il allait s'en retourner sur la rive, lorsque le caïman lui saisit le bras.

— Wouye yayô: (O ma mère!) cria l'enfant, qu'est-ce que ceci? Lâche-moi!

— Je ne te lâcherai pas, je n'ai rien mangé depuis deux jours et j'ai trop faim.

— Dis-moi, Diassigue, le prix d'une bonté, est-ce donc une méchanceté ou une bonté?

40 — Une bonne action se paie par une méchanceté et non par une bonne action.

— Maintenant, c'est moi qui suis en ton pouvoir, mais cela n'est pas vrai, tu es le seul au monde certainement à l'affirmer.

— Ah! tu le crois?

— Eh bien! Interrogeons les gens, nous saurons ce qu'ils diront.

45 — D'accord, accepta Diassigue, mais s'il s'en trouve trois qui soient de mon avis, tu finiras dans mon ventre, je t'assure.

À peine finissait-il sa menace qu'arriva une vieille, très vieille vache qui venait s'abreuver. Lorsqu'elle eut fini de boire, le caïman l'appela et lui demanda:

— Nagg, toi qui es si âgée et qui possèdes la sagesse, peux-tu nous dire si le paie-
50 ment d'une bonne action est une bonté ou une méchanceté?

— Le prix d'une bonne action, déclara Nagg-la-Vache, c'est une méchanceté, et croyez-moi, je parle en connaissance de cause. Au temps où j'étais jeune, forte et vigoureuse, quand je rentrais du pâturage on me donnait du son et un bloc de sel, on me donnait du mil, on me lavait, on me frottait, et si Poulo, le petit berger, levait par
55 hasard le bâton sur moi, il était sûr de recevoir à son tour des coups de son maître. Je

fournissais, en ce temps, beaucoup de lait et toutes les vaches et tous les taureaux de mon maître sont issus de mon sang. Maintenant, j'ai vieilli, je ne donne plus ni lait ni veau, alors on ne prend plus soin de moi, on ne me conduit plus au pâturage. À l'aube, un grand coup de bâton me fait sortir du parc et je vais toute seule chercher ma
60   pitance. Voilà pourquoi je dis qu'une bonne action se paie par une mauvaise action.
— Goné, as-tu entendu cela? demanda Diassigue-le-Caïman.
— Oui, dit l'enfant, j'ai bien entendu.
    Déhanchant sa fesse maigre et tranchante comme une lame de sabre, Nagg-la-Vache s'en alla, balançant sa vieille queue rongée aux tiques, vers l'herbe pauvre de la
65   brousse.
    Survint alors Fass-le-Cheval, vieux et étique. Il allait balayer l'eau de ses lèvres tremblantes avant de boire, lorsque le caïman l'interpella:
— Fass, toi qui es si vieux et si sage, peux-tu nous dire, à cet enfant et à moi, si une bonne action se paie par une bonté ou par une méchanceté?
70   — Certes, je le puis, affirma le vieux cheval. Une bonté se paie toujours par une mauvaise action, et j'en sais quelque chose. Écoutez-moi tous les deux. Du temps où j'étais jeune, fougueux et plein de vigueur, j'avais, pour moi seul, trois palefreniers; j'avais, matin et soir, mon auge remplie de mil et du barbotage avec du miel souvent à toutes les heures de la journée. L'on me menait au bain tous les matins et l'on me frot-
75   tait. J'avais une bride et une selle fabriquées et ornées par un cordonnier et un bijou-tier maures. J'allais sur les champs de bataille et les cinq cents captifs que mon maître a pris à la guerre furent rapportés sur ma croupe. Neuf ans, j'ai porté mon maître et son butin. Maintenant que je suis devenu vieux, tout ce que l'on fait pour moi, c'est me mettre une entrave dès l'aube, et, d'un coup de bâton, on m'envoie dans la brousse
80   chercher ma pitance.
    Ayant dit, Fass-le-Cheval balaya l'écume de l'eau, but longuement puis s'en alla, gêné par son entrave, de son pas boitant et heurté.
— Goné, demanda le caïman, as-tu entendu? Maintenant, j'ai trop faim, je vais te manger.
85   — Non, fit l'enfant, oncle Diassigue, tu avais dit, toi-même, que tu interrogerais trois personnes. Si celle qui viendra dit la même chose que ces deux-là, tu pourras me man-ger, mais pas avant.
— Entendu, acquiesça le caïman, mais je te préviens que nous n'irons pas plus loin.
    Au galop, et sautillant du derrière, Leuk-le-Lièvre passait. Diassigue l'appela:
90   — Oncle Leuk, toi qui es le plus vieux, peux-tu nous dire qui de nous dit la vérité?
Je déclare qu'une bonne action se paie par une méchanceté, et cet enfant déclare que le prix d'une bonne action c'est une bonté.
    Leuk se frotta le menton, se gratta l'oreille, puis interrogea à son tour:
— Diassigue, mon ami, demandez-vous à l'aveugle de vous affirmer si le coton est
95   blanc ou si le corbeau est bien noir?
— Assurément non, avoua le caïman.
— Peux-tu me dire où va l'enfant dont tu ne connais pas les parents?
— Certainement pas!
— Alors, expliquez-moi ce qui s'est passé, et je pourrai peut-être répondre à votre

100 question sans risque de beaucoup me tromper.

— Eh bien, oncle Leuk, voici: cet enfant m'a trouvé là-bas à l'intérieur des terres, il m'a enroulé dans une natte et il m'a porté jusqu'ici. Maintenant, j'ai faim, et comme il faut bien que je mange, car je ne veux point mourir, ce serait bête de le laisser partir pour courir après une proie incertaine.

105 — Incontestablement, reconnut Leuk, mais si les paroles sont malades, les oreilles, elles, doivent être bien portantes, et mes oreilles, à ce que j'ai toujours cru, sont bien portantes, ce dont je remercie le bon Dieu, car il est une de tes paroles, frère Diassigue, qui ne me paraît pas en bonne santé.

— Laquelle est-ce? interrogea le caïman.

110 — C'est lorsque tu prétends que ce bambin t'a porté dans une natte et t'a fait venir jusqu'ici. Cela, je ne peux le croire.

— Pourtant c'est vrai, affirma Goné-l'enfant.

— Tu es un menteur comme ceux de ta race, fit le lièvre.

— Il a dit la vérité, confirma Diassigue.

115 — Je ne pourrai le croire que si je le vois, douta Leuk. Sortez de l'eau tous les deux.

L'enfant et le caïman sortirent de l'eau.

— Tu prétends que tu as porté ce gros caïman dans cette natte? Comment as-tu fait?

— Je l'ai enroulé dedans et j'ai ficelé la natte.

— Eh bien, je veux voir comment.

120 Diassigue s'affala dans la natte, que l'enfant enroula.

— Et tu l'as ficelée, as-tu dit?

— Oui!

— Ficelle-la voir.

L'enfant ficela solidement la natte.

125 — Et tu l'as porté sur la tête?

— Oui, je l'ai porté sur ma tête!

— Eh bien! porte sur la tête que je le voie.

Quand l'enfant eut soulevé natte et caïman et les eut posés sur sa tête, Leuk-le-Lièvre lui demanda:

130 — Goné, tes parents sont-ils forgerons?

— Que non pas!

— Diassigue n'est donc pas ton parent? Ce n'est pas ton totem?

— Non, pas du tout!

— Emporte donc ta charge chez toi, ton père et ta mère et tous tes parents et leurs

135 amis te remercieront, puisque vous en mangez à la maison. Ainsi doivent être payés ceux qui oublient les bonnes actions.

Premières impressions

Pensez-vous que cette légende a pour objectif de donner une leçon de morale? Si oui, exprimez-la en une phrase. Comparez vos réponses, et discutez-en.

Approfondissement

1. Relisez le premier paragraphe; avez-vous l'impression que le narrateur est un homme ou une femme? Pourquoi?
2. On y décrit le travail des femmes; que faisaient les hommes du village, à votre avis, pendant que les femmes étaient au fleuve? Expliquez votre réponse.
3. Au moment où Goné-l'enfant accepte de porter le caïman au fleuve, pensiez-vous qu'il était naïf? stupide? très généreux? autre chose? Votre impression a-t-elle changé au cours du récit? Expliquez.
4. Avez-vous remarqué des différences entre la vache, le cheval et le lièvre? Expliquez.
5. Y a-t-il des similarités entre les trois animaux-juges?

Questions de langue

Dans le premier paragraphe, le dialogue des femmes est rapporté, alors que dans le reste de la légende il est cité.
1. Est-ce que le discours rapporté dans les lignes 5 à 8 vous semble plus immédiat ou plus distant que le discours direct du reste de la légende? Plus ou moins important? Plus relié à l'action qu'à la description?
2. Étudiez les lignes 15, 16, et 36.
   a) Quels signes de ponctuation sont employés?
   b) Étudiez la construction des phrases: est-ce que l'ordre des sujets et des verbes est uniforme?
   c) Formulez une règle qui illustre les phénomènes observés aux questions *a* et *b*.
3. Transformez le discours rapporté des lignes 5 à 8 en discours direct, puis répondez de nouveau à la question 1.
4. Transformez le texte des lignes 15 à 18 en discours rapporté, puis répondez de nouveau à la question 1.

Questions de discussion

1. Qu'est-ce que le lièvre aurait dit à l'enfant si ses parents avaient été forgerons, à votre avis? Pourquoi?
2. Goné pourra, à la fin, se venger du caïman. Pourquoi, à votre avis, est-ce que le caïman n'a pas le droit de se venger lui aussi? (Après tout, les hommes avaient tué tous les autres caïmans du marigot.)
3. Imaginez une ou plusieurs réponses différentes de la part du lièvre. Discutez des implications de ces réponses.
4. Quels éléments de cette légende vous semblent typiquement africains? Pourquoi?
5. Dans cette légende, la vieillesse est associée à la sagesse : est-ce vrai dans d'autres légendes que vous connaissez? dans votre société?

Projets

1. Jouez une ou plusieurs scènes de la légende, en inventant vous-même le dialogue, par exemple:

    a) Les femmes au fleuve.

    b) La première rencontre entre le caïman et l'enfant.

    c) La scène où l'enfant veut déposer le caïman au fleuve.

    d) La scène avec l'un des animaux-juges.

    e) (Imaginez) La scène entre l'enfant et ses parents lorsqu'il arrive à la maison avec le caïman.

2. Créez une autre version de cette légende, en substituant d'autres animaux (avec des réponses différentes). Discutez ensuite des différentes légendes qui en résultent.

3. Inventez une légende ayant le même thème, mais étant située dans une autre culture de votre choix. Discutez ensuite des éléments culturels différents dans les légendes inventées.

Une vie de boy

~

Ferdinand Oyono

[handwritten: hibou-owl]

[handwritten: religion - un peu catholique et la religion de son tribu(?)]

Anticipation

Ferdinand Oyono est un écrivain camerounais*. Le roman dont ce texte est tiré a été
publié en 1956. Ce roman est écrit sous forme de journal, tenu par un jeune Camerounais. La première partie du texte explique les circonstances entourant la découverte
du journal; la deuxième offre un extrait de ce journal.
Est-ce que le Cameroun était déjà indépendant au moment où le roman est paru?

    Lors de la première lecture, ne cherchez pas dans le dictionnaire tous les mots
que vous ne comprenez pas. Essayez simplement de suivre l'histoire et d'en dégager
une impression générale.

Une vie de boy

C'était le soir. Le soleil avait disparu derrière les hautes cimes. L'ombre épaisse de la
forêt envahissait Akoma. Des bandes de toucans fendirent l'espace à grands coups
d'aile et leurs cris plaintifs moururent peu à peu. La dernière nuit de mes vacances en
Guinée espagnole descendait furtivement. J'allais bientôt quitter cette terre où nous
5   autres «Français» du Gabon ou du Cameroun venions faire peau neuve quand rien n'allait plus avec nos compatriotes blancs.
    C'était l'heure du repas habituel de bâtons de manioc au poisson. Nous mangions
en silence car la bouche qui parle ne mange pas. Le chien de la case, vautré entre mes
jambes, suivait d'un regard envieux les morceaux de poisson qui disparaissaient dans
10   la bouche de mon hôte, son maître. Tout le monde était repu. À la fin du repas, nous
rotâmes à tour de rôle tout en nous grattant le ventre avec l'auriculaire[1]. La maîtresse
de maison nous remercia d'un sourire. La veillée s'annonçait gaie et fertile en contes
de la forêt. Nous faisions semblant d'oublier mon départ. Je me laissais gagner par la
joie facile de mes hôtes. Ils ne pensaient plus qu'à se grouper autour du foyer pour
15   rabâcher les sempiternelles aventures de la tortue et de l'éléphant.
    — Nous n'avons plus de clair de lune, dit mon hôte, nous aurions dansé en

---

* Voir l'anticipation à *Invitation au Maghreb* pour des renseignements sur le Cameroun.
1.   Geste de politesse pour manifester qu'on a bien mangé.

— Si on faisait un grand feu dans la cour? suggéra sa femme.

— Je n'y ai pas pensé pendant le jour, il n'y a plus de bois…

20 Sa femme soupira… Tout à coup, les roulements sinistres d'un tam-tam nous parvinrent. Bien que ne sachant pas traduire le message du tam-tam de mes congénères espagnols, je compris à l'expression bouleversée des visages que ce tam-tam annonçait quelque malheur.

— Madre de Dios! jura Anton en se signant.

25 Sa femme fit disparaître ses prunelles en se signant à son tour. Je portai machinalement la main à mon front.

— Madre de Dios! redit Anton en se tournant vers moi. Encore l'un de ces pauvres Francés… On annonce qu'un Francés est au plus mal et qu'on n'est pas sûr qu'il passera la nuit.

30 Le sort de cet homme qui ne m'était rien, que je ne connaissais pas, provoqua dans mon esprit un véritable désarroi. C'était curieux. Ce message d'agonie qui, au Cameroun, n'eût provoqué en moi qu'un semblant d'émotion—cette pitié lointaine que l'on ressent à l'agonie des autres—m'assommait sur cette terre espagnole.

— Le tam-tam vient de M'foula, cela m'étonne, poursuivit mon hôte. Il n'y avait pas 35 de Francés à M'foula, que je sache. Celui qui agonise doit y être arrivé ce matin. Demain, nous saurons tout cela.

Tous les yeux étaient fixés sur moi, avec cette expression de compassion muette que nous savons leur donner. Je me levai et demandai à Anton si M'foula était loin.

— Juste la grande forêt à traverser… La lampe est pleine de pétrole…

40 Cet homme lisait vraiment dans mon âme.

Armés de lances, nous nous mîmes en route, précédés d'un gamin qui tenait une vieille lampe-tempête dont la lumière falote éclairait faiblement notre piste. Nous traversâmes deux villages. Les gens que nous rencontrions et qui reconnaissaient Anton s'enquéraient du motif de ce voyage nocturne. Ils parlaient un baragouin d'espagnol 45 et de pahouin mêlés, où revenait le mot «Francés». Tout le monde se signait. Mais aussitôt qu'ils nous quittaient, nos amis de rencontre oubliaient leur mine dramatique et nous lançaient un jovial «Buenas tardes!» Notre piste pénétra dans la forêt.

— Déjà fatigué? me demanda Anton. C'est maintenant que nous nous mettons en route…

50 Notre piste sortit enfin de la forêt, serpenta dans une lande où les essessongos atteignaient la hauteur des arbres. Les roulements du tam-tam devenaient de plus en plus distincts. Nous débouchâmes dans une clairière. Le cri lugubre d'un hibou troubla l'un des silences intermittents qui succédaient aux battements sourds du tam-tam. Anton partit d'un grand éclat de rire dont l'écho se répercuta à plusieurs reprises 55 parmi les géants de la forêt. Il abreuva l'oiseau nocturne d'un flot d'injures comme s'il se fût adressé à un homme.

— C'est le pauvre Pedro! dit-il entre deux éclats de rire. Il est mort, le coquin, il y a deux semaines. Il avait emmerdé le prêtre que nous étions allés chercher pour le salut de son âme. Sa femme lui avait même brûlé les ongles pour tenter de lui arracher sa 60 conversion. Il n'y a eu rien à faire. Le bougre a tenu, il a crevé païen. Maintenant qu'il

236

s'est transformé en hibou et qu'il crève de froid dans cette épaisse forêt, il n'y a que le prêtre qui puisse encore faire quelque chose, si sa veuve se décide enfin à faire dire une messe… Pauvre Pedro…

Je ne répondis rien à cette leçon de métempsycose en pleine nuit dans la forêt
65 équatoriale. Nous contournâmes une brousse en feu et nous arrivâmes. En tout, M'foula était semblable aux villages que nous avions traversés, avec ses cases au toit de raphia et aux murs blanchis à la chaux, disposées autour d'une cour souillée d'ex- créments d'animaux. La masse de l'aba² se détachait dans la nuit. Une animation inac- coutumée y régnait. Nous y pénétrâmes.

70 Le moribond était étendu sur un lit de bambou, les yeux hagards, recroquevillé sur lui-même comme une énorme antilope. Sa chemise était maculée de sang.
— Cette odeur nous rendra malades, dit quelqu'un.

Je n'avais jamais vu un homme agoniser. Celui qui était devant mes yeux était un homme qui souffrait et je ne le voyais nullement transfiguré par quelque lumière
75 d'outre-tombe. Il me semblait être encore assez capable d'énergie pour renoncer au grand voyage.

Il toussa. Du sang s'échappa de ses lèvres. Le gamin qui nous accompagnait posa la lampe à côté du moribond. Celui-ci fit un effort surhumain pour se couvrir les yeux. J'éloignai la lampe, et je baissai la mèche. L'homme était jeune. Je me penchai pour lui
80 demander s'il avait besoin de quelque chose. Une odeur nauséabonde de putréfaction m'obligea à allumer une cigarette. Il se tourna vers moi. Au fur et à mesure qu'il me détaillait, il semblait sortir de l'état comateux où nous l'avions trouvé. Il esquissa un faible sourire et toussa encore. Il allongea une main tremblante qui vint caresser mon pantalon à la hauteur du genou.
85 — Un Français, un Français… haletait-il, du Cameroun sans doute?

J'acquiesçai en hochant la tête.
— Je l'ai vu… je l'ai reconnu, mon frère, à ta gueule… De l'arki, je veux de l'arki³…

Une femme me passa un gobelet d'une gnole sentant la fumée. Je la lui versai dans la bouche. C'était un connaisseur! Malgré sa souffrance, il me fit un clin d'œil. Il sem-
90 blait avoir repris ses forces. Avant qu'il ne m'appelât pour que je l'aide à s'asseoir, il avait déjà commencé à se soulever sur son coude. Je passai mon bras autour de ses épaules et le tirai contre le mur où il s'adossa. Son regard atone étincela soudain. Il ne me quitta plus.
— Mon frère, commença-t-il, mon frère, que sommes-nous? Que sont tous les nègres
95 qu'on dit français?…

Son ton se fit amer.

À vrai dire, dans ma juvénile insouciance, je ne m'étais jamais posé cette question. Je me sentis devenir stupide.
— Tu vois, mon frère, continua-t-il, je suis… je suis fichu… Ils m'ont eu… —Il me
100 montrait son épaule.
— Je suis quand même heureux de crever loin d'eux… Ma mère me disait toujours que ma gourmandise me conduirait loin. Si j'avais pu prévoir qu'elle me conduirait au

---

2. Case à palabres (à conférence).
3. Alcool de maïs et de banane.

237

cimetière... Elle avait raison, ma pauvre mère...

Un hoquet le secoua et il pencha la tête sur son épaule. Il se racla la gorge.

105 — Je suis du Cameroun, mon frère. Je suis Maka... J'aurais sûrement fait de vieux os si j'étais resté sagement au village...

Il se perdit dans une rêverie qui fut interrompue par une quinte de toux. Puis sa respiration redevint normale. Je l'aidai à s'allonger. Il ramena ses bras décharnés sur sa poitrine et les croisa. Il nous oublia dans la contemplation des nattes de raphia du
110 toit noircie par la suie. Je remontai la mèche de la lampe dont la lumière devenait de plus en plus clignotante. Elle éclaira le bord du lit de bambou où gisait l'agonisant. Son ombre se projeta sur le mur lézardé de l'aba où couraient deux araignées. Leurs ombres démesurément agrandies ressemblaient à deux pieuvres dont les tentacules tombaient comme les branches d'un saule pleureur sur l'ombre simiesque de la tête du
115 moribond.

Il fut pris de spasmes, tressaillit et expira. On l'enterra dans la nuit, on ne pouvait le garder jusqu'au lendemain. Il était une charogne avant d'être un cadavre.

J'appris qu'on l'avait découvert inanimé près de la frontière, dans la zone espagnole. On me remit un baluchon kaki.
120 — Y en a été uno alumno[4], me dit gravement celui qui l'avait trouvé.

J'ouvris le paquet. J'y trouvai deux cahiers racornis, une brosse à dents, un bout de crayon et un gros peigne indigène en ébène.

C'est ainsi que je connus le journal de Toundi. Il était écrit en ewondo, l'une des langues les plus parlées au Cameroun. Je me suis efforcé d'en rendre la richesse sans
125 trahir le récit dans la traduction que j'en fis et qu'on va lire.

Premières impressions

Résumez brièvement ce qui se passe dans cette première partie:

a) Où est le narrateur? Pourquoi?
b) D'où vient-il?
c) Où va-t-il? Pourquoi?
d) Avec qui est-il? Comment sont ces gens?
e) Qui est le moribond? D'où vient-il?
f) Qu'est-ce que le narrateur apprend de lui?

Approfondissement

1. Pourquoi le mot «Français» est-il placé entre guillemets à la ligne 5? Est-ce que «Francés» (ligne 28 et autres) signifie la même chose? Expliquez l'orthographe différente.

---

4. Il était étudiant.

238

2. De quelle religion sont les personnages? Est-ce que l'histoire du hibou/Pedro révèle un autre aspect de leur religion?

3. En quoi consiste une veillée dans ce village?

4. Cherchez d'autres détails sur le mode de vie de ces personnages. (Relisez le texte et dressez une liste.) Lesquels de ces détails vous semblent typiquement africains?

5. Relisez les lignes 30 à 33. Pourquoi, à votre avis, le narrateur est-il si touché par l'annonce qu'un «Francés» est à l'agonie?

6. Que signifie, à votre avis, le soupir de la femme à la ligne 20? (Irritation? désappointement? autre chose?) Expliquez.

7. Le narrateur dit qu'il n'a jamais vu un homme mourir auparavant. Est-ce que la réalité correspond à l'image qu'il s'en était faite (lignes 73 à 76)?

8. Le moribond dit, à la ligne 99, «Ils m'ont eu.», et, à la ligne 101, «Je suis quand même heureux de crever loin d'eux.» De qui parle-t-il, à votre avis?

9. À quelle classe socio-économique appartient le narrateur selon les indications du texte?

10. Quel âge semble avoir le narrateur? le moribond?

Questions de langue

Remplacez chacune des expressions suivantes par une paraphrase. Essayez d'en découvrir le sens sans consulter un dictionnaire, mais en étudiant le contexte. Comparez ensuite vos versions.

1. *faire peau neuve* (ligne 5). changer un peu / se reposer
2. *nous faisions semblant* (ligne 13). imaginer
3. *s'enquéraient du motif* (ligne 44). se demander la raison
4. *à plusieurs reprises* (ligne 54). plusieurs fois
5. *en pleine nuit* (ligne 64) au milieu de la nuit
6. *fait de vieux os* (ligne 105). veiller mourir/viel
7. *je me suis efforcé* (ligne 124). vraiment essayer

Questions de discussion

1. Dans sa description du repas, le narrateur mentionne qu'ils mangeaient en silence car «la bouche qui parle ne mange pas» (ligne 8). Est-ce la coutume chez vous de manger en silence? Discutez.

2. Comment se passerait une soirée agréable chez vous? (En famille? chez des amis?)

3. Avez-vous l'impression que le narrateur loge chez des amis, ou simplement en touriste? Expliquez votre réponse. S'il n'est pas ami de ses hôtes, mais touriste, est-ce que l'hospitalité qu'ils lui offrent correspond à celle qu'un touriste trouverait probablement chez vous?

4. Discutez d'un autre aspect de la culture africaine que vous avez remarqué. Quel semble en être le sens dans la culture africaine? À quoi cela peut-il correspondre dans votre culture?

Une vie de boy (suite)

Anticipation

Dans la première partie du texte, quelles indications possédons-nous sur l'auteur du journal? Formulez des hypothèses: il a été «boy»; qu'est-ce que cela veut dire? Comment et pourquoi est-il devenu «boy»?

En lisant ce journal, cherchez à suivre l'histoire (Qui est Toundi? Qu'est-ce qu'il fait? Pourquoi? etc.) Essayez de lire sans chercher dans un dictionnaire tous les mots que vous ne connaissez pas.

Le journal de Toundi
(premier cahier)

Août.

Maintenant que le révérend père Gilbert m'a dit que je sais lire et écrire couramment, je vais pouvoir tenir comme lui un journal.

Je ne sais quel plaisir cache cette manière de Blanc, mais essayons toujours.

5   J'ai jeté un coup d'œil dans le journal de mon bienfaiteur et maître pendant qu'il confessait ses fidèles. C'est un véritable grenier aux souvenirs. Ces Blancs savent tout conserver... J'ai retrouvé ce coup de pied que me donna le père Gilbert parce qu'il m'avait aperçu en train de le singer dans la sacristie. J'en ai senti à nouveau une brûlure aux fesses. C'est curieux, moi qui croyais l'avoir oublié...

10   Je m'appelle Toundi Ondoua. Je suis le fils de Toundi et de Zama. Depuis que le Père m'a baptisé, il m'a donné le nom de Joseph. Je suis Maka par ma mère et Ndjem par mon père. Ma race fut celle des mangeurs d'hommes. Depuis l'arrivée des Blancs nous avons compris que tous les autres hommes ne sont pas des animaux.

Au village, on dit de moi que j'ai été la cause de la mort de mon père parce que je

240

m'étais réfugié chez un prêtre blanc à la veille de mon initiation où je devais faire connaissance avec le fameux serpent qui veille sur tous ceux de notre race. Le père Gilbert, lui, croit que c'est le Saint-Esprit qui m'a conduit jusqu'à lui. À vrai dire, je ne
m'y étais rendu que pour approcher l'homme blanc aux cheveux semblables à la barbe
de maïs, habillé d'une robe de femme, qui donnait de bons petits cubes sucrés aux
petits Noirs. Nous étions une bande de jeunes païens à suivre le missionnaire qui allait
de case en case pour solliciter des adhésions à la religion nouvelle. Il connaissait
quelques mots Ndjem, mais il les prononçait si mal qu'il leur donnait un sens obscène.
Cela amusait tout le monde, ce qui lui assurait un certain succès. Il nous lançait ses
petits cubes sucrés comme on jette du grain aux poules. C'était une véritable bataille
pour s'approprier l'un de ces délicieux morceaux blancs que nous gagnions au prix de
genoux écorchés, d'yeux tuméfiés, de plaies douloureuses. Les scènes de distribution
dégénéraient parfois en bagarres où s'opposaient nos parents. C'est ainsi que ma mère
vint un jour à se battre contre la mère de Tinati, mon compagnon de jeu, parce qu'il
m'avait tordu le bras pour me faire lâcher les deux morceaux de sucre que j'avais pu
avoir au prix d'une hémorragie nasale. Cette bataille avait failli tourner en massacre
car des voisins luttaient contre mon père pour l'empêcher d'aller fendre la tête au père
de Tinati qui, lui-même, parlait de transpercer l'abdomen de papa d'un seul coup de
sagaie. Quand on eut calmé nos parents, mon père, l'œil mauvais, armé d'un rotin,
m'invita à le suivre derrière la case.

— C'est toi, Toundi, la cause de toute cette histoire! Ta gourmandise nous perdra.
On dirait que tu ne manges pas assez ici! Tu éprouves encore le besoin, à la veille de
ton initiation, de traverser un ruisseau pour aller quémander des morceaux de sucre à
cet homme-femme blanc que tu ne connais même pas!

Je le connaissais, lui, mon père! Il avait la magie du fouet. Quand il s'en prenait à
ma mère ou à moi, nous en avions au moins pour une semaine à nous remettre. J'étais
à une bonne distance de sa chicotte. Il la fit siffler dans l'air et s'avança sur moi. Je
marchais à reculons.

— Tu veux t'arrêter, oui? Je n'ai pas de bonnes jambes pour te poursuivre… Tu sais
bien que je t'attendrai cent ans pour te donner ta correction. Viens ici pour qu'on en
finisse vite!

— Je n'ai rien fait, Père, pour être battu… protestai-je.

— Aaaaaaaaaaakiééééééé ! s'exclama-t-il. Tu oses dire que tu n'as rien fait? Si tu
n'avais pas été le gourmand que tu es, si tu n'avais pas le sang des gourmands qui cir-
cule dans les veines de ta mère, tu n'aurais pas été à Fia pour disputer, comme un rat
que tu es, ces choses sucrées que vous donne ce maudit Blanc! On ne t'aurait pas
tordu les bras, ta mère ne se serait pas battue et moi je n'aurais pas éprouvé l'envie
d'aller fendre le crâne du vieux Tinati… Je te conseille de t'arrêter!… Si tu fais encore
un pas, je considérerai cela comme une injure et que tu peux coucher avec ta mère…

Je m'arrêtai. Il se précipita sur moi et fit siffler le rotin sur mes épaules nues. Je
me tortillais comme un ver au soleil.

— Tourne-toi et lève les bras! Je n'ai pas envie de te crever un œil.

— Pardonne-moi, Père! suppliai-je, je ne le ferai plus…

— Tu dis toujours cela quand je commence à te battre. Mais aujourd'hui, je dois te
battre jusqu'à ce que je ne sois plus en colère…

60   Je ne pouvais pas crier car cela aurait pu ameuter les voisins et mes camarades
m'auraient traité de fille, ce qui signifiait l'exclusion de notre groupe «Jeunes-qui-
seront-bientôt-des-hommes». Mon père me donna un autre coup que j'esquivai de justesse.
      — Si tu esquives encore, c'est que tu peux coucher avec ta grand-mère, ma mère!
65   Pour m'empêcher de me sauver, mon père usait toujours de ce chantage qui m'o-
bligeait à me livrer gentiment à ses coups.
      — Je ne t'ai pas insulté et je ne peux pas coucher avec ma mère, ni avec la tienne! Et
je ne veux plus être battu et c'est tout!
      — Tu oses me parler sur ce ton! Une goutte de mon liquide qui me parle ainsi!
70   Arrête-toi ou je te maudis!
      Mon père suffoquait. Jamais je ne l'avais vu aussi exaspéré… Je continuai ma
marche à reculons. Il me poursuivit ainsi derrière les cases pendant une bonne centaine de mètres.
      — Bien! lança-t-il, je verrai où tu passeras la nuit! Je dirai à ta mère que tu nous as
75   insultés. Pour entrer dans la case, ton chemin passe par le trou de mon anus.
      Sur ce, il me tourna le dos. Je ne savais où me réfugier. J'avais un oncle que je
n'aimais pas à cause de ses croûtes de gale. Sa femme sentait, comme lui, le poisson
avarié. Il me répugnait d'entrer dans leur masure. Il faisait nuit. La lumière intermit-
tente des lucioles devenait visible. Le bruit des pilons annonçait le repas du soir. Je
80   revins doucement derrière notre case et regardai à travers les lézardes du mur de terre
battue. Mon père me tournait le dos. L'oncle dégoûtant était en face de lui. Ils mangeaient… L'arôme du porc-épic que nous avions trouvé à moitié dévoré par les four-
mis, pris depuis deux jours à l'un des pièges de mon père, me donnait de l'appétit. Ma
mère était réputée au village pour son assaisonnement du porc-épic…
85   — C'est bien le premier de la saison! dit mon oncle, la bouche pleine.
      Sans mot dire, mon père pointa son index au-dessus de sa tête. C'était à cet
endroit qu'il alignait tous les crânes des bêtes qu'il prenait au piège.
      — Mangez tout, dit ma mère, j'ai gardé la part de Toundi dans la marmite.
      Mon père se leva d'un bond et, à son bégaiement, je compris que ça allait barder.
90   — Apporte la part de Toundi ici! cria mon père. Il ne mangera pas de ce porc-épic.
Cela lui apprendra à me désobéir.
      — Tu sais, il n'a encore rien mangé depuis ce matin. Que mangera-t-il quand il ren-
trera?
      — Rien du tout, coupa mon père.
95   — Si vous voulez qu'il vous obéisse, ajouta mon oncle, privez-le de nourriture… ce
porc-épic est fameux…
      Ma mère se leva et leur apporta la marmite. Je vis la main de mon père et celle de
mon oncle y plonger. Puis j'entendis ma mère pleurer. Pour la première fois de ma vie,
je pensai à tuer mon père.
100   Je retournai à Fia et… après avoir longtemps hésité, je frappai à la case du prêtre
blanc. Je le trouvai en train de manger. Il s'étonna de ma visite. Je lui expliquai par
gestes que je voulais partir avec lui. Il riait de toutes ses dents, ce qui donnait à sa
bouche une apparence de croissant de lune. Je me tenais coi près de la porte. Il me fit
signe d'approcher. Il me donna les restes de son repas qui me parut étrange et déli-

242

105   cieux. Par gestes nous poursuivîmes notre conversation. Je compris que j'étais agréé.

C'est ainsi que je devins le boy du révérend père Gilbert.

Le lendemain, la nouvelle parvint à mon père. Je redoutais sa colère... Je l'expliquai au prêtre toujours en gesticulant. Cela l'amusait beaucoup. Il me tapota amicalement l'épaule. Je me sentis protégé.

110   Mon père vint l'après-midi. Il se borna à me dire que j'étais et resterais son fils, c'est-à-dire sa goutte de liquide... qu'il ne m'en voulait pas et que si je rentrais au bercail, tout serait oublié. Je savais ce que signifiait ce beau discours devant le Blanc. Je lui tirai la langue. Son œil devint mauvais comme d'habitude lorsqu'il se préparait à «m'apprendre à vivre». Mais, avec le père Gilbert, je ne craignais rien. Son regard sem-

115   blait fasciner mon père qui baissa la tête et s'éloigna tout penaud.

Ma mère vint me voir pendant la nuit. Elle pleurait. Nous pleurâmes ensemble. Elle me dit que j'avais bien fait de quitter la case paternelle, que mon père ne m'aimait pas comme un père devrait aimer son fils, qu'elle me bénissait et que si un jour je tombais malade je n'aurais qu'à me baigner dans une rivière pour être guéri.

120   Le père Gilbert me donna une culotte kaki et un tricot rouge qui firent l'admiration de tous les gamins de Fia qui vinrent demander au prêtre de les emmener avec lui.

Deux jours plus tard, le père Gilbert me prit sur sa motocyclette dont le bruit semait la panique dans tous les villages que nous traversions. Sa tournée avait duré deux semaines. Nous rentrions à la Mission catholique Saint-Pierre de Dangan. J'étais

125   heureux, la vitesse me grisait. J'allais connaître la ville et les Blancs, et vivre comme eux. Je me surpris à me comparer à ces perroquets sauvages que nous attirions au village avec des grains de maïs et qui restaient prisonniers de leur gourmandise. Ma mère me disait souvent en riant: «Toundi, ta gourmandise te conduira loin... »

Mes parents sont morts. Je ne suis jamais retourné au village[...]

Premières impressions

Selon vous, est-ce par «gourmandise» que Toundi est devenu le «boy» du père Gilbert?

Approfondissement

1.   Avez-vous l'impression que, dans le village natal de Toundi, les gens avaient l'habitude de tenir un journal? Pourquoi?

2.   Que veulent dire probablement «Maka» et «Ndjem» (lignes 11 et 12)? Dans la première partie du texte (*Une vie de boy*, ligne 105), Toundi s'était identifié comme Maka. Pourquoi, à votre avis, n'a-t-il pas répété «Je suis Maka par ma mère et Ndjem par mon père»?

3.   Pourquoi le prêtre distribuait-il des cubes sucrés aux enfants?

4.   Quel âge peut bien avoir Toundi?

5.   Quelle est la signification de la cérémonie d'initiation?

6.   Que signifient, à votre avis, les menaces du père, c'est-à-dire que Toundi pourrait

coucher avec sa mère ou avec sa grand-mère? (Notez que les membres des familles rurales africaines ne dorment pas tous dans la même case: la mère partage généralement la sienne avec ses jeunes enfants, et le père occupe une autre case.)

7. Pourquoi, à votre avis, le père est-il tellement enragé?
8. Pourquoi appelle-t-on le prêtre un «homme-femme»?
9. Comment expliquez-vous la réaction du père Gilbert lorsqu'il reçoit Toundi (lignes 101 à 103)? et lorsque Toundi lui parle de son père (ligne 107 à 109)?
10. Quels semblent être les rapports entre le père et la mère de Toundi?

Questions de langue

Étudiez le contexte de la phrase, puis choisissez la paraphrase qui vous semble la plus proche de l'original du point de vue du sens.

1. «J'ai jeté un coup d'œil dans le journal [...]» (ligne 5)
   a) J'ai regardé rapidement le journal.
   b) J'ai jeté le journal.
2. «[...] je m'étais réfugié chez un prêtre blanc *à la veille* de mon initiation [...]» (lignes 14 et 15)
   a) le jour avant.
   b) le jour après.
3. «[...] le fameux serpent qui *veille* sur tous ceux de notre race.» (ligne 16)
   a) le fameux serpent qui ne dort jamais devant tous ceux de notre race.
   b) le fameux serpent qui protège et surveille tous ceux de notre race.
4. «Cette bataille avait failli tourner en massacre [...]» (ligne 30)
   a) Cette bataille a presque tourné en massacre.
   b) Cette bataille n'a pas réussi à tourner en massacre.
5. «On dirait que tu ne manges pas assez ici!» (ligne 36)
   a) Les voisins diront que tu ne manges pas assez ici.
   b) On a l'impression que tu ne manges pas assez ici.
6. «[...] nous en avions au moins pour une semaine [...]» (ligne 40)
   a) le père nous accordait une semaine au moins.
   b) il nous fallait au moins une semaine.
7. «Tu veux t'arrêter, oui?» (ligne 43)
   a) Arrête-toi!
   b) Veux-tu bien t'arrêter, s'il te plaît?
8. «Je le trouvai en train de manger.» (ligne 101)
   a) Il allait commencer à manger quand je l'ai trouvé.
   b) Il n'avait pas fini de manger quand je l'ai trouvé.
9. «Je redoutais sa colère... » (ligne 107)
   a) J'avais peur de sa colère.
   b) Je n'étais pas sûr s'il serait en colère ou non.
10. «... qu'il ne m'en voulait pas [...]» (ligne 111)
    a) qu'il ne voulait pas de moi.
    b) qu'il n'était pas en colère contre moi.

Questions de discussion

1.   Connaissez-vous d'autres cultures où l'on célèbre une cérémonie d'initiation? En quoi consiste-t-elle et que représente-t-elle?
2.   Dans la culture de Toundi, on croit à un serpent qui veille sur la race, et au pouvoir de l'eau de rivière. Connaissez-vous des croyances semblables appartenant à d'autres religions? Discutez.
3.   Choisissez un autre aspect de la culture camerounaise décrit dans cette partie du texte. Qu'est-ce que cela semble signifier dans cette culture? Y a-t-il un parallèle ou une différence dans votre culture?
4.   Ce roman a été écrit en 1956. Selon vous, quels éléments seraient différents aujourd'hui?

Projets

1.   Toundi nous dit que le père Gilbert tenait aussi un journal. Écrivez ce que vous imaginez être sa description de l'arrivée de Toundi.
2.   Imaginez la suite de l'histoire de Toundi: nous en savons le début et la fin. Que lui est-il arrivé?
3.   Faites des recherches sur un aspect de la vie au Cameroun qui vous intéresse.

Il n'y a personne?

~

Bernard Dadié

Anticipation

Bernard B. Dadié est un écrivain et poète de la Côte d'Ivoire. Comme le Cameroun, la Côte d'Ivoire a été une colonie française jusqu'en 1960, date à laquelle elle a obtenu son indépendance. Le français est la langue officielle de la Côte d'Ivoire.

Son recueil de poèmes *Afrique Debout*! date de 1954.

Qu'est-ce que ce titre suggère quant à l'orientation des poèmes? Étant donné le titre et la date, quel genre de poèmes vous attendriez-vous à trouver dans ce recueil?

Il n'y a personne?

Afrique! Afrique de la reconquête des libertés.
Il n'y a personne en Afrique.

Les steppes et les forêts bruissent
Et il n'y a personne.

5   Les scribes tapent, écrivent, se démènent avec mille bruits
Et il n'y a personne.

Les bonnes essuient, nettoient
Et il n'y a personne.

Les tirailleurs[1] par les grands boulevards, vont chantant
10   Et il n'y a personne.

---

1.   Africains servant dans l'armée française en Afrique.

246

Dockers, peintres, chauffeurs, maçons, *(bainworkers)*
Tous ouvriers de la peine,
D'ombre habillés et de toisons de jais coiffés *cheveux très noir*

        Gnadar   Triment

15   Et quand l'homme blanc vient, embrassant la foule d'un regard
        de dieu, *(dominant)*
À la tourbe d'esclaves soumis pose l'éternelle question:
        —Il n'y a personne?
        —C'est-à-dire?
20   —Un Blanc!
Afrique! Afrique de la reconquête des libertés,
        Afrique du Nègre,
Il n'y a personne en Afrique!
Car le nègre ployant sous le joug des maîtres du cuivre et des *slavery* *copper*
25   épices,
        Est-il encore une personne?

Premières impressions

Quelle vous semble être la réponse à la question du titre?
    a)   Les Blancs ne considéraient pas les Noirs comme des personnes.
    b)   La population diminue en Afrique.
    c)   Les Noirs ne sont pas des personnes à part entière tant qu'ils sont sous la
domination des Blancs.
    d)   Autre chose. (Précisez.)

Approfondissement

1.   Étudiez l'organisation du poème. (Notez que la dernière strophe commence
au vers 11.)
Analysez, par exemple, le nombre et la longueur des strophes; le contenu thématique
de chaque strophe; le système des rimes, s'il y en a un. Voyez-vous un rapport entre
l'organisation du poème et son thème?
2.   Quelle image a-t-on, dans ce poème, de l'homme blanc? du Noir?
3.   Les métiers mentionnés ont-ils quelque chose en commun?

Questions de langue

Laquelle des paraphrases proposées vous semble la plus logique? (Étudiez le contexte de l'expression.)

1. *bruissent* (ligne 3).
    a) font du bruit;
    b) sont peuplées.
2. *se démènent* (ligne 5).
    a) déménagent;
    b) travaillent à un rythme frénétique.
3. *Les bonnes* (ligne 7).
    a) Les femmes de ménage;
    b) Les bonnes femmes.
4. *ouvriers de la peine* (ligne 12).
    a) prisonniers qui travaillent;
    b) gens qui font un travail dur.
5. *Triment* (ligne 14).
    a) Pleurent;
    b) Travaillent avec grand effort.
6. *tourbe* (ligne 17).
    a) multitude;
    b) village.
7. *joug* (ligne 24).
    a) domination, oppression;
    b) jeu.

Questions de discussion

1. Pour qui le poète écrivait-il, à votre avis?
2. Le poète n'écrivait probablement pas pour un public d'étudiants de français d'Amérique du Nord (!). Mais vous le lisez et ce, bien après sa date de publication originale. Quelle est votre réaction? Quelle fut, selon vous, la réaction du public français pendant les années 50? celle des Africains? (Lesquels?)

Projets

1. Préparez une lecture orale expressive du poème.
2. Écrivez un tract politique qui exprime le thème du poème.
3. Écrivez une réponse (de «l'homme blanc») du poème.

Trois femmes à Manhattan

~

Maryse Condé

Anticipation

Maryse Condé, auteure de ce récit (paru dans *Présence Africaine*), est une romancière et essayiste de la Guadeloupe.

La Guadeloupe, comme la Martinique, est une ancienne colonie française qui fait partie aujourd'hui de la France (ce sont des départements français). Comme Haïti (qui est aujourd'hui un état indépendant), la Guadeloupe et la Martinique ont aujourd'hui une population noire à cause de la traite des esclaves pratiquée au début de la colonisation.

Dans ce récit, les «trois femmes à Manhattan» sont une Guadeloupéenne, une Noire américaine et une Haïtienne. Pendant votre première lecture, ne cherchez pas dans le dictionnaire tous les mots que vous ne connaissez pas. Essayez simplement d'avoir une idée générale de l'histoire. Si vous voyez que vous avez des problèmes, que vous perdez le fil de l'histoire, cherchez les quelques définitions qui vous remettront en route pour comprendre le sens global.

Trois femmes à Manhattan

À Wanda

— Est-ce que tu m'as entendue? Est-ce que tu m'écoutes?

Claude releva la tête. Non, elle n'écoutait pas Elinor, car ce n'était pas nécessaire. Chaque matin, celle-ci répétait les mêmes instructions, enfilant ses gants de peau fine, 5 ou campant un bonnet aux couleurs vives sur ses cheveux bouclés avant de disparaître laissant derrière elle un parfum délicat.

«Lave, frotte, repasse, arrose les plantes. En partant n'oublie pas le verrou de sûreté, c'est très, très important… »

Comme Elinor la fixait hésitant comme à l'accoutumée entre la tendresse et

10   l'exaspération, elle lui adressa un sourire d'excuse et entra dans la cuisine.

L'appartement où Elinor avait emménagé six mois plus tôt était élégant. Il convenait à merveille à une jeune femme écrivain dont le premier roman *The Mouth That
Eats Salt* faisait la une des magazines littéraires. Non pas des magazines noirs. Ceux-
là, on sait ce qu'ils valent. Qu'un Noir, qu'une Noire écrivent quelques lignes et ils en
15   font un génie! Elinor faisait l'objet d'articles et paraissait en couverture de publications blanches sérieuses, objectives qui déchiffraient ses références au folklore du
Vieux Sud et au patrimoine collectif noir tout en soulignant sa beauté, brûlante
comme une nuit d'août en Géorgie. Elle avait bien offert son roman à Claude, mais sa
connaissance limitée de l'anglais ne lui avait pas permis de le lire. Elle s'était bornée à
20   l'ouvrir, caressant des yeux l'entrelacs de signes qui pour elle ne signifiaient rien,
avant de le ranger sur l'unique étagère de sa chambre entre son album de photos et un
exemplaire de *Teach Yourself English*. Par la fenêtre de la cuisine, Claude apercevait
un vrai décor de carte postale. Sous un ciel bleu vif, les gratte-ciel étincelants enser-
rant les rues perpendiculaires, parcourues de taxis jaunes. Que New York est surpre-
25   nant! Claude ne s'était pas encore habituée à cette beauté déconcertante comme celle
d'un visage dont on n'a jamais rêvé. Parfois au sortir de son taudis de la 144ᵉ rue où
Noirs et Portoricains, unis dans la même misère, s'affrontaient dans la même haine,
elle se demandait ce qui l'avait conduite de son île nonchalante à cette ville où tout
parlait succès, fortune. À 19 ans, son passé lui semblait interminable, confus, semé de
30   douloureux repères, déjà marqué par l'échec. Elle n'avait jamais connu son père, un
Marie-Galantais[1], disparu après sa triste et féconde union avec Alicia, sa mère. Déjà
accablée d'enfants, celle-ci l'avait confiée à sa marraine, Mme Bertille Dupré d'une
excellente famille de Pointe-à-Pitre[2] qui lui avait donné la meilleure éducation en
échange de travaux ménagers. En fait, elle n'en sortait pas, des travaux ménagers:
35   laver, frotter, repasser, arroser les plantes… D'un côté de l'Océan comme de l'autre.

Elle ramena son regard sur la vaisselle sale. La veille, Elinor avait donné une
réception. Elle recevait beaucoup à présent. C'était nécessaire pour soigner sa publicité. Car il ne suffit pas d'écrire un livre, seuls les naïfs le croient. Encore faut-il le promouvoir et Elinor payait de sa personne. Quand elle s'était présentée chez Elinor,
40   celle-ci l'avait accablée de questions dans son français à la fois hésitant et précis.
D'abord elle l'avait crue Haïtienne, poussée dans cet humus qui fertilise toutes les
grandes villes nord-américaines. Puis elle s'était étonnée:
— La Guadeloupe, mais où est-ce que c'est? Quel âge avez-vous? Qu'est-ce qui vous
a amenée si jeune si loin de chez vous?
45   Et Claude s'entendit bredouiller une histoire vraie aussi invraisemblable qu'un
tissu de mensonges. Comment le croire qu'à sa majorité, elle avait quitté *L'Hôtel du
Grand Large* où elle avait été engagée après son Brevet de Tourisme, avait retiré de la
Caisse d'Épargne[3] le maigre pécule que marraine Bertille lui avait constitué et s'était

---

1.   Homme qui vient de l'île Marie-Galante, île qui dépend de la Guadeloupe.
2.   Ville de la Guadeloupe (capitale économique).
3.   Service offert par les services postaux français et qui permet de placer son argent à certains taux
      d'intérêts.

fait la malle? Pourquoi New York? Pourquoi pas Paris via le Bumidom[4] comme tous
les autres? C'est que précisément Paris lui faisait horreur. Plusieurs fois l'an, dans la
grande maison entre cour et jardin de la rue du Commandant Mortenol, des amis de
marraine Bertille, de retour de métropole, égrenaient leurs souvenirs extasiés:
— Ma chère, nous sommes montés tout en haut de la Tour Eiffel avec les enfants.
Paris à nos pieds! Quel spectacle!

Et Claude attentive à ne pas renverser les coupes de sorbet au coco que l'on
offrait aux invités se prenait de haine pour cette ville, catin trop vantée, et se jurait de
cingler vers une autre Amérique.

À la fin de l'entretien, Elinor avait déclaré:
— C'est d'accord. Vous viendrez trois heures chaque matin.

Depuis s'était noué entre elles ce lien fait de compassion, de mépris, de haine parfois, d'amour aussi, car elles partageaient un secret. Elles le savaient toutes deux,
Claude était une Elinor que le destin, enchanteur distrait, avait oublié de combler
après l'avoir arrachée du néant. Sous prétexte de perfectionner son français, Elinor
avait conté à Claude son enfance dans la maison victorienne héritée de la famille
maternelle. Dernière-née de sept enfants, ce chiffre lui avait toujours signifié sa pré-
destination. Quand elle décrivait sa mère, ses tantes, sa tante Millicent surtout,
Claude se les représentait sans effort. Avec quelques bouclettes, quelques coups de
crayon en plus, des parures à la fois plus austères et plus riches, c'était marraine Bertille, ses sœurs, ses amies. Quant au père absent, mais sans cesse présent, prompt à
s'irriter d'un faux-pli au plastron d'une chemise, c'était Marcel Dupré, chef de Service
aux Contributions directes et indirectes, qui chaque dimanche, se faisait polir les
ongles par l'aînée de ses filles. C'était le même univers, grossi à l'échelle d'un continent, voilà tout. Là s'arrêtait toutefois la ressemblance. Elinor avait virevolté des uns
aux autres sur ses escarpins à barrettes tendant la joue aux baisers. C'était l'enfant
prodige, la terrible septième, qui confondait ses maîtres, qui à la mort de Martin
Luther King composait une ode en son honneur, lue à l'église dans le recueillement de
tous. Elle n'était pas l'humble filleule, recueillie par charité, élevée sans amour, enlai-
die à force d'indifférence. Claude quitta la cuisine, traversa le living-room, 60 m² de
moquette blanche, de tableaux de Romare Bearden, de peintres naïfs, Salnave, Wilson
Bigaud, Wesner la Forest, d'objets insolites et gracieux ramenés du Mexique qu'elle
n'époussetait qu'en tremblant, puis entra dans le bureau. Cette pièce était le lieu d'une
alchimie secrète et singulière. Sur une longue table à dessin, placée contre la fenêtre,
la machine à écrire trônait. Elinor rangeait méticuleusement dans des chemises aux
couleurs différentes, le manuscrit de son roman en cours, les nouvelles, les articles
auxquels elle travaillait. Claude ouvrit un dossier. Quelle magie! Ces séries d'arabesques qui signifiaient une pensée, qui communiquaient un imaginaire, par elles plus
lancinant que le réel. Écrire! Mettre en mouvement ses reins, son sexe, son cœur pour
accoucher du monde inscrit dans son obscurité. Dire qu'elle avait eu cette audace! À
Pointe-à-Pitre, le soir au galetas, quand la maison dormait, elle griffonait sur des

---

4.   Bureau des migrations pour les Départements d'Outre-Mer.

90   cahiers à spirale. Une force incontrôlable en elle. À qui montrer le fruit de ses veilles?
     Mlle Angélique-Marie Lourdes était la maîtresse de français, une jolie câpresse[5]
     toute en fossettes, qui habitait encore chez ses parents. Chaque matin, à la récréation
     de dix heures, la servante de sa mère lui apportait une tasse de lait chaud et un crois-
     sant sur un plateau d'argent et elle mangeait à petits coups comme un oiseau. C'était
95   la seule qui prêta quelque attention à Claude la faisant réciter ses fables, l'encoura-
     geant d'un sourire. Mais s'approcher d'elle? Lui mettre sous les yeux ce bredouillis
     maladroit? Claude ne l'avait jamais osé et en quittant la Guadeloupe, un à un, elle
     avait brûlé tous ses cahiers. Elle s'assit à la table de travail, posant les mains, lourde-
     ment, maladroitement sur le clavier.
100 Au sortir de chez Elinor, Claude se rendait par l'autobus chez Véra, quatre-vingts
     rues plus haut en plein cœur de Harlem. Là, plus de portier en uniforme bleu ciel à
     galons, plus de gardien de la sécurité en uniforme bleu sombre à walkie-talkie, plus de
     tapis d'Orient, de plantes vertes, d'ascenseur vous emportant d'un souffle jusqu'au
     25e étage. Autrefois pourtant, avec ses lourds piliers de faux marbre, l'immeuble
105 n'avait pas dû manquer d'allure. Hélas, Harlem n'était plus la capitale des arts et du
     plaisir où Zora Neale Hurston dansait le charleston en montrant ses chevilles. C'était
     un ghetto, sale, désespéré où la majorité des familles subsistaient grâce aux coupons
     alimentaires. Quinze ans plus tôt, quand Véra avait emménagé, il y avait sur divers
     paliers des médecins et des employés de Wall Street en costume trois pièces gris
110 anthracite. Depuis, tout ce monde avait fui vers des banlieues où on n'égorgeait pas
     les enfants et Véra était demeurée le dernier vestige du passé. Claude pressa sur la
     sonnerie, trois coups appuyés, un autre plus léger, entendit l'interminable cliquetis de
     serrures et des verrous, puis la porte s'ouvrit. Quel âge avait Véra? 60, 70, 80 ans... ?
     Elle demeurait mince, voire menue. Pas un fil d'argent dans sa crinière, mais celle-ci
115 s'amenuisait, se clairsemait comme une forêt dévastée par trop d'incendies. L'architec-
     ture de son visage était indestructible, mais sa bouche, ses yeux étaient meurtris,
     défaits, détruits d'avoir trop simulé l'espoir et le courage. Elle interrogea:
     — Tu as mangé?
     Claude secoua la tête. Elle insista:
120 — Elle ne t'a rien donné à manger?
     «Elle», bien sûr, c'était Elinor. Claude était le lien entre ces deux femmes qui ne
     s'étaient jamais vues. Un jour, elle n'avait pu résister à la vanité de désigner du doigt
     la couverture du magazine littéraire que lisait Véra en murmurant:
     — Je travaille chez elle aussi!
125 Véra était restée estomaquée et depuis Elinor était devenue l'un des sujets de
     leurs conversations quotidiennes. Véra découpait les moindres revues de presse, les
     moindres articles la concernant et les commentait rageusement:
     — Beauté brûlante comme une nuit d'août en Géorgie!
     Images, métaphores, symboles empruntés au folklore du Vieux Sud, voix noire,
130 rythme noir. Comment peut-elle accepter tout cela? N'a-t-elle pas mieux à faire? Pas
     de grande cause, pas de grande cause... ! L'autre sujet de leurs conversations quoti-
     diennes, c'était bien sûr Haïti, saignant de toutes ses plaies. Alliée par les femmes à

---

5.   Terme antillais désignant une personne dont un parent est Noir et l'autre mulâtre.

l'ancien Président Omar Tancrède et par les hommes à l'ancien Président Zamor Val-
cin, la famille de Véra avait été menée à l'abattoir par ordre du nouveau dictateur, ses
terres et ses biens confisqués, ses maisons rasées. Si Véra avait échappé à la boucherie, c'est qu'elle se trouvait en Europe où elle commençait une double carrière de pia-
niste de concert et de femme de lettres, et se laissait courtiser par un jeune Italien. Du
jour au lendemain, elle avait fermé son instrument et avait mis sa plume au service
d'une grande cause. Depuis, elle tenait une rubrique dans un journal d'opposition,
cent fois disparu, cent fois réapparu comme un phénix. Elle qui n'avait pas vu Haïti
depuis vingt ans, savait tout ce qui s'y passait, analysait tout ce qui s'y disait. L'île
était en elle comme un *poto-mitan* soustendant sa vie. Elle volait d'une manifestation,
d'une marche, d'un gala de soutien à un autre, infatigable, administrait à tous le
réconfort, puis revenant dans son appartement glacial où tout allait vau-l'eau comme
ses espoirs.

Quand elle avait rencontré Claude, celle-ci n'avait pas mangé depuis deux jours et
voyait le monde à travers un brouillard laiteux qui le rendait plus beau. Le lieu était
largement ouvert, chose rare à New York, alors, elle y était entrée. Là, ô surprise, on
parlait français. Des fillettes aux joues couleur cannelle faisaient circuler de grands
plateaux d'orangeade et de pâtés. Était-ce enfin Dieu qui se manifestait? Si l'on veut,
car à ce moment, Claude avait rencontré le regard de Véra.

Véra n'avait que faire d'une femme de ménage, Claude ne l'avait pas compris tout
de suite. Les premiers mois, elle avait frotté, astiqué, briqué des objets usés et sans
couleur, tentant désespérément de leur redonner de l'éclat. Peu à peu, elle avait
découvert que ce désordre, ce délabrement convenaient à Véra. Parmi les compagnons
familiers qui composaient son ameublement, plus besoin de feindre. Elle se retrouvait
elle-même, déjà habitée par la mort. Ratatinée dans un coin du divan, elle feuilletait
ses albums:

— Regarde maman, comme elle était belle! J'ai son teint. Là, c'est ma sœur Iris. Là
c'est papa! Tous morts et je n'ai jamais vu leurs tombes…

Les larmes coulaient sur ses joues et Claude prenait la vieille main entre les
siennes l'embrassant doucement. Que dire? Elle n'avait jamais su parler, puisque personne ne l'avait jamais écoutée. Véra poursuivait:

— Lui, c'est Fabio! Ah, les hommes! Dès qu'il a su que je n'étais plus une riche héritière, il a disparu. Après cela, je n'ai plus eu confiance en personne, personne…
Ensuite commençait la litanie de ceux qui l'avaient aimée et auxquels, à l'entendre, elle
s'était refusée. Dans des boîtes en carton étaient rangées des lettres que parfois elle
déclamait avec dérision et aussi exaltation. Qu'étaient devenus tous ces suppliants?
Mariés, pères de famille, bourgeois prospères, artistes comblés… ou morts, eux aussi,
comme les parents de Véra, retournés dans le ventre chaud de la terre. Rien ne restait
d'eux que ces séries d'arabesques qui avaient signifié leur passion. Claude, fascinée,
dévorait du regard les pages si souvent feuilletées. Cependant, le moment le plus précieux survenait quand Véra ouvrait la petite mallette qui contenait les divers manuscrits de ses romans, tous impubliés, tous renvoyés par les éditeurs de France, de Bel-
gique, de Suisse, du Canada. Des heures durant, elle en lisait des chapitres tandis que
Claude, suspendue à ses lèvres, tentait de découvrir les défauts cachés sous les mots

et les phrases. Car enfin, pourquoi étaient-ils condamnés à cette fin sans gloire? Qui définit le Beau? Qui décide du succès? Pourquoi Elinor, marchant en plein soleil? Véra dans sa nuit? L'écriture n'est qu'un piège, le plus cruel de tous, un leurre, une simulation de communication.

180

Comme chaque après-midi, après ces longues séances de lecture, dans la seule pièce que le radiateur consentait à chauffer, Véra s'endormit, la bouche ouverte, sur un ronflement pareil à un râle. Claude lui prit les manuscrits des mains: *La bataille de Vertières, roman historique, Un cœur d'Haïtienne, Angélita Reyes…* puis elle retomba dans sa rêverie. Pourquoi ces deux femmes, chacune à sa manière, l'avaient-elles prise en affection? À cause de sa jeunesse? De sa naïveté? De sa bénignité? Elle comprenait qu'elle était leur création, qu'elle était le rouleau de papyrus sur lequel elles dessinaient librement les signes par lesquels elles choisissaient de se représenter.

185

Mais en même temps, n'étaient-elles pas en son pouvoir? Un acte de refus et se briserait le miroir dans lequel Elinor se voyait si belle. Un geste de lassitude et Véra ne pourrait plus souffler, épuisée, en bout de course.

190

Vers trois heures, Véra dormait encore. Claude enfilant la veste en peau de chèvre qu'elle lui avait donnée, s'en alla. Les garçonnets emmitouflés qui jouaient dans la rue, lui sourirent. Ils la connaissaient à présent. Elle commençait de peser son poids de vivante dans le quartier. C'était bon signe.

195

Du City College à l'appartement de Véra, il n'y avait que peu de distance. Elle s'y était inscrite suivant les conseils de cette dernière qui lui répétait que l'instruction était la clé de l'ascension.

— Nous étions un peuple d'esclaves. Patiemment, nous avons gravi tous les échelons. À présent, regarde…

200

Claude regardait et que voyait-elle? Des hommes, des femmes entassés dans des ghettos, humiliés dans leur esprit, blessés dans leur chair. Des hommes, des femmes soumis à la dictature, écartelés aux points cardinaux du monde. Restait l'Afrique dont parlait souvent Véra. Elle était si loin! Qui savait ce qui s'y passait? Cependant les cours du soir du City College étaient pratiquement gratuits. Elle y apprenait l'anglais. Peu à peu, la parole de New York qui l'avait effrayée, assourdie, devenait intelligible. Les rébus des enseignes au néon, des affiches… se laissaient déchiffrer.

205

Au coin de la 140e rue, un vieil homme blotti sous un porche leva vers elle ses yeux bleutés de cécité. Elle lui tendit un de ses derniers quarts de dollar.

210

Claude s'arrêta dans l'entrée, interdite.

Drapée de sa robe de chambre, couleur soufre, Elinor se tenait ployée, prostrée. Elle releva un visage défait, presque tuméfié entre les algues tristes de ses cheveux et gémit:

— Tu vois ce qu'ils écrivent?

215

Devant elle, des revues *Black Culture, Black Essence, Black World…* Mais Claude ne leur accorda pas un regard. Elle était confondue par ce chagrin. C'était comme si le soleil, méprisant les cœurs saignants des victimes et les chants des prêtres avait refusé de se lever, laissant le monde à sa nuit.

— Mais que veulent-ils? Que veulent-ils?

220

Elle pirouetta sur elle-même:

254

— Ils veulent que je parle une fois de plus esclavage et traite et racisme, que je nous pare des vertus des victimes, que j'insuffle l'espoir…

Elle renifla, s'essuya les yeux des deux poings et Claude retrouva dans ces gestes puérils, la fillette qu'elle avait été.

— À quarante ans, pour la première fois, ma mère a été admise dans un restaurant blanc à Colony Square. Ça a été la grande affaire de sa vie. Chaque matin, nous l'avons entendue cette histoire, après l'éloge à nos grands hommes qui avaient versé leur sang pour un tel moment…

Je n'en peux plus, tu comprends?

Claude n'était pas sûre de comprendre. Néanmoins, elle l'assura d'un sourire. Elinor se leva. Ses admirateurs n'auraient pas reconnu leur idole, ce matin-là. Mais déjà elle se déployait, retrouvait sa grâce, son maintien, comme honteuse de son désarroi et Claude comprit que rien ne pourrait arrêter sa marche.

Demeurée seule, Claude feuilleta les revues, suivant du doigt quelques lignes, à la recherche d'inscriptions familiales. Pourquoi les mots font-ils tant de mal? Quel pouvoir est caché dans leur dessin? Comment le capturer et l'apprivoiser à sa guise? D'une certaine manière, Elinor pas plus que Véra, n'y était parvenue. Avec un soupir, Claude se dirigea vers l'évier encombré. Au bout d'un moment, Elinor s'arrêta près d'elle. Bien malin qui aurait découvert sous le rouge des pommettes la zébrure des larmes. Elles se sourirent et Elinor répéta:

— «Lave, frotte, repasse, arrose les plantes. En partant n'oublie pas le verrou de sûreté, c'est très, très important… »

Pourtant, ces injonctions signifiaient tout autre chose. Elles symbolisaient le lien qui les unissaient, le secret qu'elles partageaient, l'équilibre retrouvé…

Le fer à repasser mordit le col de la blouse de toile blanche. Depuis l'enfance, Claude s'entendait dire qu'elle avait des doigts de fée. C'était la seule grâce qu'on lui reconnaissait. Quand il avait fini d'inspecter la pile de chemises encore tièdes, Marcel Dupré daignait sourire et glissait les doigts dans son gousset:

— Tiens, achète-toi «un sucre»…

Le jeudi après-midi quand elle visitait sa mère sur le Canal, elle la trouvait dans la cuisine, son ventre perpétuellement distendu par une grossesse, coincé entre le «potager» et la table et elle lui prenait des mains, les brûlants trapèzes de fonte. Soulagée, Alicia s'asseyait lourdement, puis entamait un long récit de maladies d'enfants, de disputes avec les voisines, de coups et d'injures libéralement dispensés par son mari du moment, s'interrompant par instants pour s'exclamer avec une fugitive tendresse:

— Comme tu es adroite!

Ne serait-elle jamais bonne à rien d'autre? Elle regarda ses mains, petites, un peu carrées, encore modelées par l'enfance. Depuis son arrivée à New York, trop occupée à survivre, elle n'avait pas acheté de cahiers à spirale. Elle savait pourtant que l'audace lui reviendrait, que ses reins, son sexe, son cœur, sa tête se remettraient en branle et qu'elle accoucherait de son monde. Déjà, il se mouvait en elle. À qui montrer le fruit de sa parturition? Cette fois, elle n'hésiterait pas.. À Véra qui l'avait inspirée…

Véra ajusterait les lunettes à monture de métal qui ajoutaient à l'ensemble à la fois pathétique et comique de son vieux visage et opinerait de la tête:

265   — C'est bien, c'est bien! Ah, c'est très bien…!

Le fer à repasser crépita, la rêverie s'arrêta…

Vers midi, elle descendit. Dans ce quartier hautain, les regards fixaient un point dans l'espace sans jamais rencontrer d'autres regards, effleurer des joues, des lèvres, des chevelures et chacun semblait poursuivre son propre fantôme.

270   — Elle a pleuré ce matin!

Véra dégusterait cette nouvelle comme un mets rare, puis l'accablerait de questions auxquelles elle ne saurait répondre. Il valait mieux ainsi, car alors l'imagination de Véra comblerait toutes les failles, composerait un récit à sa guise. En agissant ainsi, Claude n'avait pas l'impression de trahir un secret qu'elle aurait dû garder. Au contraire, elle resserrait le lien qui s'était rompu. En effet, depuis le moment où le navire béni par Dieu et le Roy, s'était éloigné de la baie pour l'effroyable traversée, plus rien ne les avait réunies. Des lieux leur avaient été assignés à résidence. Des langues les avaient contraintes au mutisme. À présent, l'unité se refaisait.

À la 140e rue, le froid avait chassé le vieillard de sa porte cochère. Dans les vitrines—fouillis des magasins portoricains, des mangues, des avocats, des plantains parlaient de climat où la misère, au moins, se pare des haillons du soleil. Leur vue n'éveillait en Claude qu'une rancune nauséeuse. Elle pressa le pas, car le froid se faisait de plus en plus vif.

Comme elle atteignait l'angle de l'avenue d'Amsterdam, le cœur lui manqua. Devant l'immeuble de Véra, une ambulance était à l'arrêt et c'était la matérialisation d'une angoisse qu'elle avait portée chaque jour en elle. Elle savait que ce moment viendrait. Quand Véra s'endormait, elle se penchait sur elle guettant son souffle. Pas encore, pas encore. Car enfin si elle ne pouvait ressusciter tous les disparus et Iris, la sœur tant chérie, si elle ne pouvait rebâtir la villa du Bois Verna, altière entre ses cactus solitaires, abattre le dictateur, repu de sang et disperser ses membres au carrefour de la Croix des Bossales, du moins elle pouvait lui offrir un récit, une œuvre qui la présenterait non pas telle qu'elle était, octogénaire, en pitoyable paletot de laine, enflant sa voix dérisoire dans le tumulte des détresses, mais telle qu'elle se rêvait: Erzulie Dantor, flambeau au poing. Elle se mit à courir, mais des racines surgies du pavé, l'entravèrent, la firent trébucher, l'empêchèrent d'arriver à son but avant que l'ambulance d'un mouvement puissant ne se soit écartée du trottoir, remontant la rue interminable et rectiligne, en poussant son long hurlement de pleureuse. Un cercle de curieux s'était formé, qui lentement se défaisait. La voisine portoricaine, celle-là même dont Claude avait parfois gardé les enfants, le temps qu'elle coure au supermarché échanger ses coupons alimentaires, la fixa tristement, murmurant:

— Es la vieja mujer del quinto piso[6]…

---

6.   C'est la vieille femme du cinquième étage.

Premières impressions

Quel vous semble être le thème principal de ce récit? Expliquez votre choix.
   a) Être femme à Manhattan;
   b) Être femme noire à Manhattan;
   c) Être écrivaine noire à Manhattan;
   d) Être écrivaine noire américaine, haïtienne ou guadeloupéenne;
   e) Autre chose. (Précisez.)

Approfondissement

A. Indiquez si les phrases suivantes sont *vraies* ou *fausses*. Notez les lignes du texte où vous avez trouvé la vérification. Si la phrase est fausse, reformulez-la pour la rendre juste.
   1. Claude est la femme de ménage d'Elinor.
   2. Le premier roman d'Elinor connaît un grand succès.
   3. On suggère que les magazines noirs manquent d'objectivité.
   4. Claude a trouvé le livre d'Elinor très bon.
   5. Claude trouve que New York ressemble assez à sa ville d'origine.
   6. Claude habite dans un ghetto noir et portoricain.
   7. Claude a des souvenirs agréables de son enfance.
   8. Claude a été élevée par sa marraine.
   9. Claude a été traitée comme une servante par la famille de sa marraine.
   10. Il y a beaucoup d'immigrants haïtiens à New York.
   11. Claude est venue à New York parce qu'elle n'avait pas assez d'argent pour aller à Paris.
   12. Claude et Elinor trouvent des points communs lorsqu'elles comparent leur enfance.
   13. Claude trouve qu'il y a quelque chose de magique dans l'écriture.
   14. Claude avait fait de l'écriture lorsqu'elle était en Guadeloupe, mais elle n'a pas gardé ses écrits.
   15. Le quartier de Véra ressemble assez à celui d'Elinor.
   16. Le visage de Véra montre qu'elle a souffert dans la vie.
   17. Véra admire beaucoup Elinor.
   18. Depuis la mort de sa famille, Véra est devenue une écrivaine «engagée»: elle proteste contre le régime actuel à Haïti.
   19. Véra a engagé Claude comme femme de ménage parce qu'elle avait besoin d'aide à la maison.
   20. Véra a écrit plusieurs romans qui ont été publiés.
   21. Elinor a été critiquée par les magazines noirs.
   22. Elinor a une «grande cause» qui motive ses écrits.
   23. Claude aimerait se remettre à écrire.

B. *Étude des personnages*

1. Faites le portrait de chacun des personnages. (Le travail peut être divisé entre les étudiants.)
   a) Nom;
   b) Âge (exact ou approximatif);
   c) Pays d'origine;
   d) Situation familiale
      • niveau socio-économique de sa jeunesse
      • niveau socio-économique actuel
      • éducation qu'elle a reçue
      • rapports entre les membres de sa famille
      • sa famille actuelle;
   e) Objectif professionnel ou humain;
   f) Occupation actuelle;
   g) Obstacles à franchir;
   h) Motivation pour écrire;
   i) Autre chose que vous trouvez important.
2. Qu'est-ce que ces trois femmes ont de commun? de différent?
3. Relisez les lignes 11 à 18. À votre avis, le ton emprunté est-il sérieux ou ironique? Qui parle? Expliquez vos réponses.
4. Véra croit que l'éducation est ce qui permet aux gens de monter dans la société. Est-ce la raison pour laquelle Claude suit des cours d'anglais au City College?
5. Quelles pouvaient être les critiques d'Elinor dans les revues noires (lignes 215 à 229)?
6. Qui représente le pronom «elle» à la ligne 288, et quel est le projet de cette personne?

Questions de langue

Étudiez le contexte des expressions suivantes et proposez une paraphrase. Comparez ensuite vos paraphrases —il y a sûrement plusieurs possibilités correctes.
1. *fixait* (ligne 9).
2. *convenait* (lignes 11 et 12).
3. *faisait la une* (ligne 13).
4. *bornée* (ligne 19).
5. *taudis* (ligne 26).
6. *à sa majorité* (ligne 46).
7. *toutefois* (ligne 73).
8. *bredouillis* (ligne 96).
9. *rasées* (ligne 135).
10. *n'avait que faire* (ligne 152).

Questions de discussion

1. Il y a beaucoup de «flashbacks» dans ce récit. Choisissez un exemple et discutez-en. (Pourquoi est-il placé à un tel moment de l'histoire? À quoi sert-il? etc.)

2. Pourquoi, à votre avis, Véra n'a-t-elle pas réussi à faire publier ses romans (lignes 172 à 180)? Étaient-ils mal écrits? Sa littérature était-elle «trop politisée»?

3. Si c'était possible, préféreriez-vous lire un roman d'Elinor ou de Véra (ou ni de l'une ni de l'autre)? Pourquoi?

4. Quel avenir imaginez-vous pour Elinor? pour Claude?

5. Avez-vous l'impression que la voix narratrice porte un jugement favorable ou défavorable sur Claude, Véra et Elinor? Expliquez.

6. Quelle est l'importance, à votre avis, de l'origine ethnique des trois femmes? (Le récit serait-il très différent si les trois femmes étaient toutes des Américaines blanches, ou d'une autre origine?)

7. Pensez-vous que les écrivains ont une responsabilité sociale, ou qu'ils doivent simplement poursuivre un objectif «artistique»? (Réfléchissez à vos auteurs préférés: ont-ils quelque chose en commun à cet égard?)

Projets

1. Nous savons qu'Elinor n'écrivait pas des romans «engagés» (ayant pour thème un problème politique ou social), mais à part cela nous savons très peu de choses sur son approche de l'écriture. Imaginez le contenu de son premier roman, *The Mouth that Eats Salt*, et écrivez-en un résumé.

2. Décrivez l'avenir que vous imaginez pour Claude ou Elinor.

3. Faites le portrait de l'une des trois femmes et décrivez votre réaction au personnage.

4. Décrivez un auteur ou une auteure que vous aimez particulièrement et expliquez pourquoi vous trouvez ses écrits tellement bons.

Un peu de tout

Ma contribution au baseball

~

Serge Langevin

Anticipation

Les Européens ont nommé «fétiche» les objets de culte des civilisations «primitives».
Nous avons, nous aussi, des fétiches dans notre société «civilisée», et c'est dans le
domaine des sports que ce phénomène est particulièrement frappant: le joueur qui
endosse un T-shirt spécial, l'athlète des Jeux olympiques qui met toujours un bracelet
spécial, etc. Ce sont des objets qui portent bonheur à la personne qui les possède,
pourvu qu'elle les porte au moment crucial.

Connaissez-vous des exemples de cela? Possédez-vous des fétiches?
    Il y a aussi, c'est vrai, le revers de la médaille —ce qui porte malheur...

Ma contribution au baseball

M. John McHale
Gérant général
Expos de Montréal

Cher M. McHale,

5   Au moment où j'écris ces lignes, vos Expos recommencent à jouer avec nos nerfs
et aussi avec les vôtres, du moins je le présume, en perdant immanquablement une
partie sur deux.
    Je vous écris parce que je viens de comprendre que la source du problème ne se
trouve pas dans votre équipe.
10   Elle se trouve (s'il vous plaît, ne jetez pas cette lettre avant de l'avoir lue au complet!) chez mon épouse, qui depuis quelques années, est devenue une fervente et
inconditionnelle admiratrice des Expos.
    C'est au cours d'une partie disputée en mai 83 que mes soupçons se sont éveillés.
À la fin de la deuxième manche nos Amours tiraient de l'arrière par deux points.
15   Nos Expos, comme ils le font souvent dans ces cas-là, mettent deux hommes sur
les buts, histoire de jouer avec le système nerveux de l'assistance. Il y a deux retraits

et Dawson s'amène au bâton. Tous s'attendent à ce qu'il subisse son habituelle attaque de «pourquoi c'est toujours à moi que ça arrive, ces choses-là», avant de se faire retirer comme il le fait d'habitude dans les situations critiques.

20   Or, à ce moment précis, Paulette (ma femme se nomme Paulette) sent tout à coup une petite faim et décide d'aller se ravitailler à l'extérieur du stade. Dawson frappe un double et fait compter deux points.

    Deux manches plus tard, tout va mal à nouveau pour les Expos quand Paulette décide de quitter son siège. Nos Amours comptent trois points coup sur coup. Pau-
25 lette reprend son siège.

    Vers le milieu de la huitième manche, nous perdons encore par deux points quand un spectateur me crie:

    «Vous ne voyez pas que ça va mal? S'il vous plaît, dites à votre femme de sortir!»

    La remarque m'avait laissé songeur et son à-propos me revint à la fin de la neu-
30 vième manche, moment crucial pour nos Expos qui perdaient alors par quatre points.

    Vous savez aussi bien que moi ce que font nos Amours dans ces moments-là: ils s'écrasent.

    C'est ce qu'ils auraient probablement fait si mon épouse n'avait eu à ce moment l'heureuse idée de quitter à nouveau son siège pour se dégourdir les jambes. Au
35 moment précis où elle quittait l'enceinte du stade, nos Expos amorcèrent une extraordinaire remontée qui les amena à égaliser le pointage, ce qui provoqua la nécessité d'une manche supplémentaire.

    Je crois même qu'ils auraient gagné la partie si la bougeotte de Paulette n'avait, à ce moment-là, connu une malencontreuse accalmie.

40   Eh oui, la chose est triste à dire: ma femme porte malheur aux Expos. J'ai vérifié les statistiques et il ne peut s'agir de coïncidences.

    Vous rappelez-vous le seul moment où les Expos ont occupé la première position de leur division en 83? C'était en juin, moment où Paulette et moi étions en voyage en France. De là à conclure que le talent de nos Amours se manifeste de façon directe-
45 ment proportionnelle à la distance qui les sépare de mon épouse, il n'y a qu'un pas que je franchis allègrement, car la situation est grave: Paulette vient de se procurer des billets de saison et Dieu seul sait ce qu'il adviendra de nos Expos si quelqu'un ne fait pas quelque chose!

    C'est donc en espérant que vous comprendrez la gravité de la situation que je
50 vous fais la proposition suivante: tous les ans, vers la mi-avril, vous me faites parvenir un chèque qui couvre les frais d'un voyage pour deux vers un autre coin de la planète (Singapour ou Londres, par exemple, je ne suis pas difficile...). En retour, je m'engage à tenir Paulette aussi éloignée que possible des endroits où pourraient se trouver nos Expos.

55   Veuillez agréer, cher Monsieur, l'expression de mes sentiments les plus distingués.

Serge Langevin

P.S. Paulette aime aussi le hockey. Si Serge Savard est intéressé, nous sommes aussi disponibles d'octobre à mai.

263

Premières impressions

Quelle est la «contribution au baseball» de l'auteur?

Approfondissement

1.   La terminologie française du baseball ne vous est peut-être pas familière, mais le contexte devrait vous permettre de comprendre. Pour vérifier, illustrez la position des joueurs des Expos sur le terrain et indiquez le score au tableau aux moments décrits
   a) aux lignes 14 à 17;
   b) aux lignes 21 et 22.
2.   Les Expos ont-ils gagné la partie décrite dans les lignes 14 à 39?
3.   Qu'est-ce que l'auteur pense des Expos, à votre avis? (Citez quelques exemples du texte pour appuyer votre réponse.)

Questions de langue

A.   L'auteur commence sa lettre par les mots «Cher M. McHale,». Notez qu'en France on n'emploierait l'expression «Cher» que pour une personne que l'on connaît relativement bien. (La virgule n'est pas signe de familiarité, ni au Québec, ni en France.)
   1.   Par quelle expression un Français aurait-il commencé cette lettre?
   2.   La phrase précédant la signature est une formule bien «classique». En quoi serait-elle changée pour correspondre à la salutation plus formelle que vous avez préparée pour la question 1?
   3.   Compte tenu des intérêts de votre classe, proposez différentes formules de politesse pour le début et la fin de lettres de types différents.

B.   Certaines expressions de cette lettre appartiennent à la langue parlée, familière. Proposez une paraphrase dans le style du français écrit.
   1.   *histoire de jouer* (ligne 16).
   2.   *sent tout à coup une petite faim* (lignes 20 et 21).
   3.   *la bougeotte* (ligne 38).
   4.   *est intéressé* (ligne 57).

C.   Proposez une paraphrase de ces autres expressions:
   1.   *immanquablement* (ligne 6).
   2.   *tiraient de l'arrière* (ligne 14).
   3.   *coup sur coup* (ligne 24).
   4.   *laissé songeur* (ligne 29).
   5.   *je m'engage à* (lignes 52 et 53).

Questions de discussion

1. Quels sont les sports les plus populaires aux États-Unis? au Canada? en France?
2. D'après votre expérience, les divers sports pratiqués attirent-ils chacun un public bien distinct? Pourquoi, à votre avis?
3. En France, les équipes sportives portent le plus souvent le nom de la ville à laquelle elles sont associées. En Amérique du Nord, les équipes portent souvent des noms plus folkloriques. Discutez de quelques noms d'équipes. (D'où vient le nom? Quelles sont les associations à ce nom?)
4. D'après certaines personnes, les hommes adorent regarder les matchs sportifs, alors que les femmes trouvent cela ennuyant. Votre expérience personnelle confirme-t-elle ce cliché? Comment expliquez-vous ce phénomène?

Projets

1. Que répondriez-vous à cette lettre?
2. Donnez un autre exemple d'une personne ou d'un objet qui porte bonheur ou malheur dans une situation sportive (ou autre).

Lexique

This French-English *lexique* provides definitions of many words and expressions found in *Situations*. Not included are obvious cognates (e.g. *machine*), and items considered very basic.

It should be noted that the definitions given reflect the meaning(s) of the words as used in this text. Thus, all meanings of a given word may well not appear.

In the case of nouns, the gender (*m/f*) is indicated. No other information regarding parts of speech has been provided; the curious student is referred to a comprehensive dictionary.

Expressions of an informal nature are indicated by one of two designations: *familiar* or *vulgar*. An expression designated as *familiar* may be used frequently, occasionally or rarely by educated native speakers, in particular social situations. Students would be well-advised to determine the range of social acceptability of such expressions before putting them to use, by consulting their instructor or a dictionary.

A

aba *m.* hut used as village meeting place (African)
abaisser to go down
abasourdi,e stunned, dumbfounded
abattement *m.* dejection
abattoir *m.* slaughterhouse
abattre to bring down, knock down; ~ **une besogne** *fig.* to get through a lot of work; **s'** ~ to crash down
aberrant,e aberrant, absurd
aboie see **aboyer**
aboiteau *m.* dike (Acadian)
abolir to abolish
aborder to approach; to take up, tackle
aboutir to succeed; to result in, come to
aboyer to bark
abreuver to shower with; **s'** ~ to drink
abri *m.* shelter
abriter to shelter, house
abusif,-ive improper
accabler to overwhelm
accalmie *f.* lull
accentuer (s' ~**)** to become more marked
accomplir to carry out, perform
accord *m.* agreement; **d'** ~ all right; **se mettre d'** ~ to reach an agreement
accorder to give; to agree (Acadian); **s'** ~ to agree, be in harmony
accoucher to give birth
accouder (s' ~**)** to lean (on one's elbows)
accourir to rush up, run up
accoutré,e *péj.* rigged out (dressed)
accoutumée (comme à l' ~**)** as usual

accrocher (s' ~ **à)** to cling to, catch on
accueil *m.* welcome, reception
accueillant,e welcoming, friendly
accueillir to welcome, greet
accuser réception to acknowledge receipt
acharnement *m.* unremitting effort
achat *m.* purchase
acheter to buy
achever (s' ~**)** to end, come to an end
acquérir to acquire
acquis,e established, acquired
actuel,le present, current; **à l'heure actuelle** at the present time
actuellement at the moment, at present
admis,e accepted, admitted
adosser (s' ~**)** to lean with one's back against something
adresser (s' ~ **à)** to speak to
adroit,e skillful, dexterous
advenant que should it happen that
advenir to happen
affaire *f.* matter
affaires *f. pl.* business
affaler (s' ~**)** to collapse, slump
affamé,e starving
affectivement emotionally
affermir to strengthen
affiche *f.* poster, sign
affreux, -euse awful, horrible
affronter (s' ~**)** to confront each other
affubler to deck out, rig out
affûter to sharpen
afin de in order to

267

agir to act

agit (il s'~ de) it is a question of/matter of; it would appear to be

agité,e restless, excited

agiter to ring (bell); to wave (arms); **s'~** to fidget, get restless

agonie *f.* agony of death

agoniser to be dying

agréé,e accepted

agrégation *f.* highest competitive examination for teachers in France

agrégé,e successful candidate in the "agrégation"

agripper (s'~) to cling on to

aide *f.* help **à l'~ de** with the help of

aigle *m.* eagle **~ chauve** bald eagle

aiguiser to sharpen

ailleurs elsewhere; **d'~** besides, moreover, anyway; by the way; **par~** otherwise, in other respects

aimable kind, nice

aimablement nicely, politely

aîné,e elder, eldest

ainsi in this way; thus; **pour ~ dire** so to speak, as it were

air *m.* appearance

aire *f.* area, zone

aisance *f.* ease

aise (à l'~) comfortable, at ease

aisselle *f.* armpit

ajouter to add

algue *f.* seaweed

aliéné,e lunatic

aligner to line up

alimentaire (un régime ~) diet

allée *f.* aisle

allées et venues comings and goings

alléger to lighten, soothe

allègrement gaily

allié,e ally

allocution *f.* speech

allonger to stretch out; **s'~** to lengthen

allumer to light

allure *f.* (avoir de l'~) to have style, a certain elegance

alors que while, whereas

alouette *f.* lark; **~des champs** meadowlark

altier,-ière haughty

ambages *f.pl.* (sans ~) without beating around the bush

ambiance *f.* atmosphere

âme *f.* soul

améliorer to improve

amende *f.* fine

amener to bring; **s'~** to come along

amenuiser (s'~) to get thinner

amer, amère bitter

amertume *f.* bitterness

ameublement *m.* furniture

ameuter to draw a crowd

amitié *f.* friendship

amitiés à best wishes, kind regards to

amoindrir to reduce

amorce *f.* beginning

amorcer to begin

amoureux,-euse lover

ampleur *f.* vastness

ancien, ne former; **jours anciens** *m.pl.* bygone days

âne *m.* donkey

angoisse *f.* anguish, distress

angoisser to distress

animateur de radio *m.* announcer

animer un débat to lead a debate

annonce *f.* advertisement **les petites annonces** the classified ads

annuaire *m.* directory

anodin,e innocuous

anthracite charcoal gray

anticipée (une libération ~) early release

Antilles *f. pl.* the West Indies

anti-tabagisme *m.* anti-smoking

apaiser to calm

apanage *m.* right, privilege

apercevoir to glimpse, see; **s'~ de** to notice

aperçois see **apercevoir**

aperçu see **apercevoir**

aperçu *m.* survey, glimpse

aperçut see **apercevoir**

apôtre *m.* apostle

apparaître to appear

appareil *m.* appliance, machine

apparemment apparently

apparition *f.* appearance

appartenance *f.* belonging, membership

appartenir à to belong to, be a member of

apparut see **apparaître**

appel (faire ~ à) to call on/for

appliquer (s' ~) to apply oneself

apporter to bring

apprendre to learn; to teach, inform

apprentissage *m.* learning, apprenticeship

apprêter to prepare; **s'~** to get ready

apprirent see **apprendre**

appris see **apprendre**

apprit see **apprendre**

apprivoiser to tame

approbation *f.* approval

approcher (s'~de) to approach

approfondissement *m.* deepening

appui *m.* support

appuyé,e emphatic, firm

appuyer to support; **s'~ sur** to lean on, to rely on

après (d'~) according to

après coup after the fact

à-propos *m.* appropriateness

araignée *f.* spider

arbrisseau *m.* shrub

Arcadie *f.* in Greco-Roman mythology and poetry, land of calm and serene happiness

ardu,e   arduous
argent *m.*   silver
argenté,e   silvery
argot *m.*   slang
arki *m.*   African alcoholic beverage
armes *f. pl.*   coat of arms
armoiries *f. pl.*   coat of arms
arpent *m.*   arpent (about an acre)
arracher   to grab, pull out, wrest
arranger   to arrange, alter; **s'~**   to manage; to arrange it so that...
arrêt *m.*   stopping, stop
arrêté *m.*   order
arrêter   to stop; **~ un choix**   to make a choice
arriéré,e   backward
arrière-pensées *f. pl.*   thoughts at the back of one's mind
arriver   to arrive, manage, happen, reach; **en ~ à**   to come to
arroser   to water; to spray
artisanal,e   craft industry
artisanat *m.*   arts and crafts
ascenseur *m.*   elevator
aspirateur-traîneau *m.*   canister-type vacuum cleaner
assaisonnement *m.*   seasoning
assécher   to drain
asseoir (s'~)   to sit down
asservir   to enslave
assiette (être dans son ~)   to feel well
assis,e   see **asseoir**
assistance *f.*   assistance; audience
assister   to assist; **~ à**   to attend
assommer   to overwhelm
assoupir (s'~)   to doze off
assourdir   to deafen
assumer   to assume, take on
assurer (s'~)   to secure for oneself
astiquer   to polish
atelier *m.*   workshop
atone   expressionless
attabler (s'~)   to sit down at the table
attache *f.*   tie
attacher (s'~)   to devote oneself
attarder   to linger
atteignait   see **atteindre**
atteigne   see **atteindre**
atteignit   see **atteindre**
atteindre   to reach
atteinte *f.*   attack; **porter ~ à**   to undermine, strike a blow at
attendre   to expect, wait (for); **s'~à**   to expect
attendri,e   moved, touched
attentat *m.*   attack
attente *f.*   wait
attirer   to attract, draw
attrait *m.*   appeal, attraction
aube *f.*   dawn
aucun,e   (*neg.*) no, none, no one; (*pos.*) any
audace *f.*   boldness, audacity

au-dessous   below
auditeur, -trice   listener
auge *f.*   trough
augmenter   to increase
aulne *m.*   alder
auparavant   before(hand)
auprès de   next to; to
aurait   see **avoir**
aurez   see **avoir**
auriculaire *m.*   little finger
aurore *f.*   dawn
aussitôt   immediately; **~ que**   as soon as
autant   as much, as many; so much, so many; **d'~ (plus) que**   all the more so because; **pour ~**   for all that
auteur,e   author, writer
autocar *m.*   coach, bus
autochtone   native
autour   around
autrefois   in the past, in bygone days
autrement   otherwise, differently
avancer (s'~)   to move forward, advance
avarié,e   rotting
avatar *m.*   misadventure; transformation
avenir *m.*   future
avertir   to warn
aveugle   blind; blind person
avis *m.*   opinion
aviser (s'~)   to dare, take it into one's head to
avocat,e   lawyer
avoir   to have; **~ à**   to have to, want to; **~ beau** («j'avais beau lui faire signe... »)   I indicated... but; **~ du mal**   to have a hard time; **~ envie**   to want, wish; **~ honte**   to be ashamed; **~ horreur de**   to hate; **~ le droit**   to have the right; **~ les moyens**   to have the means, be able to afford; **~ lieu**   to take place; **~ l'intention**   to plan; **~ l'occasion**   to have the opportunity; **~ (de la) peine**   to have a hard time; **~ raison**   to be right, correct; **~ rapport à**   to be related to, to concern; **~ tort**   to be wrong; **n'~ que faire**   to have no need of
avoisinant,e   neighboring
avortement *m.*   abortion
avouer   to confess

B

babillage *m.*   babbling
bagarre *f.*   fight, brawl
bague *f.*   ring
baigner   to bathe
bain *m.*   bath; swim
baiser *m.*   kiss
baisse *f.*   fall, drop
baisser   to lower
bal *m.*   dance
balai *m.*   broom
balancer (se ~)   to swing, sway
balayer   to sweep
ballotter   to be rolled, tossed, shaken

baluchon *m.*   bundle
bambin,e   small child
banc *m.*   bench
bande *f.*   group, gang
banlieue *f.*   suburb
baragouin *m. fam.*   gibberish
barbe *f.*   beard
barbier,-ière   barber
barbotage *m.*   bran mash
barder (ça va ∼) *fam.*   things are going to get
  hot
barque *f.*   small boat
barreau *m.*   bar
barrer   to block, bar
bataille *f.*   battle
bateau *m.*   boat
bâtiment *m.*   building; ship
bâtir   to build
bâton *m.*   stick, bat
battante (une ∼ pluie)   pouring rain
battement *m.*   beat, beating
battirent (les paupières ∼)   eyelids fluttered
battre (se ∼)   to fight
bavarder   to chat
beau   beautiful; a ∼ rire qui veut   however
  funny this may seem; j'avais ∼ lui faire signe…
  I indicated… but
bécasse *f.*   woodcock; (*fam.*) silly goose
bégaiement *m.*   stammering
ben… (eh bien) well
bénéficier   to benefit from
bénir   to bless
bénit,e   holy, consecrated
béquille *f.*   crutch
bercail *m.*   fold
bercer   to rock
bergerie *f.*   sheepfold
bête   animal; stupid
bêtise *f.*   stupidity, foolishness
biberon *m.*   baby bottle
bicorne *m.*   cocked hat
bidonville *m.*   shanty town
bien que   although
bienfaisant,e   salutary, beneficial
bienfaiteur,-trice   benefactor
bien-fondé *m.*   validity
bienheureux,-euse   blessed, happy
biens *m. pl.*   goods
bienveillance *f.*   benevolence, kindness
bigouden   of the area of Pont l'Abbé in Brittany,
  France
bijoutier *m.*   jeweler
biscornu,e   peculiar
blague *f.*   joke
blanc *m.*   household linen
blanc, blanche   white
blanchissage *m.*   laundering
blanchisseur,-euse   launderer
blé *m.*   wheat

bled *m. fam.*   godforsaken place
blême   pallid, wan
blesser   to injure, wound
blessure *f.*   wound, injury
bleuté,e   bluish
bloc (en ∼)   as a group, as one
blotti,e   huddled
bobonne (sa ∼) *fam.*   his old lady
boire   to drink
bois *m.*   wood(s)
boisson *f.*   drink, beverage
boîte *f.*   box; can
boiter   to limp
boiteux,-euse   lame; clumsy
bombe *f.*   bomb; spray
bon marché   cheap
bond *m.*   leap; d'un∼   with a leap
bondir   to leap
bonhomme *m. fam.*   fellow
bonté *f.*   (act of) kindness
bord *m.*   edge, shore, rim; à ∼ de   aboard
  au ∼ de la mer   at the seashore
border   to edge, trim; to line
bordure *f.*   border
bornes (dépasser les ∼)   to go too far
borner (se ∼)   to content oneself; to confine
  oneself
bouche *f.*   mouth
boucherie *f.*   slaughter
boucler   (budget) to balance; (hair) to curl, be
  curly
bouclette *f.*   curl
boudin *m.*   sausage
boue *f.*   mud
boueux,-euse   muddy
bouffée *f.*   whiff
bougeotte *f. fam.*   fidgets
bouger   to move, stir
bougre *m. fam.*   chap, fellow
bouleverser   to overwhelm, distress deeply
bousculer   to jostle, shove
bout *m.*   end, tip; ∼ de papier   piece, scrap of
  paper; au ∼ de   at the end of; à /en ∼ de
  course   worn out
boute *m.*   region (Acadian)
brancher   to plug in, get going
brandir   to brandish
branle *m.* (mettre en ∼)   set in motion
braqués (avoir les yeux ∼)   to stare fixedly
bras *m.*   arm(s)
brave (un ∼ homme)   a nice man
braver   to defy
bredouiller   to stammer, splutter out
bredouillis *m.*   stammering
bretelle *f.*   suspender
brevet *m.*   patent; diploma
bréviaire *m.*   breviary, prayer-book
bribe *f.*   bit, scrap
bricole *f.*   odd jobs, tinkering

bride *f.* bridle
brider to restrain
brièvement briefly
brigand lawless
briller to shine
brin *m.* a bit, a touch
briquer to polish
briquet *m.* lighter
briser (se ~) to break
brodé,e embroidered
broderie *f.* embroidery
bronzer to tan, bronze
brouillard *m.* fog
brousse *f.* bush
bruire to rustle, murmur
bruit *m.* noise, sound
brûler to burn
brûlure *f.* a burn, burning sensation
brume *f.* mist
brusquement abruptly
bruyère *f.* heather
bu see **boire**
bulletin *m.* report, report card
  ~ d'information news bulletin
but *m.* goal; base (in baseball)
but see **boire**
butin *m.* spoils, booty
butte *f.* hill; **~ de sable** sand dune
buveur,-euse drinker

C

çà et là here and there
ça vous dit? does that appeal to you?
cabane *f.* hut, shed
cabinage *m.* accommodations (on ship)
cacher (se ~) to hide
cachette (en ~) secretly, in hiding
cadre *m.* managerial staff; scope, context; frame; framework
cafetier-ière café-owner
cahier *m.* notebook
caisse *f.* case; **~ d'épargne** savings bank
calebasse *f.* gourd
caleçon de bain *m.* bathing trunks
calembour *m.* play on words
calepin *m.* notebook
calife *m.* caliph (Muslim sovereign)
cambrioler to burglarize
cambrioleur, -euse burglar
campagne *f.* country
camper to pull on (hat); **se ~** to plant oneself
canard *m.* duck
caniche *m.* poodle
cannelle *f.* cinnamon
canotage *m.* rowing; canoeing
capharnaüm *m.* shambles
capitation *f.* poll tax
câpresse *f.* woman having one Black and one mulatto parent (West Indian)

captivant,e enthralling
car for
carnet *m.* notebook
carré,e square
carte *f.* map
cas *m.* case
case *f.* hut
casque à onduler *m.* hair dryer
casquette *f.* cap
casser (se ~) to break
casserole *f.* saucepan
castor *m.* beaver
catin *f.* whore
cause *f.* cause; **à ~ de** because of; **en connaissance de ~** with full knowledge of the facts; **mettre en ~** to implicate
causer to cause; to talk, chat
cavalier,-ière (horse)rider
cécité *f.* blindness
céder to give up; to give way
ceinture *f.* waist; belt
cendrier *m.* ashtray
cénesthésie *f.* coenesthesis (general impression of the body resulting from a set of undifferentiated internal sensations)
censé (être ~ ...) to be supposed to
centaine *f.* about a hundred
centrale nucléaire *f.* nuclear power plant
cependant however; **~que** while
cercueil *m.* coffin
cerisier *m.* cherry tree
certes certainly, of course
cesser to stop
chagrin, e morose
chagrin *m.* sorrow
chaîne *f.* (T.V.) channel
chair *f.* flesh
chaire *f.* (**monter en ~**) to go up to the pulpit
chaleureux,-euse warm
champ *m.* field
champêtre rural; **garde ~** rural policeman
chancelant,e wavering
chanceux,-euse lucky
changement *m.* change
chansonnier *m.* folksinger (Québec)
chant *m.* song; chant
chantage *m.* blackmail
chanter to sing; to please
chanteur,-euse singer
chapeauter to head, oversee
chapelet *m.* rosary
chardon *m.* thistle
charge *f.* load
chargé,e loaded down; **~ de** responsible for; **~ de cours** *m.* lecturer
charger to load
charivari *m.* hullabaloo
charnu,e fleshy
charogne *f.* decaying carcass

charrier   to carry along
chasse gardée *f.*   private hunting ground
chasser   to chase
châtelain,e   lord/lady of the manor
chatouiller   to tickle
chauffer   to heat
chauve   bald
chaux *f.*   lime; **blanchi à la ~**   whitewashed
chef de gare *m.*   station master
chemin *m.*   way, path; **~ de fer**   railroad
chemise *f.*   shirt
chêne *m.*   oak
chercher   to look for; **~ à**   to try
chercheur *m.*   researcher, scholar
chéri,e   beloved, dear
chétif,-ive   puny, poor
chevelure *f.*   hair
cheveux *m. pl.*   hair
cheville *f.*   ankle
chevillé,e   embedded
chèvre *f.*   goat
chicotte *f.*   switch, whip
chiffre *m.*   figure, number; **~ d'affaires**   turnover (commerce)
chimie *f.*   chemistry
chiner *fam.*   to kid, make fun of
chirurgien, ne   surgeon
chœur *m.*   choir, chorus
chômage *m.*   unemployment
choquer   to shock
chose *f.*   thing
chute *f.*   fall
ci-après   below
cible *f.*   target
ci-dessous   below
ci-dessus   above
ciel *m.*   sky, heaven
cime *f.*   summit, peak
cinglant,e   biting
cingler   to make for
cinquantenaire *m.*   fiftieth anniversary
circulation *f.*   traffic
cirer   to wax
citerne *f.*   water tank
clair,e   light-coloured
clair de lune *m.*   moonlight
clairsemer (se ~)   to thin
clapotis *m.*   lapping
claquement (des voiles) *m.*   flapping
claquer   to bang, slam, flap
clarté *f.*   light
clavier *m.*   keyboard
clé/clef *f.*   key; **fermer à ~**   to lock
clignotant,e   flickering
clin d'œil *m.*   wink
cliquetis *m.*   clicking
cloche *f.*   bell
clos *m.*   enclosure
cocher   to check (off)
cochon *m.*   pig

cœur *m.*   heart; courage
cogner   to knock, hammer; **se ~**   to bang
coiffer (se ~)   to do one's hair
coin *m.*   corner; area
coincé,e   stuck, wedged
col *m.*   collar
colère *f.*   anger; **en ~**   angry; **mettre en ~ to anger; se mettre en ~**   to get angry
coller   to stick, press
collet *m.*   collar
colline *f.*   hill
colon *m.*   settler, colonist
comble *m.* (**à son ~**)   at its peak
combler   to fulfill, gratify; to fill in
comédien *m.*   actor
comme   as; as if
comme il faut (une personne ~)   a decent, well-bred person
comment se fait-il   how is it possible
commerçant *m.*   merchant
commettre   to commit
commissaire *m.*   commissioner, superintendent
communale *f.*   local (primary) school
communiquer   to communicate
compagne *f.*   companion; mate
compatissant,e   compassionate, sympathetic
comportement *m.*   behaviour
comporter   to include, involve; **se ~**   to behave
composante *f.*   component
comprendre   to understand; to include
comprîmes   see **comprendre**
compris,e   see **comprendre**
compte *m.*   count; **à meilleur ~**   at a better price; **chacun y trouve son ~**   there's something in it for everybody; **en fin de ~**   in the final analysis; **faire le ~**   to count, account; **se rendre ~**   to realize; **tenir ~ de**   to take into account
compte rendu *m.*   report, review
compter   to plan; to count; to have
comptoir *m.*   counter
comté *m.*   county
concerter (se ~)   to consult each other
concession *f.*   (land) grant
concevoir   to conceive
conclure   to conclude
conçu,e   see **concevoir**
condamné,e   (prison) sentenced; condemned
conduire   to lead, guide; **se ~**   to behave
conduite *f.*   conduct, behaviour
confiant,e   confident
confier   to entrust, confide
confiture *f.*   jam
confondre   to confuse, astound; to overcome; **se ~** to merge, be one and the same
confus,e   embarrassed
confusion *f.*   embarrassment
congé *m.*   vacation
congelé,e   frozen
congénère   one belonging to the same race

conjoncture *f.* circumstances

conjugale (une conseillère ~) marriage counselor

connaissance *f.* knowledge; en ~ de cause with full knowledge of the facts; faire la ~ to meet

consacrer (se ~) to devote (oneself)

conscience *f.* consciousness; prendre ~ to become aware, notice

conseil *m.* (piece of) advice; ~ d'administration board of directors; ~ des ministres. the Cabinet

conseiller to advise, recommend

conseiller,-ère counselor; ~municipal town councillor

consentir to consent; to grant (a loan)

conséquent logical; par ~ consequently

conservateur,-trice conservative

consommateur, -trice consumer

constamment constantly

constater to note, notice

consternant,e disquieting

constituer to make up, constitute

conte *m.* tale

contenir to contain

contenu *m.* contents

conter to recount, relate

contourner to skirt around, bypass

contraint,e forced

contre against; par ~ on the other hand

contribution *f.* contribution; taxation

convaincre to convince

convenable fitting, acceptable

convenir to suit, be appropriate

convier to invite

coq *m.* rooster

coquillage *f.* shellfish

coquille *f.* shell

coquin,e rascal

corbeau *m.* crow

corde *f.* rope, thread; usé jusqu'à la ~ worn threadbare

cordonnier *m.* cobbler; saddle-maker

corne *f.* horn

corps *m.* body

corriger to correct

cortège *m.* procession

corvée *f.* chore, drudgery

costume *m.* suit

côte *f.* coast, shore

côtelette *f.* chop

côtoie see côtoyer

coton *m.* cotton

cotoyer to mix with

cou *m.* neck

couche *f.* layer

coucher (se~) to go to bed

coude *m.* elbow; se donner du ~ to elbow

coudre to sew

couler to flow; (tears) to run down; to pour

coup *m.* blow; stroke; trick, ruse; ring (bell); ~ d'aile flap of wings; ~ de fil *fam.* telephone call; ~ de pied kick; ~ de tête impulse; ~ sur ~ one after the other; après ~ after the fact; donner un ~ de main to give a hand; jeter un ~ d'œil to glance at; manger à petits coups to nibble

coupable guilty; guilty party

coupe *f.* dish

couper to cut; to cut in; to cut off

coupeur de tête *m.* headhunter

coupons alimentaires *m. pl.* food stamps

cour *f.* courtyard; court

couramment commonly; fluently

courant,e everyday; common; present

courant *m.* current; ~ d'air draft; être au ~ to know about

coureur *m.* runner; ~ du Mardi gras participant in Mardi gras expedition (Acadian)

courir to run

couronner to crown

cours *m.* course; au ~ de in the course of, during; chargé de ~ *m.* lecturer; en ~ in progress; en ~ de route along the way

course *f.* race; à la ~ running

court,e short

courtiser to woo

couteau *m.* knife

coûter to cost

coutume *f.* custom

couvent *m.* convent

couvert,e see couvrir

couvert *m.* place setting

couverture *f.* cover

couvrir to cover

craindre to fear

crainte *f.* fear

crâne *m.* skull

crâner to show off

craquer (tendu à ~) stretched to the limit

crasseux,-euse filthy, grimy

cravache *f.* riding crop

cravate *f.* necktie

créateur, -trice creative

crèche *f.* nativity scene

créer to create

crêpe *m.* black mourning crepe

crépiter to crackle, sputter

creux,-euse hollow

crever (eyes) to blind; (*fam.*) to die

crinière *f.* mane; head of hair

croire to believe; to think

croissant *m.* crescent

croissant see croître

croître to grow

croix *f.* cross

croupe *f.* (horse) rump

croûte *f.* crust, scab

croyance *f.* belief

cru *m.* vintage

cru see **croire**
cruauté *f.* cruelty
crus/crut see **croire**
cuire to cook
cuisinière *f.* cook; stove
cuisson *f.* cooking
cuit,e see **cuire**
cuivre *m.* copper
culotte *f.* (child's) pants
curé *m.* parish priest

D

d'abord first (of all)
daigner to deign, condescend
davantage more and more
débarquer to disembark
débarrasser (se ~ de) to get rid of
débit *m.* flow
déboucher to emerge, come out
debout standing; ~ ! on your feet!; tenir ~
  to stand up
déboutonner to unbutton
débrancher to unplug
débuter to begin
deçà et delà here and there
décéder to die
décennie *f.* decade
décès *m.* death
déchaîner to unleash
déchaîné,e out of control
décharné,e emaciated
déchiffrer to decipher
déchirant,e heartbreaking
déchirer to tear, rip
déclamer to declaim
déconcertant,e disconcerting
déconseiller to advise against
découper to cut out; to indent
découpure *f.* jagged outline
décourager to discourage
découverte *f.* discovery
découvrir to discover
décrasser to clean up
décréter to decree, order
décrire to describe
décroître to decrease; to fade
déçu,e disappointed
dédain *m.* disdain
dédier to dedicate
déduire to deduce
défaire to undo, unpack
défait,e haggard
défaut *m.* flaw, defect
défectueux,-euse defective
défendre to forbid; to defend
défi *m.* challenge; mettre au ~ to challenge,
  defy
défiler to file past
définir to define

défis see **défaire**
défroncer (~ les sourcils) to stop frowning
défroque *f.* old cast-off clothing
dégager to disengage, extricate; to clear, to
  bring out, to single out; se ~ to emanate
dégorger to pour out
dégourdir (se ~ les jambes) to stretch one's legs
dégoûtant,e disgusting
dégringoler to tumble down
déguiser to disguise; se ~ to dress up (as)
déguster to taste, savour
déhancher to sway one's hips
dehors outside; en ~ de outside of
delà (deçà, ~) here and there
délabrement *m.* dilapidation
délais *m.pl.* (dans les ~) within the alloted,
  appropriate time
délégué,e delegate
délicatesse, *f.* delicacy; scrupulousness;
  refinement; tact
délice *m.* delight
délimiter to demarcate, define
délivrer (se ~) to free oneself
demander (se ~) to wonder, ask oneself
démarche *f.* step, approach
démarquer to mark off
démarrer to get going
déménager to move (out)
démener (se ~) to exert oneself, make a great
  effort
démesurément disproportionately
demeure *f.* residence
demeurer to remain, reside
démission *f.* resignation, abdication
démiurgie *f.* act of creating the world
démonter to take apart
démontrer to demonstrate, prove
dénatalité *f.* decrease in the birth rate
dénigrer to denigrate
dénué de devoid of
départ *m.* (au ~) in the beginning
dépasser to surpass; to go beyond
dépêcher (se ~) to hurry
dépense *f.* expense
dépit *m.* spite; en ~ de in spite of
déplacement *m.* moving, movement
déplaisant,e unpleasant
déployer to display
déposer to put down, to lay down, to place; ~
  une motion to table a motion
dépourvu,e lacking
déprimer to depress
depuis since; for; from
dérangement *m.* trip; disturbance
déranger to disturb
dérider to brighten up
dérisoire derisory, pathetic
dérive *f.* drift
dériver to drift

dérobée (à la ~)   secretly, surreptitiously
dérober   to hide, conceal
déroulement *m.*   unfolding
dérouler   to unroll; se ~   to happen, take place
déroutant,e   disconcerting
dés *m. pl.*   dice
dès   as soon as, starting, right from; ~
  lors   from then on; ~ que   as soon as
désaffecté,e   out of service
désarroi *m.*   disarray; feeling of helplessness
désespérément   desperately
désespérer   to despair
déshérités *m. pl.*   the underprivileged
désigner du doigt   to point out
désolant,e   distressing
désormais   from now on, henceforth
desserrer   to unclench
dessiller les yeux   to open someone's eyes
dessin *m.*   drawing; design
dessiner   to draw; se ~   to take shape
dessous *m.* (vêtements de ~)   underwear
dessus *m.* (prendre le ~)   to take the upper hand
dessus *m.* (vêtements de ~)   outerwear
désuet,-ète   outmoded
détacher (se ~)   to stand out
détailler   to look over, examine
détenir   to hold
détenteur, -trice   possessor
détenu,e   prisoner
détraquer (se ~),   to break down
détresse *f.*   distress
détroit *m.*   straight
détruire   to destroy
deuil *m.*   mourning
dévalorisant,e   depreciating, denigrating
devant   before, in front (of)
deviner   to guess (at)
devise *f.*   motto
devoir   to owe; to have to; to be supposed to;
  must; ought; should
devoir *m.*   duty
dévot,e   devoted, pious
dévoué,e   devoted
devraient/devrait/devrez   see devoir
digne   worthy
diminuer   to decrease
dinde *f.*   turkey; (*pej.*) stupid little goose
dirait (on ~)   it looks, seems like
dire   to say; au(x) ~ (s) de   according to; ça
  vous dit?   does that appeal to you?
directive *f.*   instruction
diriger   to direct; se ~ vers   to head toward
disette *f.*   famine
disparaître   to disappear; to die (out)
disparition *f.*   disappearance; death
disponible   available, receptive
disposer de   to have available, at one's disposal
dispositif *m.*   device
disposition *f.* (mettre à la ~)   to make available

dissimuler   to conceal
distraction *f.*   recreation
distraire   to distract
divertissement *m.*   entertainment, amusement
doigt *m.*   finger; désigner/montrer du ~   to
  point at
dois/doit/doivent   see devoir
domaine *m.*   estate, property
dommage (c'est ~)   that's too bad; what a pity, a
  shame
donc   therefore
dondon *f. fam.*   big or fat woman
donnée *f.*   data
donner   to give; se ~ du coude   to elbow
doré,e   golden
dos *m.*   back; avoir... dans le ~   to be/have
  behind one
dossier *m.*   back (of seat); file
douce   see doux; en ~   softly
doucement   softly, gently
douceur *f.*   softness, gentleness; smoothness
douche *f.*   shower
douleur *f.*   pain
douloureux,-euse   painful
douter (se ~ de)   to suspect
doux, douce   soft, gentle sweet, mild
doyen,ne   dean; most senior member
dragueur *m. fam.*   woman-chaser
dramaturge *m.*   playwright
drapeau *m.*   flag
dresser   to stand up, to draw up; se ~   to rise up
droit *m.*   right, straight, level; avoir le ~   to
  have the right; donner ~ à   to entitle one to
droite *f.*   right
drôle   funny; peculiar
dû   see devoir
dur,e   hard
durant   for, during; des heures ~   for hours on
  end
durcissement *m.*   hardening
durer   to last
dus/dut   see devoir

E

eau courante *f.*   running water
ébranler   to shake
écart *m.*   distance, gap
écarteler   to tear apart
écarter   to move aside, move away; to spread
échange *m.*   exchange
échantillon *m.*   sample
échapper   to let slip; s'~ (de)   to escape; to
  come (from)
échec *m.*   failure
échelle *f.*   ladder; scale
échelon *m.*   step, rung
échouer   to fail, to wash up
éclairage *m.*   lighting; light
éclaircissement *m.*   solution; clarification

éclairer to light
éclat *m.* brightness, shine; ~ de rire burst, roar of laughter
éclatant,e loud (noise)
éclater to break out; to shine out
éclore to hatch, be born
écœuré,e sickened, disgusted
écolier,-ière schoolchild
écorcher to skin
écouler (s'~) to pass
écraser to crush, to suppress; s'~ to be beaten hollow, massacred
écrier (s'~) to exclaim, cry out
écrire to write; machine à ~ *f.* typewriter
écrivain *m.* writer
écu *m.* shield
écueil *m.* pitfall
éculé,e hackneyed
écume *f.* foam
écurie *f.* stable
effacer to erase; s'~ to fade
effarement *m.* alarm, trepidation
effectuer to carry out
effet (en ~) indeed
effets *m. pl.* things, clothes
efficace efficient, effective
efficacement efficiently, effectively
effleurer to touch lightly; to graze
efforcer (s'~) to try hard, endeavour
effraction *f.* breaking and entering (*jur.*); entrer par ~ to break in
effrayer to frighten
effroi *m.* terror, dread
effroyable horrifying, dreadful
égal,e equal
également equally, also
égard (à l'~ de) with respect to; towards
égorger to cut the throat of
égrener to tell
élan *m.* momentum; prendre son ~ to take a run up
élargissement *m.* broadening
élevé,e high
élever to raise; s'~ to rise; to total
élire to elect
éloge *m.* praise
éloigné,e distant
éloigner to move away; s'~ to move, go away
élu,e elected member
embarquer (s'~) to embark, board
embaumer to embalm
embêter *fam.* to annoy, bother
embourgeoisement *m.* act of making middle-class (in outlook)
embrasé,e burning
embrouillé,e confused, muddled
émeute *f.* riot
émis,e voiced, put forward
émission *f.* (TV, radio) programme, broadcast

emménager to move in/into
emmener to take
emmerdant,e *vulg.* damned annoying, nuisance
emmerder *vulg.* to hell with
emmerdeur, emmerdeuse, emmerderesse *vulg.* damned nuisance
emmitoufler to bundle up warmly
emmurer to wall up
emparer (s'~ de) to seize
empêche (il n'~ que) nevertheless, be that as it may
empêcher to prevent, stop
emplir to fill
emploi *m.* use; job
emportement *m.* (avec ~) passionately
emporter to take with one; to take away; to carry along; to wash/sweep away
emprunter to borrow; to take on, assume; to use (language)
ému,e moved, touched
encadrement *m.* act of framing; frame
enceinte pregnant
enceinte *f.* enclosure, wall
encercler to surround
enchaîner to chain
enchanteur *m.* sorcerer
enclos *m.* enclosure, paddock, pen
encombrer to clutter; to obstruct
endiablé,e boisterous; furious
endormi,e sleepy, drowsy
endormir (s'~) to fall asleep
endosser to put on (clothing); to shoulder (responsibility)
endroit *m.* place, location; right side
à l'~ de regarding
enfance *f.* childhood
enfer *m.* hell
enfermer to shut up, lock up, confine
enfiler to slip on, put on
enfler to swell, raise
engagé,e committed
engagement *m.* commitment
engager to hire; s'~ to commit oneself, promise
englober to include
engloutir to engulf; to swallow up
engouffrer (s'~) to rush, sweep
engourdir to numb, make numb
engrais *m.* fertilizer
engraisser (s'~) to grow fat
enivrer (s'~) to get drunk, intoxicated
enjambée *f.* stride
enjoué,e playful
enlacer to embrace, intertwine
enlaidir to make ugly
enlevant,e spirited
enlever to remove, take off; s'~ to take off
enliser (s'~) to sink; to get bogged down
enluminure *f.* illumination

ennui *m.*   boredom; trouble, problem
ennuyer   to bore, bother; **s'~**   to be/get bored
énoncé *m.*   statement, utterance
énorgueillir (**s'~**)   to pride oneself, boast
énormément   greatly
enquérir (**s'~**)   to inquire, ask
enquête *f.*   survey
enquêter   to conduct a survey
enraciner (**s'~**)   to take root
enregistrement *m.*   recording
enrhumé,e   having a cold
enrouler   to roll up
enseigne *f.*   sign
enseignement *m.*   education, teaching;
  ~ supérieur   higher education
enseigner   to teach
ensemble   whole; together
enserrer   to hug tightly
ensuite   then; afterwards
ensuivre (**s'~**)   to follow, ensue
entablement *m.*   entablature (upper section of
  wall or story, generally supported by columns)
entamer   to start
entasser   to cram
entendîmes   see **entendre**
entendre   to hear, to mean; **~ parler**   to hear
  about; **s'~**   to get on/along; to agree
entendu   agreed; all right
entériner   to confirm, ratify
enterrement *m.*   funeral
enterrer   to bury
entêté,e   stubborn
entourage *m.*   surroundings; circle
entourer   to surround
entrailles *f. pl.*   entrails, guts
entrain *m.*   spirit, drive
entraîner   to lead; to carry along; to cause
entrave *f.*   hobble (animal); hindrance, obstacle
entraver   to hinder; to get in the way of
entre-guerre *m.*   period between the two World
  Wars
entrelacs *m.*   interlacing
entreprendre   to undertake
entretenir   to maintain
entretien *m.*   conversation, interview;
  maintenance
entrevoir   to glimpse; to have an inkling of
envahir   to invade
envelopper   to wrap; to veil
envers   towards
envers *m.*   the reverse
envie *f.*   desire, longing, fancy
environ   about; or so
environs *m. pl.*   the vicinity; the surrounding
  area
envol (**prendre son ~**)   to take flight
envoyer   to send
épais,se   thick
épancher   to pour forth

épanouissement *m.*   blossoming
épaule *f.*   shoulder; **haussement d'~** *m.*   shrug
épée *f.*   sword
épice *f.*   spice
épicerie *f.*   grocery store
épineux,-euse   thorny
éponge *f.*   sponge
époque *f.*   time, age, era
épouse *f.*   spouse (wife)
épouser   to marry
épousseter   to dust
épouvantable   terrible, appalling
épouvanter   to terrify, appal
époux *m.*   spouse (husband)
épreuve *f.*   test; ordeal; event (sport)
éprouvette *f.*   test tube
épuiser   to exhaust
équilibre *m.*   balance
équilibrer   to balance; to even out
équipage *m.*   crew
équipe *f.*   team
érable *m.*   maple
ermite *m.*   hermit
errer   to wander
escalier *m.*   stairs; staircase
escarpin *m.*   flat-heeled shoe
esclavage *m.*   slavery
esclave   slave
espace *m.*   space
espèce *f.*   species; sort, kind
espérance *f.*   hope
espérer   to hope (for)
espoir *m.*   hope
esprit *m.*   mind; **avoir de l'~**   to be witty
esquisser   to sketch, outline; **~ un geste**   to
  half-make a gesture; **~ un sourire**   to half-smile
esquiver   to dodge
essuyer   to dry, wipe; to mop
est *m.*   east
estampe *f.*   engraving, print
estimer   to deem, consider
estomaquer   to flabbergast, stagger
estomper   to blur
estrade *f.*   platform
établir   to establish; **s'~**   to settle;
  il s'établit un silence   a silence fell
établissement *m.*   establishment; settlement
étage *m.*   floor; storey
étagère *f.*   shelf
étang *m.*   pond
étape *f.*   stage
état *m.*   state
éteindre   to fade; to extinguish; to kill
étendre   to stretch out, sprawl; to extend
étendue *f.*   area, expanse
étinceler   to sparkle
étique   skinny
étiquette *f.*   label
étoffe *f.*   material, fabric

étoile *f.* star
étonnamment surprisingly, amazingly
étonnant,e surprising
étonnement *m.* surprise
étonner to surprise, amaze; s'~ to be amazed; to wonder
étouffer to stifle; to muffle
étourdir to deafen; to daze, stun
étrange strange
étranger,ère stranger, foreigner
être to be
être *m.* being
étreinte *f.* embrace
étroit,e narrow
étroitement closely, tightly
étroitesse *f.* narrowness
eûmes see avoir
eurent see avoir
eus see avoir
eusse see avoir
eut see avoir
eût see avoir
évanouir (s'~) to faint; to vanish
éveiller to awaken; to arouse; to kindle
événement *m.* event, incident
éventuel, le possible
évêque *m.* bishop
évidemment obviously, of course
évier *m.* sink
éviter to avoid
évoluer to evolve
exact,e correct
exécuter (s'~) to comply
exemplaire *m.* copy
exercer to practice; to exercise, exert
exigeant,e demanding; hard to please
exiger to demand, require
expérimenté,e experienced
expier to expiate, atone for
exprès on purpose, deliberately
exprimer to express
extirper to eradicate, root out
extraire to extract
extrait *m.* excerpt

F

façade *f.* front (of house)
face *f.* face, side; ~ à facing; in the face of; en ~ de opposite, across from; faire ~ à to face
fâcher to anger; se ~ to get angry
façon *f.* way; de ~ à so as to
façonner to shape, mould
facteur *m.* factor; mailman
faille see falloir
faille *f.* fault; rift
faillir to very nearly do something
faire to do; ~ appel à to call on/for; ~ face à to face; ~ l'idiot to act like a fool; ~ la moue to pout, to pull a face; ~ la une to

make the front page; ~ le point to take stock of, to sum up; ~ le tour de to go around; ~ partie de to belong to, be a member of, be part of; ~ peau neuve to turn over a new leaf; s'en ~ to worry, to be bothered; se ~ à to get used to; se ~ la malle to pack one's trunk
faisceau *m.* beam
fait *m.* event, fact, thing; au ~ by the way
fait divers *m.* (short) news item
falaise *f.* cliff
falloir to be needed; il lui fallait he needed; il aura fallu 200 ans it will have taken (required) 200 years; il avait fallu abandonner quelques sièges it was necessary to give up a few seats; il me faudrait obtenir I would need to obtain
falot,e wan, pale
fameux,-euse first-rate
fardeau *m.* burden
farine *f.* flour
faubourg *m.* suburb
faudra see falloir
faudrait see falloir
faufiler (se ~) to worm/inch one's way;
fausser to distort
faut see falloir
fauteuil *m.* armchair
faux-pli *m.* crease
fécond,e fertile
fée *f.* fairy; avoir des doigts de ~ to have nimble fingers
feindre to pretend
feinte *f.* sham, pretence
femme de ménage *f.* cleaning woman
fendre to cut through; to split
fer *m.* iron (metal)
fer à repasser *m.* iron
fermier,-ière farmer
fesse *f.* buttock
fête *f.* holiday; party
fêter to celebrate
feu *m.* fire; n'y voir que du ~ to be completely hoodwinked
feuillage *m.* foliage
feuille *f.* leaf; sheet (of paper)
feuilleter to leaf through
feutre *m.* felt; felt hat
feutré,e muffled
feux de rampe *m. pl.* footlights
fève *f.* broad bean; bean (Canada)
ficeler to tie up
fichu de tête *m.* scarf
fidèle faithful, loyal
fidèles (les ~) *m. pl.* the faithful, the congregation
fier, fière proud
figer to freeze
figure *f.* face
figurer to appear; se ~ to imagine
fil *m.* thread, string; de ~ en aiguille one thing leading to another

filasse *f.* tow
filer to spin; to fly past
filet *m.* net, trap; trickle
filleul, e godchild
fin *f.* end; purpose; **aux fins de** for the purpose of; **en ~ de compte** in the final analysis; **mettre ~ à** to put an end to; **prendre ~** to end
finir par to finally... ; to end up
fiole *f.* flask
firent see **faire**
fis/fit see **faire**
fixer to fix, to stare; **se ~** to settle (oneself)
flair *m.* sense of smell
flambant,e blazing
flambeau *m.* torch
flanc *m.* side
flanquer to fling, slap
flasque flabby
flatteur,-euse flattering
fleuve *m.* river
flot *m.* wave, stream
foi *f.* faith
foie *m.* liver
fois *f.* time; **à la ~** at once, at the same time
folie *f.* madness
foncer to charge
fonction publique *f.* public/civil service
fonctionnaire *m.* public/civil servant
fond *m.* bottom; **au ~** deep down, at the bottom; **dans le ~** basically, really
fondateur, -trice founder
fonder to found; to base upon
forage *m.* drilling
force *f.* strength, force; **à ~ de** by dint of; **tour de ~** amazing feat
forcément inevitably
forêt *f.* forest
foreuse *f.* drill
forger to forge; to create
forgeron *m.* blacksmith
formation *f.* training
formidable terrific
fort,e strong, loud, great; loudly, greatly, most
fossé *m.* gap, gulf
fossette *f.* dimple
fou, folle crazy; lunatic
fou rire *m.* the giggles
fouet *m.* whip
fougue *f.* ardour, spirit
fougueux,-euse ardent, spirited
fouiller to search
fouillis *m.* jumble, hodgepodge
foule *f.* crowd; **une ~ de** masses of, a multitude of
fouler... aux pieds to trample, tread upon
fourche *f.* crotch
fourmi *f.* ant
fournir to provide, supply
fourrer to stick, shove

foutre: **~ le camp** *fam.* to get lost, buzz off; **se ~ de** not to give a damn about
foyer *m.* hearth; home
fracas *m.* crash; din
fraîcheur *f.* coolness
frais, fraîche fresh
frais *m.* expenses; **à ses ~** at his own expense
franc, franche frank, candid; clear
franchir to clear, get over, get by, go beyond
frapper to hit, strike; **~ du pied/talon** to stamp/tap one's foot/heel; **~ des mains** to clap
frayeur *f.* fright
freiner to slow down
frêle frail, fragile; flimsy
frémir to shudder, quiver
fripé,e crumpled
frôler to brush against
fromage *m.* cheese
front *m.* forehead
frontière *f.* border, boundary
fronton *m.* triangular gable
frotter to rub; to mop
fruste unpolished
fuir to flee (from); to shirk (one's duties)
fuite *f.* flight, passage
fumant,e steaming
fumée *f.* smoke
fumer to smoke
fumeur,-euse smoker
fur (au ~ et à mesure) as
furent see **être**
fus see **être**
fusil *m.* rifle
fussent see **être**
fussions see **être**
fut see **être**
fût see **être**

G

gabardine *f.* raincoat
gage *m.* guarantee, pledge
gagner to earn, win
gala *m.* official reception
gale *f.* scabies
galet *m.* pebble
galetas *m.* garret
galette *f.* cake
galoche *f.* clog
galon *m.* piece of braid
gamin,e *fam.* kid
gamme *f.* scale
gant *m.* glove
garant *m.* (se porter ~ de) to be responsible for
garce *f. vulg.* bitch
garçonnet *m.* small boy
garde (prendre ~ à) to watch out for
garde champêtre *m.* rural policeman
garde de nuit *m.* night watchman

garder to keep; to watch (house, children);
  se ~ de to be careful not to do something
gardien,ne guard, guardian
gâter to spoil, ruin
gauchisant,e with left-wing tendencies
gaver (se ~) to stuff oneself
gémir to groan, moan
gêne *f.* embarrassment
gêner to embarrass, make uncomfortable; to
  bother
genou *m.* knee
genre *m.* kind, type; **~ d'existence** way of life
gentil nice
geôle *f.* jail
gerbe *f.* bouquet; collection
gésir to be lying down
geste *m.* gesture
gifler to slap
gisait see **gésir**
glace *f.* ice; mirror
glisser to slip
gnole *f. fam.* firewater, hooch
gobelet *m.* tumbler
goéland *m.* seagull
gomme (à la ~) *f. fam.* pathetic, useless
gond *m.* hinge
gonflé,e swollen
gonfler (se ~) to swell
gonzesse *f. fam.* bird, chick
gorge *f.* throat
gourmand,e greedy
gourmandise *f.* greed
gousset *m.* fob
goût *m.* taste
goutte *f.* drop
grâce à thanks to
grandir to grow, grow up; to make tall
gratte-ciel *m.* skyscraper
gratter to scratch
gratuit,e free
grave serious
graver to engrave
gravir to climb
gré (au ~ de) according to, at the will of
greffe *f.* transplant
grenier *m.* attic
grenouille *f.* frog
grève *f.* strike; **se mettre en ~** to go on strike
griffonner to scribble
grimper to climb (up)
grincement *m.* creaking
grincer to creak
griser to intoxicate
grognasse *f. fam.* old bag
grognon,ne grumpy
grossesse *f.* pregnancy
grossier,-ière crude
grossir to magnify, enlarge
guenon *f.* female monkey; hag

guère (ne... ~) hardly, scarcely; not much, not
  really
guérir to cure, heal
guérisseur,-euse healer
guerrier,-ière warlike
guetter to watch (out) for; to lie in wait for
gueule *f. fam.* face
gugusse *m. fam.* clown, twit
guillemet *m.* quotation mark
guise *f.* manner, way, fashion; **à sa ~** to one's
  liking; **en ~ de** by way of

H

habile skillful; clever
habillé (tout ~) fully clothed
habillement *m.* clothing
habit *m.* outfit
habits *m. pl.* clothes
habitant,e inhabitant
habitude (d'~) usually, generally
habituer (s'~) to get used to
haillon *m.* rag
haine *f.* hatred
haineux,-euse full of hatred
haïr to hate
haleter to pant
hallali *m.* kill
hanche *f.* hip
hardes *f. pl.* old clothes, rags
hasard *m.* chance; coincidence; **à tout ~** just
  in case; **au ~** at random, aimlessly; **par ~**
  by chance
hâte (en ~) hastily
hâter (se ~) to hasten, hurry
haussement d'épaules *m.* shrug
haut,e high; loud
hautain,e haughty
haute (à ~ voix) aloud
héler to hail, call
hep! hey!
herbe *f.* grass; **mauvaise ~** weed
héritage *m.* inheritance
hériter to inherit
héritière *f.* heiress
herse *f.* hidden overhead lighting device (theatre)
heu... um, er
heure *f.* hour, time; **à l'~ actuelle** at the
  present time
heureusement fortunately
heurt *m.* clash, collision; **sans ~** smoothly
heurté,e jerky, uneven
heurter (se ~) to collide; to come up against
hibou *m.* owl
hisser to hoist
histoire *f.* story; **~ de jouer** *fam.* just to play
hocher la tête to nod/shake one's head
homard *m.* lobster
homunculus *m.* little man
honte *f.* shame; **avoir ~** to be ashamed

honteux,-euse ashamed, shameful
hop! off you go
hoquet *m.* hiccup
horloge *f.* clock
horreur *f.* horror; **faire ~** to disgust; **prendre en ~** to come to detest
hors apart from
hôte, hôtesse host
houle *f.* swell
houppelande *f.* loose-fitting greatcoat
humeur *f.* mood
huppe *f.* crest
hurlement *m.* scream, wail
hurler to scream
hurluberlu *m.* crank

I

idiot (faire l'~) to act like a fool
ignorer to be unaware (of), not to know (about)
île *f.* island
immanquablement inevitably
immatriculation (plaque d'~) *f.* licence plate
immeuble *m.* (apartment) building
important,e important; large
importer to matter
imposer (en ~) to be imposing
imprimer to print, imprint
impuissant,e powerless
inattendu,e unexpected
incendie *m.* fire
incliné,e sloping
incommoder to bother, disturb
inconnu,e unknown; stranger
inconscient *m.* subconscious
inconvénient *m.* disadvantage
inculte uncultivated
indéchiffrable indecipherable
indécis,e undecided
indemne unharmed, unscathed
indice *m.* sign, clue
indigène native
indu,e unseemly, undue
inépuisable inexhaustable
infime tiny
infirme crippled, disabled
infirmier,-ière nurse
infliger to inflict
information *f.* piece of news
ingrat,e sterile; unattractive
injure *f.* insult
innombrable countless
inopinément unexpectedly
inouï,e unprecedented, unheard-of
inquiétant,e disturbing, worrying
inquiéter to worry; **s'~** to worry
inquiétude *f.* worry
inscription *f.* enrolment, registration
inscrire (s'~) to be inscribed; to be in keeping with

inscrit,e inscribed, engraved
insérer to insert
insolite unusual, strange
insouciance *f.* lack of concern
insoutenable unbearable
installer (s'~) to settle (in)
instamment insistently
instituteur,-trice schoolteacher
instruire to teach
insuffisamment insufficiently
insuffler to breathe into, inspire
insupportable intolerable, unbearable
intenable intolerable, unbearable
intention (à l'~ de) for the benefit of
intercaler to insert
interdiction *f.* banning of; ban on
interdire to ban, forbid; to prevent
interdit,e dumbfounded, taken aback
intéressé,e concerned, involved
intérioriser to internalize
intermède *m.* interlude
interpeller to call out to
interpréter to perform (theatre, music)
interroger (s'~) to ponder, question oneself
intervenant,e speaker
intituler (s'~) to be entitled; to be called
introduire (s'~) to enter
intrus,e intruder
inutile unnecessary
inutilement needlessly
invraisemblable unlikely, improbable
issu,e descended from, born of
issue *f.* way out

J

jacassant,e chattering
jacinthe *f.* hyacinth
jadis in times past
jaillir to burst forth
jais *m.* jet
jamais never; **à (tout) ~** for good, forever
jambe *f.* leg
jambon *m.* ham
japper to yelp
jaser to chat away
jeter to throw, to throw away, to utter; **~ les bases** to lay the foundation; **~ un coup d'œil** to glance; **se ~** to throw oneself/itself
jetés (les dés sont ~) the die is cast
jeu *m.* game, set; **~ de mots** pun; play on words
jeun (à ~) on an empty stomach
joindre (se ~ à) to join
joindre à to add
joue *f.* cheek
jouet *m.* toy
joug *m.* yoke
jour *m.* day, light; **~ de l'An** *m.* New Year's day

jours (de nos ~) nowadays
juif,-ive Jewish; Jew
jumeau, jumelle twin
jurer (se ~) to swear
jusqu'à (ce que) until
juste just, right, exact, true; à ~ titre rightly, with just cause
justement exactly, precisely
justesse (de ~) barely, just
justifier to justify, give reasons for

K

koulak *m.* Russian peasant

L

lâcher to release, let go
lacrymogène (une bombe ~) teargas grenade
lacune *f.* blank, space
là-dedans in there
là-dessus on, about that
là-haut up there; on high
laid,e ugly
laideur *f.* ugliness
laine *f.* wool
laïque lay, secular
laisse *f.* leash
laisser to leave, to let, allow; ~ à croire/penser to make one think; ~ tomber to drop; ça ne laisse pas d'être vrai it is true nonetheless
lait de chaux *m.* lime water (used to whitewash)
laiteux,-euse milky
lame *f.* blade
lancée *f.* (continuer sur sa ~) to forge ahead
lancer to throw; to call out; to flash; to launch, to start; se ~ to launch (forth) into
lancinant,e haunting
lande *f.* moor
langes *m. pl.* swaddling clothes, diaper
langue *f.* tongue; ~ de terre strip of land
langueur *f.* languidness
lapin *m.* rabbit
large wide; au ~ de off the coast of
largement widely
largeur *f.* width
larme *f.* tear
las, lasse weary
lasser (se ~) to grow weary
lavabos *m. pl.* the washroom, restroom
laver to wash; machine à ~ *f.* washing machine
lecteur,-trice reader
lecture *f.* reading
léger,-ère light, slight
légiférer to legislate
légume *m.* vegetable
lendemain *m.* the next day, day after
lent,e slow
lenteur *f.* slowness

lessive *f.* laundry; laundry detergent
lettres *f. pl.* literature
leurre *m.* delusion, snare
levée *f.* raising, lifting
lever to raise, lift; se ~ to rise, get up
lever *m.* raising; ~ du soleil sunrise
lèvre *f.* lip
lézarde *f.* crack
lézardé,e cracked
liane *f.* creeper, liana
lié,e linked, related
lien *m.* link, tie, bond
lier to link up; to tie up
lieu *m.* place; au ~ de instead of, in place of; avoir ~ to take place
lièvre *m.* hare
ligué,e united, in league with
limbes *m. pl.* limbo
linge *m.* linen, laundry
linotte *f.* linnet; tête de ~ *f.* scatterbrain
lire to read
lit *m.* bed
livrer to deliver, to give; se ~ à to practice; to give oneself over to
location *f.* renting; donner en ~ to rent out
locaux *m. pl.* premises
locution *f.* phrase
logis *m.* dwelling
lointain,e distant
loisir *m.* leisure
loisirs *m. pl.* leisure-time activities
long, ue long; le ~ de along; tout le ~ des XVIIe et XVIIIe; siècles throughout the 17th and 18th centuries; à la longue in time, eventually
lors de at the time of
lorsque when
lot *m.* batch
louer to rent
loup *m.* wolf
lourd,e heavy
lourdement heavily
louvoyer to tack
lubricité *f.* lewdness, lustfulness
lubrique lewd, libidinous
luciole *f.* firefly
lueur *f.* light
lugubre lugubrious, gloomy
lumineux,-euse limpid; clear as daylight; radiant; luminous
lune *f.* moon; vieille ~ outdated notion
lunettes *f. pl.* (eye)glasses
lus see lire
lustres *m. pl.* (depuis des ~) for ages
lutte *f.* struggle, fight
lutter to struggle, fight

M

machinalement mechanically, automatically

mâchouiller *fam.* to chew at/on
maculé,e stained
magnétophone *m.* tape-recorder
maïeuticien *m.* male midwife
maigre thin, skinny; meager
main *f.* hand
main-d'œuvre *f.* labour, manpower
mains *f. pl.* (en venir aux ~) to come to blows
maintenir to maintain, keep
maintien *m.* bearing
maire *m.* mayor
mairie *f.* city hall
maïs *m.* corn
maison d'édition *f.* publishing house
maître *m.* master; ~ assistant lecturer;
~ d'école schoolteacher
maîtresse *f.* mistress; ~ d'école school-teacher
majoritaire (in the) majority
majorité (à sa ~) when she came of age
majuscule *f.* capital letter
mal (faire du ~) to hurt
maladif,-ive unhealthy; pathological
maladroit,e awkward
malaisé,e difficult
malencontreux,-euse unfortunate
malgré in spite of; despite
malice *f.* mischief
malin,e clever
mallette *f.* (small) suitcase
manche *f.* sleeve; (baseball) inning
mander to order, summon
manger à petits coups to nibble
mangue *f.* mango
maniaque finicky, fussy
manier to handle
manifestation *f.* demonstration; event
manifeste *m.* manifesto
manigance *f.* scheme, trick
manioc *m.* manioc, cassava
manne *f.* manna
manque *m.* lack, shortage, want
manquer to be missing, to miss, to be lacking
(in), to fail; le cœur me manqua my heart failed
me; ma famille me manque I miss my family; on
ne pouvait ~... d'avoir les yeux fixés... one
couldn't help but stare at
manteau *m.* coat
marche *f.* step
marché *m.* bargain, deal; market
marcher to walk; to work
marchette *f.* walker
mare *f.* pond, pool; jeter un pavé dans la ~ to
set the cat among the pigeons
marée *f.* tide; grande ~ spring tide
marge *f.* margin
marigot *m.* backwater, creek
marin *m.* sailor
marmite *f.* cooking pot
marmot *m. fam.* kid, brat

marque *f.* brand
marquer to mark; to show
marraine *f.* godmother
marron *fam.* quack, false
masure *f.* tumbledown or dilapidated house
mât *m.* mast
matelas *m.* mattress
matelot *m.* sailor
matière (en ~ de) as regards
matraquer to beat up (with a truncheon)
maudire to curse
maudit,e cursed, blasted
maure Moorish
maux *m. pl.* sorrows, pains
méchanceté *f.* mean, malicious action
méchant,e mean, nasty
méchant (le ~) the bad guy
mèche *f.* lock of hair; wick; vendre la ~
fam. to let the cat out of the bag
médaille *f.* medal; le revers de la ~ the other
side of the coin
médecin *m.* doctor
méfiance *f.* mistrust, suspicion
méfier (se ~) to mistrust, be suspicious
mélange *m.* mixture
mélanger to mix
mélasse *f.* molasses
membre *m.* member; limb
même same; de ~ in the same way
ménage *m.* housework; femme de ~ cleaning
woman
ménagement *m.* care
ménager domestic
ménagère *f.* housewife
mendier to beg
mener to lead, take; ~ une vie to lead/live a
life
menottes *f. pl.* handcuffs
mensonge *m.* lie
mensuel,-elle monthly
menteur,-euse liar
menton *m.* chin
menu,e slim, tiny
mépris *m.* contempt, scorn
méprisant,e scornful, contemptuous
mépriser to scorn, despise
merde *f. vulg.* shit
mériter to deserve, merit
merveille (à ~) marvelously, wonderfully
messe *f.* mass
mesure *f.* measure; à ~ que as; au fur et à ~
as; dans la ~ où inasmuch as; Dans quelle
~...? To what extent...?
métier *m.* job, occupation
métropole *f.* home country
mets *m.* dish
metteur en scène *m.* producer (stage); director
(film)
mettre to put (on), to take (time); ~ en

cause   to implicate; ~ **en colère**   to anger; ~
en œuvre   to set in motion, put into effect; ~
fin à   to put an end to; ~ **pied sur**   to set foot
on; **en ~ plein la vue** *fam.*   to put on quite a
show; **se ~ à**   to start; **se ~ d'accord**   to reach
an agreement; **se ~ en colère**   to anger; **se ~**
en route   to set out
meuble *m.*   piece of furniture
meurent   see **mourir**
meurt   see **mourir**
meurtre *m.*   murder
meurtri,e   bruised
miel *m.*   honey
mil *m.*   millet
millénaire   thousand-year-old; ancient
milliard *m.*   billion
millier *m.*   thousand
mîmes   see **mettre**
mince   thin, slender; meager
mine *f.*   expression; **faire ~ de**   to make a show
of, act like
minutage *m.*   timing
mirent   see **mettre**
mise à l'écart *f.*   keeping in the background
mise en liberté *f.*   release, freedom
mixte   mixed (both sexes)
mode *f.*   fashion
mode d'emploi *m.*   directions for use
mœurs *f. pl.*   morals; customs; manners
moindre   lesser; least, slightest
moineau *m.* sparrow
moins (du ~)   at least; **à ~(de/que)**   unless
momentanément   momentarily
monde *m.*   world; **du ~**   people
monnaie *f.*   currency; change
montant de lit *m.*   bedpost
montée *f.*   rise, climb
monter   to go up; to climb, rise
montrer   to show
monture *f.*   frame (glasses)
moquer (se ~ de)   to laugh at, make fun of; not
to care about
moquette *f.*   (wall-to-wall) carpet
moralisateur,-trice   moralizer
morceau *m.*   piece
mordre   to bite (into)
morigéner   to take to task, reprimand
morne   gloomy, glum, doleful
mort,e   dead; see **mourir**
morte (la saison ~)   the off-season
morue *f.*   cod
motif *m.*   grounds; purpose
motte *f.*   lump of earth
mouche *f.*   fly
moue (faire la ~)   to pout; to pull a face
mouillé,e   wet
mouiller   to wet; **se ~**   to get wet
moule *m.*   mould
mouler   to mould

mourants *m. pl.*   the dying
mourir   to die
mousser   to foam
moutarde *f.*   mustard
mouvoir (se ~)   to move
moyen *m.*   means; **au ~ de**   by means of;
~ **âge**   Middle Ages
moyenâgeux,-euse   old-fashioned, quaint
moyennant   for
muet,-ette   mute, silent
munir   to equip
mûrir   to mature
mûrissement *m.*   maturing
mutisme *m.*   silence

N

nacelle *f.*   skiff
naguère   not long ago
naissance *f.*   birth; **prendre ~**   to originate
naître   to be born
naquit   see **naître**
narquois,e   mocking, sardonic
narrateur,-trice   narrator
natte *f.*   mat
naufrage *m.*   shipwreck
naufrager   to wreck
nauséabond,e   nauseating
navire *m.*   ship
né   see **naître**
néanmoins   nevertheless
néant *m.*   void
néfaste   harmful
négliger   to neglect
nerf *m.*   nerve
net, nette   clean, clear
nettement   clearly; markedly
nettoyer   to clean
nez *m.*   nose
nid *m.*   nest
nier   to deny
niveau *m.*   level; ~ **de vie**   standard of living
noircir   to blacken
noix *f.*   walnut
nombreux,-euse   numerous, many
nombrilisme *m.*   egotism, self-centeredness
notamment   in particular, among other things
nouer (se ~)   to be formed; to build up
nourrir   to feed
nourriture *f.*   food
nouveau,-elle   new; **à/de ~**   again
nouveau-né *m.*   newborn
nouveauté *f.*   new thing
nouvelle *f.*   piece of news; short story
nouvelles *f. pl.*   news
noyer (se ~)   to drown
nu,e   naked, bare
nuage *m.*   cloud
nuance *f.*   shade (of meaning)
nuée *f.*   cloud; horde

nuire   to harm, damage
nul, nulle (~ ne)   no one
nullement   not at all

O

obéir   to obey
obéissance *f.*   obedience
obligatoirement   inevitably
occasion   opportunity; **d'~**   used, second-hand
Occident *m.*   the West
occidental,e   western; **à l'~**   western-style
occuper (s'~ de)   to deal with
octroyer   to bestow upon
œuf *m.*   egg
œuvre *f.*   work; **mettre en ~**   to set in motion, put into effect
offrir   to offer, give
oie *f.*   goose; **~ blanche**   innocent young thing
ombre *f.*   shadow, shade, darkness
omettre   to omit; **~ de faire quelque chose**   to neglect to do something
onctueux,-euse   smooth, creamy
ondée *f.*   shower
ondulation *f.*   undulation, wave
onduler   to undulate, wave
ongle *m.*   nail
opiner (de la tête)   to nod one's agreement
or   now
orage *m.*   storm
oreille *f.*   ear
oreiller *m.*   pillow
organisateur,-trice   organizer
orgueil *m.*   pride
originaire de   originating from; native of
orné,e   decorated
orthographe *f.*   spelling
os *m.*   bone
oser   to dare
otage *m.*   hostage
ôter   to remove, take out
ouest *m.*   west
ouïe *f.*   hearing; **être tout ~**   to be all ears
ours *m.*   bear
outarde *f.*   Canada goose
outil *m.*   tool
outre   as well as, besides
outrecuidant,e   presumptuous
outre-tombe   beyond the grave
ouvert,e   open
ouvrier,-ière   working-class; worker
ouvrir (s'~)   to open

P

pahouin *m.*   African language
païen, ne   pagan, heathen
paille *f.*   straw
pain *m.*   bread
paisiblement   peacefully
paix *f.*   peace

palefrenier *m.*   groom
paletot *m.*   (thick) cardigan, jacket
palier *m.*   floor, landing
pantalon *m.*   pants
pantouflard,e   stay-at-home
papeterie *f.*   stationery
parages *m. pl.*   area, vicinity
paraître   to seem, appear; to be published
parcelle *f.*   particle, fragment
parcourir   to glance through; to cover, travel
par-dessus   over, above; **~ le marché**   on top of all that
pareil   the same, similar; such
parent *m.*   relative; parent
parer (se ~)   to adorn; to attribute
parfois   sometimes
parfum *m.*   fragrance; flavour
paria *m.*   outcast, pariah
parier   to bet
parmi   among
parole *f.*   word, speech; **il ne lui manque que la ~**   he does everything but talk
parsemer   to sprinkle, strew
part *f.*   part, share; **à ~**   aside from, except, separately; **à ~ entière**   fully; **de la ~ de**   from, by; **de toutes parts**   from all over
partager   to share; **se ~**   to be divided; to share
partance (en ~ vers)   bound, sailing towards
partant   hence, therefore
parti *m.*   party
partie *f.*   part, match, game; **faire ~ de**   to belong to, be a member of; to be part of
partîmes   see **partir**
partir   to leave, to take off; **~ bien**   to be off to a good start; **~ d'un éclat de rire**   to burst out laughing; **à ~ de**   from
partout   everywhere
parturition *f.*   act of giving birth
paru, e   see **paraître**
parure *f.*   jewels, finery
parurent   see **paraître**
parut   see **paraître**
parvenir   to get to, reach, to achieve; **~ à (+ infinitif)**   to manage to do something
faire **~ quelque chose**   to send something
pas mal de   quite a lot of
pas *m.*   step, footstep; **à deux ~**   a stone's throw away; **à grands ~**   with long strides, quickly; **revenir sur ses ~**   to come back
passablement   quite a bit
passage (au ~)   on the way by
passant *m.*   passer-by; busy
passe d'armes *f.*   heated exchange
passe-passe *m.*   (**tour de ~**) *m.*   sleight-of-hand trick
passer   to pass, to go by, to spend (time), to move on; **~ l'eau**   to cross the ocean; **~ sous silence**   to pass over in silence; **se ~**   to

happen, take place; to go by; **se ~ de** to do without

passereau *m.* sparrow

passionner to fascinate; to grip

pâte *f.* dough; batter; clay; **~ à modeler** modeling clay

pâtée *f.* dog food

patelin *m. fam.* village

pâtes *f. pl.* pasta, noodles

patrie *f.* homeland

patrimoine *m.* inheritance

patron,ne owner, boss

patte *f.* paw

pâturage *m.* pasture; grazing

paupière *f.* eyelid

pauvre poor

pauvreté *f.* poverty

pavé *m.* cobblestone, paving stone; **jeter un ~ dans la mare** to set the cat among the pigeons

paye *f.* pay

pays *m.* country; **voir du ~** to travel around

paysage *m.* landscape

peau *f.* skin; **faire ~ neuve** to turn over a new leaf

péché *m.* sin

pêche *f.* fishing

pêcher to fish; to go fishing

pêcheur *m.* fisherman

pécule *m.* savings

peindre to paint

peine *f.* sorrow, effort, trouble, (prison) sentence, punishment; **~ de mort** capital punishment; **à ~** hardly, scarcely; **être en ~** to have difficulty

peintre *m.* painter

péjoratif,-ive derogatory

pelure *f.* peel

penaud,e sheepish, contrite

pencher to lean, bend; **se ~** to lean over, bend over

pénible hard; tedious; painful

pénombre *f.* half-light

pensée *f.* thought

pente *f.* slope

pénurie *f.* shortage, lack

pépier to chirp

percer to pierce, penetrate

percevoir to perceive; to be paid

perdre to lose; **~ pied** to lose one's footing; **~ son latin** to not make head nor tail of it

perfusé,e dripped intravenously

péripétie *f.* event, episode

périr to perish

permission *f.* leave

perpétuité (à ~) for life

perruche *f.* budgie; chatterbox, windbag (*pej.*)

personnage *m.* character

perte *f.* loss

pervertir to corrupt, pervert

pesanteur *f.* heaviness, sluggishness

peser to weigh

pétiller to sparkle

peu little; **à ~ près** about, approximately

peuple *m.* people; nation

peur *f.* fear; **prendre ~** to take fright, become frightened

photographe *m.* photographer

phrase *f.* sentence

physicien,ne physicist

physicien-chercheur research physicist

piastre *f.* dollar (Canada)

pie *f.* magpie; chatterbox (*pej.*)

pièce *f.* play; room

pied *m.* foot; **à pieds joints** with both feet; **mettre ~ sur** to set foot on; **mettre sur ~** to set up, establish; **prendre ~** to get a foothold

piège *m.* trap

piégé,e booby-trapped

pierre *f.* stone

pieusement piously

pieuvre *f.* octopus

pilon *m.* pestle

pinceau *m.* paintbrush

pincer to pinch

piquer to sting; to stitch; to head for

piqûre *f.* injection

pire worse; worst

piste *f.* trail; track

pitance *f.* (*pej.*) sustenance

pitoyable pitiful

placer to place; to deposit

plaidoyer *m.* plea

plaie *f.* wound

plaindre to pity

plainte *f.* moaning

plaire to please

plaisait (leur travail ne leur ~ pas) they didn't like their work

plaisanterie *f.* joke

plan *m.* plan; level **sur le ~...** as far as... is concerned

planche *f.* board

plancher *m.* floor

plaque d'immatriculation *f.* licence plate

plastron *m.* shirt front

plat *m.* dish; meal

plat,e flat

plateau *m.* tray

plâtre *m.* plaster

plein full, in the middle of; **en ~ soleil** in the bright sunlight

pleine full; **en ~ confusion** in total confusion; **en ~ conversation** in the middle of a conversation; **en ~ nuit** in the middle of night

pleinement fully

pleurnicher to snivel, whine

pleuvoir to rain

pli *m.* fold

plier to bend; to give in
plonge *f.* dishwashing (in restaurant)
ployer to bend
plu see **plaire** and **pleuvoir**
pluie *f.* rain
plume *f.* pen
plupart *f.* most, majority
plus (en ~ de) in addition to
plusieurs several
plutôt rather; quite; more
poche *f.* pocket
poêle *f.* stove
poésie *f.* poetry
poids *m.* weight
poignée de main *f.* handshake
poignet *m.* wrist
poil *m.* hair; **être de bon ~** *fam.* to be in a good mood
poing *m.* fist
poings (dormir à ~ fermés) to sleep soundly
point *m.* point, place; **à tel ~** so much; **au ~ que** to the extent that; **être sur le ~ de** to be about to; **faire le ~** to take stock, sum up; **ne... ~** not
pointer to peep out
poitrine *f.* chest, breast
polir to polish
politique political
politique *f.* politics; policy
pommette *f.* cheekbone
pommier *m.* apple tree
pondéré,e level-headed
pont *m.* bridge; deck
porc-épic *m.* porcupine
portant (être bien ~) to be healthy
porte cochère *f.* carriage entrance
portée *f.* reach
portefaix *m.* porter
porte-oriflamme *m.* standard bearer
porter to carry, to put, to wear, to bring; **~ atteinte à** to undermine; to strike a blow at; **~ un jugement** to pass judgement; **se ~** to be worn; to fall on; **se ~ au secours** to go to the rescue; **se ~ bien/mal** to be well/unwell
portique *m.* portico
poseur,-euse affected
posséder to own; to possess
poste *m.* job
Postes *f. pl.* the Postal service
potager *m.* old-fashioned wood-burning stove
poteau *m.* post
pouce *m.* thumb
pouces (se tourner les ~) to twiddle one's thumbs
poudrerie *f.* blizzard (Canada); blowing snow
poudreux,-euse dusty
pouffer to snigger
poufiasse *f. fam.* fat bag; prostitute; broad
poule *f.* hen

poupée *f.* doll
pourparlers *m. pl.* talks, negotiations
pourri,e rotten
poursuivre to pursue, to continue; **~ en justice** to prosecute
pourtant yet, nevertheless, even so
pourvu stocked, provided; **~ que** provided that, so long as
poussé,e advanced, extensive
poussée *f.* push
pousser to push; to drive, lead; to grow; to utter; to blow (wind)
poussière *f.* dust
pouvoir to be able, can, may, might; **n'en ~ plus** to have had enough; to be tired out; **se ~** to be possible
pouvoir *m.* power
précipitamment hurriedly
précipiter to throw down, push headlong; **se ~** to rush
précisément precisely
préciser to clarify; to specify; to be more specific
prédire to predict, foretell
préjugé *m.* prejudice, bias
prend (qu'est-ce qui leur ~?) what's gotten into them?
prendre to take; to eat; to drink; to catch; **~ fin** to end; **~ garde à** to watch out for; **~ horreur de** to come to detest; **~ le dessus** to take the upper hand; **~ naissance** to originate; **~ peur** to take fright, become frightened; **~ pied** to get a foothold; **~ soin** to care for; **~ son élan** to take a run up; **~ un verre** to have a drink; **s'en ~** to take it out on; to blame; to lay into; **se ~** («elle se prenait de haine...») she began to hate
près near; **à peu ~** about, approximately
présenter to introduce
pressé,e in a hurry; **~ par le temps** pressed for time
pressentir to sense, have a foreboding of
presser to hurry, to urge, to press; **~ le pas** to hurry up
pression *f.* pressure
prêt *m.* loan
prêt,e ready
prétendre to claim; to want; to intend; to aspire
prêter to loan, lend; **~ attention** to pay attention, to take notice
prêtre *m.* priest
prévenir to warn; to inform
prévoir to foresee; to provide for, make provision for
prie (je vous en ~) don't mention it; please, I beg of you
prier to beg; to pray; to ask
prieure *f.* prioress
printanier,-ière spring
pris see **prendre**

prit   see **prendre**
priver   to deprive
procédé *m.*   process
procès *m.*   lawsuit; proceedings
proche   close, nearby
produire   to produce; **se ~**   to happen, occur
produit *m.*   product
profiter   to take advantage
proie *f.*   prey
promener   to walk; **~ le regard**   to cast one's
   eyes; **se ~**   to walk (around)
promouvoir   to promote
prôner   to advocate
prononcer   to pronounce, to deliver (speech);
   se ~   to reach a decision
propos *m.*   talk, words; **à ~ de**   about,
   concerning; **à tout ~**   at the drop of the hat
proposition *f.*   proposal
propre   own; likely; clean; **remettre au ~**   to
   wash; **sa ~ vie**   his/her own life
proprement   properly
propreté *f.*   cleanliness
propriétaire   owner
prospectus *m.*   leaflet, brochure
prostré,e   prostrate, prostrated
protecteur,-trice   protective
provenir   to come from
provisoire   temporary; interim
prunelle *f.*   pupil, eye
puanteur *f.*   stink, stench
publicité *f.*   advertisement
publier   to publish
puce *f.*   flea; **mettre la ~ à l'oreille**   to start
   someone thinking; **aller aux puces**   to go to
   the flea-market
puer   to stink
puéril,e   childish
puis   then, next
puiser   to draw
puisque   since
puissance *f.*   power, strength
puissant, e   powerful, strong
pûmes   see **pouvoir**
punir   to punish
punissement *m.*   punishing
pupitre *m.*   desk
purée *f.*   purée; **~ de pommes de terre**   mashed
   potatoes
put   see **pouvoir**
putain *f.*   whore

Q

quai *m.*   quay, wharf
quant à   as for, as to; as regards
quartier *m.*   neighborhood
quelconque   some (or other)
quelque(s)   some
quelque part   somewhere
quémander   to beg for

quereller (se ~)   to quarrel
queue *f.*   tail; line
quiconque   whoever; anyone
quinte de toux *f.*   coughing fit
quitte à…   even if it means
quittes (nous sommes ~)   we're even
quitter   to leave, quit
quoique   although, though
quotidien,ne   daily
quotidien *m.*   daily newspaper
quotidiennement   daily

R

rabâcher   to tell over and over
raccourcir   to shorten
racine *f.*   root
racler   to scrape; **se ~ la gorge**   to clear one's
   throat
raconter   to tell (about), recount
racorni,e   shriveled, hardened
raffiné,e   refined
raide   stiff
rail *m.*   rail, track
raison *f.*   reason; **à ~ de**   at the rate of; **avoir ~**
   to be correct; **donner ~ à quelqu'un**   to prove
   someone right
râle *m.*   groan; death rattle
ramasser   to pick up, collect
rame *f.*   oar
ramener   to bring back; to draw
ramer   to row
rampant,e   grovelling
rampe *f.*   footlights (theatre)
rancune *f.*   grudge, rancour
rang *m.*   row
rangé,e   settled, steady
rangée *f.*   row
ranger   to put away, to tidy; **se ~**   to take sides
raphia *m.*   raffia
rappel *m.*   reminder; call
rappeler   to remind someone of, to bring back;
   se ~   to remember
rapport *m.*   connection, relationship, link; report;
   par ~ à   in comparison with, in relation to, with
   respect to
rapports *m. pl.*   relations, relationship
rapporter   to bring back
rapprocher   to bring closer; to establish a link
   between
râpure *f.*   Acadian dish made of grated potatoes,
   chicken and/or pork
ras (à ~ bord)   to the brim
ras,e   flat
raser   to shave; to raze to the ground
rassasier (se ~)   to tire of; to eat one's fill
rassurer   to reassure
ratatiné,e   shrivelled up, wizened
rater *fam.*   to fail; to miss
ratissé,e   raked, combed

rattacher (se ~)   to be related
rattraper   to catch up with
ravi,e   delighted
ravir (à ~)   delightfully, beautifully
ravissant,e   beautiful, delightful
ravissement *m.*   rapture
ravitailler (se ~)   to get fresh supplies
rayer   to cross out
rayon *m.*   shelf
rayonner   to shine, glow
réagir   to react
réalisation *f.*   carrying out; realization;
  achievement
réaliser   to realize, to carry out, to achieve, to
  fulfill; se ~   to be fulfilled
rebâtir   to rebuild
rebattre les oreilles   to harp on; to go on and on
  about
rebondi,e   chubby; rounded
rebrousser chemin   to turn back, retrace one's
  steps
rébus *m.*   puzzle
rebut *m.*   scrap
recensement *m.*   census
recette *f.*   recipe
recevoir   to receive
recherche *f.*   research; à la ~ de   searching for
rechercher   to seek
récidive *f.*   second or subsequent offence, crime
récit *m.*   account, story
réclamer   to ask for; to call for; to require
reclassement *m.*   rehabilitation
reçoit   see recevoir
récompenser   to reward
reconduire   to escort (back)
réconfort *m.*   comfort
réconforter   to comfort
reconnaissant,e   grateful
reconnaître   to recognize; to acknowledge
reconquête *f.*   reconquest; recovery
recouvrer   to recover
recouvrir   to conceal; to cover
récrire   to rewrite
recroquevillé,e   curled up, hunched up
recteur *m.*   director of university education for a
  region
rectiligne   straight
reçu,e   see recevoir
recueil *m.*   book; collection; anthology
recueillement *m.*   contemplation, reverence
recueillir   to gather, to collect, to take in; se
  ~   to gather one's thoughts
reculer   to move back, back away
reculons *m. pl.* (marcher à ~)   to walk
  backwards
récupérer   to get back
récurer   to scour
reçus   see recevoir
rédaction *f.*   writing; editing; editorial staff

redécouvrir   to rediscover
rédiger   to compose, write
redingote *f.*   frock coat
redoubler   to increase, intensify
redoutable   formidable, fearsome
redouter   to dread, fear
redresser   to straighten
réduire   to reduce; se ~   to involve; to be
  limited to
réel,le   real
réendosser   to put on again
refiler *fam.*   to palm off; to give
réfléchir   to think (about)
reflet *m.*   reflection
refléter   to reflect, mirror
réflexion *f.*   thought, reflection
refus *m.*   refusal
refuser (se ~)   to refuse
regagner   to go back to
regard *m.*   look, expression, glance, gaze, eye;
  promener le ~   to cast one's eyes
regarder   to look at; to concern
régime *m.*   diet
réglementation *f.*   regulation; control
réglementer   to regulate, control
régler   to settle; to regulate
réguler *néol.*   to regulate
reins *m. pl.*   loins; lower back
rejeter   to reject
réjouir (se ~)   to be delighted
relâcher   to relax
relaver   to wash again
relent *m.*   foul smell, stench
relever   to lift up; to pick out, find
relier   to link, connect
rembourser   to pay back
remédier   to remedy
remerciements *m. pl.*   thanks
remercier   to thank
remettre   to hand over, give; ~ au propre   to
  wash again; se ~ à   to begin again
remontée *f.*   recovery
remonter   to pull up; to go up; to wind up
remorque *f.* (à la ~)   in tow
remplacer   to replace
remplir   to fill; to fill in
remporter   to win
remuant,e   restless
renaître   to be revived, spring up again
rencontre *f.*   meeting, encounter; à notre ~   to
  meet us
rencontrer (se ~)   to meet, encounter
rendre   to make; to render; to give back; ~
  service   to do a favour, to help; ~ visite   to
  visit; se ~ à   to go to; se ~ compte de   to
  realize
renier   to disown, repudiate
renifler   to sniff
renommée *f.*   fame

renoncer to give up (on)
renouer to re-tie; to become friends again
renouveler to renew
renseignement *m.* information
renverser to knock over
renvoyer to send back; to return to
répandre (se ~) to spread
répandu,e widespread; scattered, spread
réparation *f.* repair
répartir to divide up; to distribute
repas *m.* meal
repassage *m.* ironing
repasser to iron
repêcher to recover
répercuter (se ~) to affect, have a repercussion on
repère *m.* landmark
repérer to spot; to pick out; to locate
répit *m.* respite, rest
repli *m.* fold
réplique *f.* reply; line, dialogue
replonger to dive back
reposer to rest on, be based on; **se ~** to rest
reprendre to take again, to start again; **~ en main** to take in hand again
représentant,e representative
réprimer to repress
reprises *f. pl.* **(à plusieurs ~)** several times
reproduire to reproduce
repu,e sated, satisfied; full
répugner to be distasteful
requête *f.* request
résolus see **résoudre**
résonner to resonate, reverberate
résoudre to solve; to resolve; **se ~** to bring oneself to
ressentir to sense, feel; **se ~ de** to show the effects of
resserrer to tighten
ressort *m.* spring; force
ressortir to stand out
ressurgir to reappear
restaurateur *m.* restaurant owner
reste (du ~) besides, moreover
rester to remain, stay; to be left; **il lui restait** he was left with; he still had
restituer to restore, return
restreint,e limited
résumer to summarize; **se ~** to be summarized
rétablir to restore, reinstate
retenir to hold; to hold back; to keep; to retain; to remember
retentir to ring, resound
retirer to remove, withdraw; (baseball) to be out; **se ~** to retire
retouche *f.* alteration
retour *m.* return; **au ~ de** on returning from; **être de ~** to be back

retourner to return; to turn inside out
retrait *m.* withdrawal; (baseball) out
retraite *f.* retirement; **prendre sa ~** to retire
rétréci,e shrunken
retrouvailles *f. pl.* reunion
retrouver to find; to find again; **se ~** to be found; to find each other, find oneself/themselves
réunir to join, unite, to bring together; **se ~** to get together; to meet
réussir to succeed
réussite *f.* success
revaloriser to reassert the value of
revanche *f.* revenge; revenge match
rêve *m.* dream
réveiller (se ~) to wake up
revendication *f.* demand
revendiquer to demand
revenir to come back; **je n'en reviens pas** I can't get over it
rêver to dream
réverbère *m.* streetlamp
rêverie *f.* daydream
revers *m.* the back; **le ~ de la médaille** the other side of the coin
revoler to fly again
revue *f.* magazine; journal, review
rez-de-chaussée *m.* ground floor
ride *f.* wrinkle
ridé,e wrinkled
rideau *m.* curtain
rien *m.* nothing; **en un ~ de temps** in no time; **ne... ~** nothing
rigoler *fam.* to laugh
rigueur *f.* **(à la ~)** just possibly; if worst comes to worst; if need be; if really necessary
rire to laugh
risible laughable
rive *f.* bank; shore
riz *m.* rice
robe-tablier *f.* overall
Rocheuses *f. pl.* Rockies
roi *m.* king
Rois *m. pl.* **(les ~ mages)** the Three Wise Men
roman *m.* novel
romancier,-ière novelist
rombière *f. péj.* old biddy
rompu,e broken
ronde *f.* round
ronflement *m.* snore, snoring
ronger to gnaw
ronronner to purr
rossignol *m.* nightingale
roter to burp, belch
rôtie *f.* toast (Québec)
rotin *m.* rattan, cane
roue *f.* wheel
rouleau *m.* roll
roulement *m.* rumble

rouler to roll
Royaume-Uni *m.* United Kingdom
rubrique *f.* column
rude rough; hearty, vigorous
rugir to roar
ruisseau *m.* stream, brook

S

sable *m.* sand
sachet *m.* bag
sachons see savoir
sacré toi ! *fam.* You character, you!
sagaie *f.* assagai (slender hardwood spear,
  usually tipped with iron)
sage-femme *f.* midwife
sagement wisely; sensibly; quietly
sagesse *f.* wisdom
saignant,e bloody, bleeding
saigner to bleed
saillie *f.* (en ~) projecting, overhanging
saisir to grip; to seize; to catch; to understand
saisissable perceptible
salarié,e wage-earner
sale dirty
salle *f.* room; ~ d'attente waiting room; ~
  d'opération operating room
salmigondis *m.* hotchpotch
salon *m.* lounge, living room
salope *f. vulg.* bitch; tart; dirty cow
salut *m.* salvation
sang *m.* blood
sanglot *m.* sob
sangloter to sob
sans queue ni tête *fam.* incredible
santé *f.* health
saoûl *fam.* drunk; manger tout son ~ to eat
  one's fill
saoûler (se ~) to get drunk
sapin *m.* fir
satisfait,e satisfied
saucisse *f.* sausage
sauf except
saule *m.* willow; ~ pleureur weeping willow
saumon *m.* salmon
saurais see savoir
sauter to jump, leap (over), to skip; ~ aux
  yeux to be quite obvious
sautillant,e hopping
sauvage wild; unsociable
sauver (se ~) to run away
sauvette (vente à la ~) street-hawking, peddling
savant,e scholar; scholarly, learned
savoir to know; à ~ that is
savon *m.* soap
scénariste scriptwriter
scène *f.* stage
scolaire school
scorie *f.* waste product
scruter to scrutinize, examine

séance *f.* session
seau *m.* bucket
sec, sèche dry
sécher to dry
secouer to shake
secours *m.* rescue
secouru,e rescued
sein *m.* breast; au ~ de in the heart of
séjour *m.* stay, sojourn
sel *m.* salt
selle *f.* saddle
selon according to; in accordance with
semblable similar, like, alike
semblant *m.* semblance; faire ~ to pretend
sembler to seem
semer to sow, scatter
sempiternel,le eternal, never-ending
sens *m.* sense; meaning; direction
sensibiliser to sensitize
sensibilité *f.* sensitivity
sensible sensitive
sentier *m.* path
sentir to smell; to feel; se ~ to feel
serait see être; ne ~ -ce que pour if only
  to/for
serpenter to snake around; to wind
serrer to grip, clench; to fit tightly; to hold tight;
  se ~ to clench, tighten
serrure *f.* lock
sert (à quoi ça ~... ?) what's the use of... ?
serveuse *f.* waitress
service *m.* favour; rendre ~ to help, do a
  favour
servir to serve; ~ à to be used for/to; ~
  de to act as, serve as; se ~ de to use
seuil *m.* doorway, threshold
sévir to act ruthlessly, deal severely with
si bien que so that; to the point that
siècle *m.* century
siège *m.* seat; ~ social head office
siffler to whistle; to wheeze; to hiss
signaler to point out
signer (se ~) to cross oneself
significatif,-ive significant
silencieusement silently
silencieux,-ieuse silent
simiesque ape-like
singer to ape, mimic
sitôt que as soon as
situer to locate; se ~ to be located
sketch *m.* skit, sketch
soigné,e careful; formal (language)
soigner to look after, take (good) care of
soigneusement carefully
soin *m.* care, treatment; prendre ~ to care
  for, to take care to do;
soit very well; well and good; ~... ~
  either... or
sol *m.* ground, floor, soil

sombre   dark
sommeil *m.*   sleep
sommeiller   to doze; to lie dormant
somnoler   to doze
son *m.*   sound; bran
sondage *m.*   poll
songer   to dream; to consider, think (of)
songeur,-euse   pensive
sonner   to ring
sonnerie *f.*   bell
sort *m.*   lot, fate
sorte *f.*   sort; **de ~ que**   so that
sortir   to leave, to take out
sou *m.*   sou, shilling
souche *f.* **(faire ~)**   to found a line
souci *m.*   concern, worry
soucieux,-ieuse   worried
soudain   sudden; suddenly
soudainement   suddenly
souffle *m.*   breath; breathing
souffler   to blow; to whisper; to puff
souffrance *f.*   suffering
souffrir   to suffer; to bear
soufre *m.*   sulphur; sulphur yellow
souhait *m.*   wish
souhaitable   desirable
souhaiter   to wish
souillé,e   soiled
souillon *f.*   slut
soulager   to relieve; to soothe
soulever   to raise; to arouse, stir up; to lift
souligner   to underline; to emphasize, stress
soumis,e   subjected; submissive
soumission *f.*   submission
soupçon *m.*   suspicion
soupçonner   to suspect
soupente *f.*   closet
souper *m.*   supper, dinner
soupir *m.*   sigh
soupirer   to sigh
sourcil *m.*   eyebrow
sourd,e   muffled, muted
sourire *m.*   smile
sourire   to smile
souris *f.*   mouse
sournois,e   shifty
sous-entendre   to imply
sous-sol *m.*   basement
sous-tendre   to underlie
soutenir   to support; to hold up; to maintain
soutien *m.*   support; breadwinner
souvenir   *m.*   memory; **se ~de**   to remember
souverain,e   sovereign
soyons   subjunctive of **être**
stade *m.*   stage; stadium
strophe *f.*   stanza, verse
subir   to endure; to suffer; to undergo
subit,e   sudden
subitement   suddenly

subvenir   to provide
subventionner   to subsidize
succéder   to follow
succursale *f.*   branch
sucré,e   sweet
sueur *f.*   sweat
suffire   to be sufficient, enough
suffisamment   sufficiently, enough
suffocant,e   suffocating
suggérer   to suggest
suie *f.*   soot
suit   see **suivre**
suite *f.*   result, consequence, continuation, rest; **à la ~**   following; **par la ~**   afterwards; **tout de ~**   right away
suivant,e   following
suivi *m.*   continuation, follow-up
suivirent   see **suivre**
suivre   to follow; **~ un cours**   to take a course
sujet *m.* **(au ~ de)**   regarding
suppliant,e   supplicant
supplier   to beg
supporter   to bear, endure, put up with; to withstand
suppression *f.*   abolition
supprimer   to delete, remove; to abolish, do away with
surent   see **savoir**
sûreté *f.*   safety, steadiness
surexcité,e   overexcited
surgelé,e   frozen
surgir   to appear suddenly; to spring up
surnaturel,le   supernatural
surplis *m.*   surplice
surprenant,e   surprising
surpendre   to surprise, to discover; **se ~**   to catch oneself, find oneself
sursis *m.*   (prison sentence) suspended sentence
survécu,e   see **survivre**
survenir   to take place, occur; to appear
survivance *f.*   survival
survivre   to survive
survoler   to fly over
sus   see **savoir**
susciter   to arouse, give rise to
suspect,e   suspicious; suspected of
suspens *m.* **(en ~)**   in the air
syndiqué,e   unionized

T

tabagisme *m.*   smoking
tableau *m.*   painting, table; **~ noir**   blackboard
tâche *f.*   task, job
tâcher   to try, endeavour
taille *f.*   size; waist
tailler   to make; to cut
taire **(se ~)**   to be quiet, silent
talon *m.*   heel

tam-tam *m.* tomtom (drum)

tandis que while; whereas

tanguer to pitch

tanner (se ~) *fam.* to go crazy, go up the wall

tant so much, many; so, such; to such an extent; ~ **bien que mal** as well as can be expected; ~ **mieux** that's good; ~ **que** as long as; ~ **que ça?** as many as that? so many?; **en ~ que** as· **tantôt... tantôt** sometimes... sometimes

tapage *m.* din

tapageur,-euse flashy, rowdy

taper to type; ~ **du pied** to stamp one's feet

tapis *m.* rug

tapoter to pat

tarder to be a long time coming

tardivement late

tare *f.* defect, flaw

tarir to run dry, dry up

tas *m.* pile; **un ~ de** *fam.* loads of

tasse *f.* cup

tassé,e settled, sunk

taudis *m.* hovel, slum

taureau *m.* bull

taux *m.* rate; ~ **d'intérêt** interest rate

teindre to dye

teint *m.* complexion, colouring

tel such, like; ~ **que** such as

tellement so; so many; so much

témoigner to show; to attest

tempe *f.* temple

tenace stubborn, tenacious

tendre to tend; to aim; to hold out, stretch out; to offer; to stretch

tendreur *f.* softness

tenez! here!; look!

tenir to play (role); to hold; to keep; to have; ~ **à** to insist on, want strongly; ~ **compte de** to take into account; ~ **debout** to stand up; **se ~** to hold together; to be; to be held

tenu,e (être ~) to be expected

tentative *f.* attempt, endeavour

tenter to attempt; to tempt

ténu,e slender

tenue *f.* dress, clothing

terne drab, dull

terrain de chasse *m.* hunting ground

terrazzo *m.* flooring made of small chips of marble set irregularly in cement and polished

terre *f.* earth, ground; ~ **battue** hard-packed surface; ~ **d'école** school-ground (Acadian)

terrible terrific

tête de linotte *f.* scatterbrain

thèse *f.* thesis, argument

tiède lukewarm

tiens! oh!; Say!; Here you are!

tiers *m.* third

tique *f.* tick

tirailleur *m.* soldier, infantryman (native)

tirer to pull; to take from, extract from; to shoot;

to draw from; ~ **de l'arrière** to trail, be behind (Québec); ~ **la langue** to stick out one's tongue

tissu de mensonges *m.* web of lies/contradictions

titre *m.* title; **à juste ~** rightly, with just cause; **à ~ de** as; **au même ~** in the same way

tituber to stagger

toile *f.* cloth; canvas

toilette (faire sa ~) to get dressed, washed

toison *f.* fleece; mane

toit *m.* roof

tomber to fall

top *m.* stroke

tordre to twist

tort *m.* wrong, fault; **causer du ~** to harm

tortiller (se ~) to writhe, wiggle

tortue *f.* tortoise

tôt early; **avoir ~ fait de** to be quick to

toucher to concern; to receive

touffe *f.* tuft

toujours always; still

tour *m.* turn; ~ **de force** amazing feat; ~ **de passe-passe** trick, sleight of hand; **à (mon,son) ~** in turn; **à ~ de rôle** in turn; **faire le ~ de** to go around

tour *f.* tower

tourbe *f.* crowd

tourbillon *m.* whirlwind

tournée *f.* tour; round

tourner to turn; ~ **court** to come to a sudden end; ~ **en rond** to go around in circles

tousser to cough

toussotement *m.* little cough

tout à coup suddenly

tout à fait entirely

tout à l'heure a little while ago; soon

tout court plain and simple

tout de suite right away

tout d'un coup suddenly

tout en sachant knowing full well

tout prêt ready-made

toutefois however

toux *f.* cough

tracasser to worry, bother

tracer to trace

traduction *f.* translation

traduire to translate; to convey; ~ **en justice** to bring before the courts

trahir to betray

train (en ~ de) in the middle of, in the process of

trait *m.* (**avoir ~ à**) to relate to, to concern

traite des Noirs *f.* slave trade

traiter de to call

trajet *m.* journey

tranchant,e sharp

tranche *f.* slice

tranquille (soyez ~) you needn't worry

transpercer to pierce

trapèze de fonte *m.* iron made of cast iron
travaux ménagers *m. pl.* housework
travers (à ~) throughout, through, across
traversée *f.* crossing
traverser to cross; to go through
trébucher to stumble
tremblement de terre *m.* earthquake
trempe *f. fam.* walloping
trempé,e soaked
trépigner de colère to be hopping mad
tressaillir to shudder
trêve *f.* truce
tribune *f.* stand
tricher to cheat
tricherie *f.* trick, cheating
tricot *m.* sweater
tricoter to knit
trimer *fam.* to slave away
trinquer to clink glasses
tromper (se ~) to be mistaken, wrong
trôner to sit enthroned
trottoir *m.* sidewalk
trou *m.* hole
trousse *f.* instrument case
trouver (se ~) to be found, located; to be
truc *m. fam.* trick; way
truqueur *m.* one who rigs, fixes
tuer to kill; se (faire) ~ to be killed
tue-tête (à ~) at the top of one's lungs
tuméfié,e swollen, puffy
tutoyer to use the (familiar) "tu" in adressing
someone
type *m. fam.* guy, chap

U

ultérieur,e later
une (faire la ~) to make the front page
unique one and only
uniquement only, exclusively
unir to unite
urgence *f.* (cas d'~) emergency
usager *m.* user
usé,e hackneyed, trite; worn, worn out
user (s'~) to wear; to wear oneself out
usine *f.* factory

V

vacarme *m.* din, racket
vache *f.* cow
vague *f.* wave
vaillamment bravely, valiantly
vaillant,e brave, valiant
vaincu,e defeated
vainqueur *m.* winner
vaisselle *f.* dishes
valeur *f.* value
valise *f.* suitcase

valoir to be worth; to hold; to merit, earn; ~ la
peine to be worth the effort; ~ mieux to be
better
valorisant,e which increases the value of
vaniteux,-euse vain
vanter to praise; se ~ de to pride oneself on
vapeur *f.* steam
vaudra see valoir
vau-l'eau (à ~) down the drain
vaut see valoir
vautré,e sprawled
veau *m.* veal; calf
vécu,e see vivre
veille *f.* the day before; period of wakefulness
veillée *f.* evening
veiller to keep watch (over); to look after, see to
vendre to sell; ~ la mèche *fam.* to let the cat
out of the bag
venger (se ~ de) to take revenge on
venir to come; ~ de to have just; en ~ à to
reach, to come to; en ~ aux mains to come to
blows
vent *m.* wind
vente *f.* sale
venteux,-euse windy
ventre *m.* stomach, womb; ~ d'emprunt
surrogate mother
venue *f.* coming
ver *m.* worm
verge *f.* stick, rod
vérité *f.* truth
verre *m.* glass; prendre un ~ to have a drink
verrou *m.* bolt
verouiller (se ~) to bolt, lock
vers *m.* line; verse
vers towards
verser to pour; to shed
vertige *m.* dizziness, vertigo
veste *f.* jacket
vestimentaire clothing
vêtement *m.* (article of) clothing
vêtir to clothe
veuillez agréer please accept (part of standard
closing to formal letters)
veut (un article qui se ~ neutre) an article
trying, claiming to be neutral
veuve *f.* widow
viande *f.* meat
vibrer to vibrate
victuailles *f. pl.* provisions
vide empty; emptiness, void
vider to empty
vieillard *m.* old man
vieillards *m. pl.* the elderly, the old people
vieille old; ~ lune outdated notion
vieillesse *f.* old age
vieillissant,e aging
vierge virgin
vif,vive lively; sharp; biting; vivid

vigueur *f.* (**en ~**) in effect
villageois,e villager
vinrent see **venir**
vint see **venir**
violemment violently
virage *m.* turn; change in policy or direction
virer to turn, change
vire-volter to twirl
virgule *f.* comma
vis see **voir**
visa *m.* visa; approval
visage *m.* face
viser to aim
visite *f.* visit; **rendre ~** to visit
vit see **vivre** and **voir**
vitesse *f.* speed
vitre *f.* window pane
vitré,e glass
vitrine *f.* shop window
vivant,e alive
vive see **vif**
vivre to live
vivres *m. pl.* supplies, provisions
vogue *f.* fashion
voie *f.* track, course; **en ~ de** in the process of;
  ~ ferrée railway line
voilà qui est considéré… now that is
  considered…
voile *f.* sail
voir to see; **n'y ~ que du feu** to be completely
  hoodwinked
voire indeed, nay
voisin,e neighbor
voiture d'enfant *f.* pram
voix *f.* voice; **à haute ~** aloud
vol *m.* theft, robbery; flight
volaille *f.* fowl
volée *f.* flock; **à la ~** in the air
voler to fly; to steal
voleur,-euse thief
volonté *f.* will; wish
voltiger to flit about
vosgien,ne Vosges; from the Vosges
vouloir to want; **~ dire** to mean; **en ~ à** to
  hold something against somebody
voûte *f.* vault
vraisemblablement in all likelihood
vue *f.* sight; **en mettre plein la ~** *fam.* to put
  on quite a show; **en ~ de…** with… in mind

Y

y compris including
yeux *m. pl.* eyes

Z

zébrure *f.* streak

Credits